Hanns-Josef Ortheil

Köder, Beute und Schatten

Suchbewegungen

S. Fischer

COLLECTION S.FISCHER

Herausgegeben von
Thomas Beckermann

Band 43

Originalausgabe:
Veröffentlicht im Fischer Taschenbuch Verlag GmbH
Frankfurt am Main, März 1985
Umschlagentwurf: Rambow, Lienemeyer, van de Sand
Gesamtherstellung: Wagner GmbH, Nördlingen
Printed in Germany 1985
1680-ISBN-3-569-22343-1

15.

COLLECTION S.FISCHER In »Köder, Beute und Schatten« unternimmt Hanns-Josef Ortheil den weitausschwingenden Versuch, die Entwicklung verschiedener Bereiche unserer Kultur seit den sechziger Jahren zu durchleuchten: Literatur (mit Ausblicken auf Musik und Film), Politik und Bildung, Lesekultur und Lebensklugheit. Er tut dies nicht auf distanziert analysierende Weise, sondern als ein Zeitgenosse, der die Veränderungen der letzten zwanzig Jahre als Vorgeschichte unserer Gegenwart versteht. Veränderungen, die viele als Zusammenbruch der gewohnten Ordnung, als Verlust alter Gemeinsamkeiten oder als Stagnation erleben, in denen sich aber auch das noch nicht bekannte Neue andeutet.
Ortheil zeichnet Lebensläufe und Lebensentwürfe bekannter Personen (wie Jürgen Habermas, Peter Glotz, Hermann Lenz) sowie fiktiver Figuren nach, an denen neue Wahrnehmungs- und Verhaltensweisen in überraschenden Zusammenhängen deutlich werden. Wir befinden uns in einem Prozeß, der nicht abgeschlossen ist, der also keine Ergebnisse zuläßt, sondern dessen Fragen vorläufig und vielfältig beantwortet werden müssen. Dadurch, daß Ortheil gleichsam in die Zentren dieser neuen Bewegungen hineintaucht, sie von innen nachvollzieht, entwirft er Fragen, die er als Köder auslegt, um die Beute hervorzulocken; dabei markieren die Schatten die Öffnungen zwischen Köder und Beute. Indem er uns an den Suchbewegungen dieser Zeit durch Reflexion, Kontemplation und novellistisches Erzählen teilnehmen läßt, verführt er den Leser dazu, seinen Beobachtungsposten zu verlassen und selbst in Bewegung zu geraten.

Inhalt

Für

Wu.Wu. & Wa.Wu.,
die Stuttgarter Freunde

»Offen steht jetzt wieder ein Saal ...«
(Friedrich Hölderlin)

I
Suchbewegungen der Literatur

Der Auslegungswahn beginnt erst dort, wo der schlecht vorbereitete Mensch sich zu fürchten beginnt in diesem *Wald der Winke* ... (André Breton, *L'Amour fou*)

Von wo? Der Raum der Stimmen

Von wo also kommen die Stimmen? Seit einigen Jahren – etwa seit einem Jahrzehnt – hört man es in der westdeutschen Literatur deutlicher: dieses Anrennen, diese knappen Entrükkungen, aufbrechenden Ekstasen, plötzlichen Aufbrüche. Die Stimmen, die solche Bewegungen begleiten, sind gedämpft, ohne Schall, sie komponieren nichts, sie werden nur noch ausgestoßen. Nach irgendwohin müssen sie verbreitet werden, aber es ist nicht recht zu sehen, wen sie noch angehen. Haben sie überhaupt noch eine bestimmte Kontur, ein genaues Ziel, oder überströmen sie nicht bettelnd, mit wachsender, anschwellender Lautstärke das allgemeine Reden?

Nehmen wir Richard Schroubek, den einunddreißigjährigen Buchhändler, der von seiner Freundin Hannah verlassen wurde. Da sind sie wieder: diese Notate in die Ferne, die irgendwohin verschweben. Schroubek kann sich in seinem

Alleinsein nicht fassen, aber dieses Alleinsein kopiert höchstens noch die alte ›Einsamkeit‹. ›Einsamkeit‹ wäre ein volles, angeschwemmtes, weitreichendes Empfinden; vielleicht würde sie Schroubek am Ende gar zudecken, ihm so etwas wie eine Zuflucht sein, vielleicht wäre sie von anderen guten, alten Gefühlen wie Melancholie oder Trauer begleitet, eine Art dikker Watte, mit der Schroubek einiges Verstörende draußenhalten könnte. Man kennt das ja, wie aus einer Erinnerung: diesen sanften Rausch gleitender, mitreißender Gefühle, diese Lagerstätten, diese Bett- und Trunkenheitspassivität. Doch für Schroubek ist das höchstens noch ›Erinnerung‹. Schroubek ›leidet‹ auch nicht so, wie man sich ein der Situation angemessenes Leiden vorstellen könnte. Was sage ich? Er kann sich ja überhaupt nichts mehr vorstellen, nichts führt in dieses Alleinsein hinein (kein Weg, den man zurückginge), so ist es auch niemals eine Zuflucht, nicht einmal ein Zustand. Denn dieses Alleinsein hat gar keinen Sinn mehr, es zieht keine Sinnzusammenhänge der guten, alten Art mehr an, es ist höchstens noch ein Stocken, ein Aufbrechen, ein Zerfallen, ein Ausdünsten – anders kann ich es kaum noch benennen. Die Gefühle haben keinen Boden mehr, von dem aus sie sich entwickeln, sie schwingen nicht mehr zurück, ja sie formieren sich überhaupt nicht mehr in einer ausgebreiteten Zeitlichkeit. Schon in dieser empfundenen Zeitlichkeit wäre ja so etwas wie die Vermutung eines Sinns zu finden (dann könnte Schroubek ›eine Geschichte‹ erzählen). Schroubek jedoch kann und will keine Geschichten mehr erzählen. Deshalb notiert er lediglich, er wirft etwas hin, auf diese Fetzen weißen Papiers, er reiht eins ans andere, er sammelt sich für die Dauer dieser krakeligen Schrift zur Stimme, aber zu einer, die aus keinem bestimmten Raum auf kein bestimmtes Ziel mehr hintönt. Alles ist vielmehr nur noch ein Rauschen, ein Rascheln, besser gesagt. Diese Lage wird auch nicht dadurch verbessert, daß Schroubek um sie weiß. Im Gegenteil. Er weiß ja alles viel zu genau, er könnte es selbst sagen – nein, er sagt es pausenlos selbst, und obwohl er doch immer nur wieder von vorne ansetzt in seinen Notizen, ist die Pausenlosigkeit seines Raschelns sein einziges Begehren. Nein, keine Leidenschaft, sondern ein Begehren. Begehren ist stillgelegte Leidenschaft, die Nachspur einstigen Glühens, eine Aschenschicht unter der Oberfläche. In Schroubeks Reden ist also gleichsam nichts und doch alles, was davon noch zu sagen wäre, enthalten. Man braucht nicht von außen an es heran, man kann es auch nicht im üblichen Sinn verstehen. Wer verstehen will, sitzt draußen und schaut auf den Sinn. Da ist aber keiner; so schaut der Text grimassenhaft zurück. Wer Schroubek zuhören will, muß in den Text hinein.

Ich habe Botho Strauß' Erzählung *Die Widmung*, in der Schroubeks Rascheln festgehalten wird, an Joël weitergegeben. Joël verdient sein Geld als Jazzpianist in Frankfurt; er hat Physik und jüdische Theologie studiert, in Jerusalem, in den Vereinigten Staaten. Obwohl er seit der Kindheit auch deutsch spricht, hat er, bis er zweiundzwanzig Jahre alt wurde, nie in Deutschland gelebt. Nun ist er seit einem Jahr hier und spielt. Wenn ich Schroubek zuhören will, sagt Joël, muß ich den Kopf hinhalten. Joël nistet sich in dem merkwürdig stimmlosen Raum Schroubeks, in dieser Berliner Einsiedlerwohnung, mit ein. Allmählich nimmt ein Brennen zu. Es ist, als fiele einem die Haut vom Körper. Das Alleinsein kehrt alles heraus, die Stimme fiebert nur noch. Am Ende ist Hannah wenigstens für einen Augenblick in der Nähe des Verlassenen. Der wirft ihr seine Stimme, seine Schrift ins davonrauschende Taxi nach. Da aber bleibt sie nur wie ein vergessener Regenschirm liegen. Natürlich, sagt Joël, diese Stimme kommt nicht an, sie hat keinen Zuhörer, sie ist abgeschnitten, vielleicht kommt es ihr noch darauf an, das zu zeigen, obwohl ich nicht daran glaube, daß hier noch etwas im normalen Sinn gezeigt werden soll. Nein, diese Stimme hat vielmehr eine ganz andere, unabsichtlich versteckte Wirkung: sie steckt an, sie nimmt einen mit, sie schließt das Zuhören des Lesers mit in diesen kalten Raum ein, in dem sich alles tut. Daher lockt sie, aber ohne damit zu kokettieren. Sie vereinigt gleichsam den Ekel mit dem ihn ausspeienden Stottern. Das erschreckt, aber schon im Augenblick der Empfindung dieses Erschreckens wird der Text dem Leser gegenüber ein fremder. Diesem Wahnsinn, einem gelinden Wahnsinn, einer Stimme, die ganz ›von draußen‹ kommt, wird man nicht andauernd standhalten können, ja, man wird sie sogar manchmal im fremden Blick auf ihre Komik ersticken. Da brabbelt etwas Dröhnendes vor sich hin und hebt sich in keiner menschlichen Gesamtgeschichte mehr auf. Zurück oder Vorwärts – nichts mehr davon; statt dessen diese lockende Abweisungspracht, dieser Erstarrungsinzest.

Joël liest gegenwärtig etwas anderes. Eine Freundin hat ihm *Die sieben Geschichten der sieben Prinzessinnen* des persischen Dichters Nizami geschenkt, der im 12. Jahrhundert lebte. Die ›sieben Geschichten‹ – das sind die Erzählungen der sieben Prinzessinnen des Königs Behram. Jede dieser Prinzessinnen erhebt in einer Nacht ihre Stimme, und schon beginnt diese unendliche Vertiefung des Erzählens, dieser Stimmenwechsel, dieses andauernde Erbeben in ein Unendliches des Murmelns hinein . . ., so daß etwa zunächst von einer sonderbaren Erscheinung die Rede ist, einer schwarz gekleideten Frau, deren Kleidung auffällt, die aber ihr Geheimnis nur erzählend preisgeben kann. Das Geheimnis soll nicht ruhen im Ungesagten, ja, so heißt es. Daher berichtet sie von ihrem König, einem gerechten Herrscher, der alles wissen wollte, alles von den Menschen, den Gestirnen, den Gästen, die sein Land besuchten. Eines Tages jedoch war der König ver-

schwunden, und erst nach Jahren kam er als ein schwarz Gekleideter zurück, verschwiegen, lange schweigend . . ., bis die Sklavin endlich den Mut findet, ihn zu fragen, und er also, das Geheimnis vertiefend, zu erzählen beginnt.
Siehst du, sagt Joël, hier entwirrt sich die Stimme in einer unendlichen *Kette* des Erzählens. Da ist auch weder ein Anfang noch ein Ende. Aber die Figuren des Erzählens heben an, um sich im Unendlichen zu verlieren. Die Wirkung ist ein Taumel. Die Paläobiologie, sagt Joël, hat an stinkenden, schmierigen Schieferschichten, nachdem sie erst einmal vom Dreck befreit und getrocknet worden waren, bedeutende Funde gemacht. Die Objekte wurden durch ultraviolettes Licht angeregt, selbst zu leuchten. Ein Fluoreszenzmikroskop nahm die Konturen auf, ein gelblich-grünes Aufleuchten des Blütenstaubs von Pflanzen, die Millionen von Jahren alt waren.
Da erzähle ich eine andere Geschichte. Hans, der einfältige Städter, reist zu seinen Verwandten aufs Land. Sein Onkel, der Landbriefträger, ist gestorben. Aus diesem Tod ergeben sich für Hans, den ältesten männlichen Angehörigen, Konsequenzen. Er muß für ein Jahr in die Kleider des Toten schlüpfen und dessen Rolle im Dorf Zick übernehmen. Was er berichtet, das ist keine übliche Geschichte, keine also, die sich vor ihm ausbreitet oder gar hinter ihm glättet. Es ist auch keine Geschichte, die ihm, wie man so sagen könnte, widerfährt. Vielmehr ist es eine Geschichte der unendlichen Verwandlungen. Die Dorfbewohner erzählen nämlich, und Hans muß lernen, sich in diesen Erzählungen zurechtzufinden. Kaum hebt eine Erzählung an, vertieft sie sich auch schon in die Geschichte eines anderen. So stolpert Hans in einem unendlichen, verspiegelten Labyrinth herum, und seine Aufgabe wäre es, diese vielfältigen Geschichten zu einer einzigen zu ordnen, in der die Legenden der Dorfbewohner zu einem gestalteten Zusammenhang fänden. Die Stimmen haben hier keinen Halt,

aber – auf ferne Art dem Erzählen des persischen Dichters Nizami vergleichbar – sie bilden eine mythische Kette, eine Kette der Flucht, an derem unabsehbaren Ende Konturen und Gestalten aufleuchten. Das Ich hat also keine feste Gestalt mehr, es zerrieselt in diesem Gebröckel, aber, solange es auch taumelt, es stößt immer wieder auf den angestrengten Blick eines Gegenüber, der es auffordert, seine Geschichte zu verstehen. So wäre das Ich des Städters Hans nichts ohne diese Legenden, erst in ihnen verwandelt es sich zu sich selbst, zu einem eigenen Namen, einer Aufgabe, einem genaueren Horchen. Andererseits kann Hans nirgends haltmachen, als Postbote trägt er die Nachrichten aus, Hans liest etwas auf, und er ist dabei nur selbst ein Glied in der unendlichen Reihung des Erzählten, das aufdämmert wie von ersten Anfängen des Sprechens her. Was Hans ausgibt, sagt, stammelt – das wird unter seinen Händen sofort zu etwas anderem, das ihm, umgebildet, mißbildet, jedenfalls entlockt, zurückgegeben wird. Was also ist diese Stimme? Ein Teil des dauernden Gebens und Nehmens, ein Tauschprodukt, unter dem Blick des Fluoreszenzmikroskops vielleicht ein Aufleuchten.

Der Leser der Stimmen

Joël hat diese Geschichte (die Klaus Hoffer in seinem Roman *Bei den Bieresch* erzählt hat) gefallen, sie erinnert ihn an die jüdischen Legenden, die er studiert hat. Der Sinn der Schrift, sagt Joël, schwankt in einer unendlichen Auslegung. Das Leben selbst ist solch ein Auslegen, ein Erstarren, Umwandeln, Wiedergeben, ein Verstecken und Offenbaren, das nie an ein Ende kommen wird. Schroubeks Geschichte dagegen ist an diesem Ende ja schon angekommen, sie zieht sich geradezu in der Vorstellung von einem Ende zusammen. In beiden Fällen gelingt es freilich dem Leser nicht, ›draußen‹ zu bleiben. Er ist nicht mehr der müßiggängerische Zuschauer, der nachdenklich eine Seite nach der anderen umblättert. Ich kann mir diesen Leser gar nicht mehr im üblichen Raum vorstellen, im Stuhl, auf dem Divan, das Buch unter der Leselampe. Auch diese Geborgenheit hat das Lesen verloren. Sich der Fremdheit dieser Stimmen anzuschließen, das hieße ja, ihr Zittern mitzumachen, selbst für Stunden zum Leib dieser Stimmen zu werden.

Joëls Worte erinnern mich an einen Text von Wolfgang Hilbig, eine kurze Skizze mit dem Titel *Der Leser*. Wie heißt es dort? »Wäre er der Leser, er säße gebrochen am Tisch, mit von der Tischplatte gefallenen Händen, mit zarten sinkenden Schultern, das Haar fiele ihm über die Brillengläser. Doch es wäre, als flüsterte aus jedem Wort des schwarzen hieroglyphischen Heers, das die Seiten bedeckt, eine Stimme, eindringlich, um den Leser zu wecken.« Ja, stimmt Joël zu, das meinte ich. Der Leser früherer Zeiten schaute gleichsam aus einem bestimmten, auch sozial und kulturell fest umrissenen Raum ins Buch. Seine Neigung war die Erwartung des Besonderen, meinetwegen auch eine Bildungsneigung. Da konnte allerhand Fremdes und Seltsames wie aus einer milden Ferne heraus studiert, da konnten Gefühle geteilt, Urteile gefällt, Panoramen entdeckt werden. Jetzt stelle ich mir den Leser anders vor, gehetzter, selbst zu einer einzigen Stimme konzentriert, einer wippenden, ansaugenden, heftigen. »Ruhig zuerst, zwischen je zwei Seiten eine Zeit geduldig wartend, dann ungeduldiger, schneller blätternd, schneller Seite um Seite, schlägt er um, mit bleichem Gesicht voller Zorn und Angst, mit geballten Fäusten wie rasend ganze Bündel von Seiten umschlagend, mit den Schultern, mit gesenktem Kopf, aufheulend fast, schiebt und stößt und drückt er die zu Wänden wachsenden Seiten

beiseite, aber kein Wort, keine einzige Letter findet er auf den leeren Blättern.«
Gewiß, ja, eigentlich sind nämlich diese Blätter leer. Sie sind nicht mehr wie in früheren Zeiten ›geschmückt‹, sie bieten nichts mehr an, sie *locken*, sie wollen den Leser im Buch verschließen. Dagegen eben sträubt er sich, sagt Joël, wie ich mich am Ende gegen Schroubeks Ausharren gesträubt habe. Je länger der Leser widersteht, um so leerer werden die Seiten. Er liest sie aus, er schöpft die Buchstaben ab. Wehe aber, er bleibt im Dschungel verborgen! Könnte es ihm nicht ähnlich ergehen wie dem Städter Hans, der sich im Gewirr der Erzählungen verliert? Wie heißt es doch? »Die Texte sind Irrgärten, ein flacher, schimmernder Strom zu Anfang, mit ruhigem Wasser, ruhigem Gang. Aber gib acht! Verirre dich nie im schwankenden Rohr ihrer Satzzeichen ! Gib acht auf den Fallstrick des Beistrichs! Endlose Gänge führen von Punkt zu Punkt. Dünnes Eis ist jeder Gedankenstrich, und durch seinen Spiegel siehst du in Dunkelheit! – Wörter sind Spiegel, und ein verspiegelter Raum ist der Satz.«
Daher also das Lockende der Stimmen, ihre Verführung hin zum unendlichen Raum, der ja letztlich ein mythischer ist, der endlose Raum des Sprechens, aus dem heraus es jetzt noch *schreit.*

Vom Engagement der Stimmen

Ich weiß, daß ich an diesem Punkt des Gesprächs mit Joël einer Meinung wäre, aber ich denke mir, daß uns Aja, könnte sie uns hören, unterbrechen würde. Sie nämlich würde den Zusammenhang von mythischem Sprechen und lockendem Schrei ganz anders verstehen. Seit einiger Zeit arbeitet sie als

Ärztin in einem Behindertenzentrum. Ihre freien Stunden jedoch widmet sie der Arbeit in der Friedensbewegung. Natürlich – ihre literarische Neugierde kann es in dieser Zeit nicht weit bringen, sie ist so ziemlich erstickt, kein Wunder, denn es bleiben kaum noch Stunden übrig. Das verstört Aja, die früher recht viel gelesen hat, jedoch keineswegs. Das Lesen, würde sie einwenden, ist gerade im gegenwärtigen Augenblick etwas, das meine ganze Aufmerksamkeit höchstens noch zusätzlich zersplittern könnte. Es geht aber »ums Ganze«. Das Ganze – das ist so etwas wie die Zukunft der Menschheit, die Frage nach der Existenz der Zukunft, nicht abstrakt gestellt, sondern deutlich gemacht, hier, in Mutlangen.
Aja versteht den Zusammenhang von mythischem Sprechen und lockendem Schrei als Aufschrei der Kassandra. Die Tochter des Königs Priamos – die wußte um »das Ganze«, während ihre Zuhörer die Prophezeiungen in den Wind schlugen. Auch hier die dröhnende Stimme, die nicht ankommt, die sich nur erhebt, abgleitet, locken will. Aber dieser Schrei zielt auf das, was viele gerade empfinden, begreifen und beobachten. Es ist der Schrei der Warnung, des vorweggenommenen Entsetzens.
Für Aja ist es kein Zufall, daß ausgerechnet Christa Wolf diesen Schrei konturiert hat. Seit einer Reise in die DDR ist der Begriff des Engagements für Aja erst ganz erfahrbar, erst ganz deutlich geworden. Für einen Autor in der DDR, sagt Aja, wird dieses Engagement etwas ganz und gar Unausweichliches sein. Jedes Wort, jede Geste, die nach außen dringt, unterliegt ja der Beobachtung, und daher wird dieser Autor alles aufs Sorgfältigste abwägen, jede kleine Veränderung bedenken. Er wird ohne dieses ›moralische‹ Verhalten gegenüber seinem Sprechen gar nicht mehr auskommen. Hier im Westen ist diese gespannte Anstrengung nicht wahrzunehmen. Sie resultiert ja geradezu aus dem unvorstellbaren, bis ins Detail

wirkenden Druck, der sich in der DDR auf alle Lebensvollzüge legt. Da hat also der Begriff des Engagements seinen Sinn, aber er könnte ihn doch wohl auch hier erhalten. Immerhin, es gibt Anzeichen. Wolfgang Hildesheimers Aussage, er wolle nichts mehr schreiben, die Schriftstellertreffen in Berlin und Heilbronn – das alles zeigt doch, daß die Literatur vor »dem Ganzen« steht.

Markus, der vor einigen Wochen in der DDR war, würde ihr da nicht in allem zustimmen. Gerade dieses moralische Engagement, könnte er sagen, beweist ja, wieweit es der Druck der Partei schon gebracht hat. Auch dieses Engagement ist Ergebnis einer Verkrampfung, eines Drucks, und es suggeriert den Autoren die alten Werte des Standhaltens und Beharrens, es spielt ihnen eine altmodische Attitüde der Bewährung zu, die jederzeit als überholt entlarvt werden kann. Dann nämlich wird man diese Autoren einfach in den Westen abschieben, oder man wird ihre Veröffentlichungen zurechtstutzen und unterbinden. Was bleibt da noch vom Engagement übrig? Schon dieser Begriff! Er zwingt die Literatur ja geradezu in die Ecke, er zeigt ja, so verstanden, an, daß es gar nicht mehr möglich ist, sich nach allen Seiten hin umzutun. Er hat etwas Überholtes, und was dann herauskommt, ist eine Art Schulbuchliteratur, ein abgepacktes, steriles Interpretationsgehäuse. Nein, die Literatur in der DDR, die müßte ganz anders aussehen. Sie müßte es verstehen, ihre Freiheit gegen alle Widerstände, selbst gegen die Verlockung des Engagements, zu verteidigen. Sie müßte geradezu überempfindlich isoliert sein und dadurch *entlarven*, welchen Gegnern sie gegenübersteht. Es ist mir verdächtig, wenn der Leser sich in ›Themen‹ wiederfindet, wenn ihm die ganze Strategie des Lesens schon vorgegeben wird. Müßte er nicht pausenlos stolpern, durchs Stottern verwirrt werden?

Da wäre sie wieder, diese Sehnsucht nach den *vagabundieren-*

den Stimmen, nach diesem Anrennen, Zucken, Entrücken. Vielleicht erzähle ich also von dem Schriftsteller, der während eines ganzen Jahres als Schlosser in einem Leipziger Kaufhaus arbeitete und sich jeden Tag, gegen *Elf Uhr,* zwang, seine Beobachtungen zu notieren. Diese Notate fallen nun freilich in eine größere Ferne als die Schroubeks. »Die Würde des Tages ist die Würde des Menschen«, so hat er begonnen und schon gleich anschließend davon berichtet, daß er am Morgen, in der Straßenbahn, im *Herr Teste* von Paul Valéry gelesen habe. Sofort hat diese Auskunft etwas von ihrer Unschuld verloren, denn dieser Schriftsteller muß – als Gehetzter, Getriebener – in den wenigen freien Minuten lesen und schreiben. Alles, was ihm in die Hände gerät, sucht in seinem Kopf, seinem Arbeiten nach absoluter Geltung. Der Ort, an dem er sich gegen elf Uhr für die flüchtig erscheinenden Minuten einer Arbeitspause zurückzieht, wird geheim gehalten. Es ist der Ort von Spannungen, und in ihrer Mitte lauert dieser herausgeforderte Körper, der die Bewegungen in seiner Umgebung sensibel registriert wie kein anderer. Daraus entsteht kein Bericht, keine Schilderung; diese Stimme hat überhaupt keinen Abstand zu einem Thema, dessen sie sich annehmen könnte. Das Schreiben ist der Vollzug des Lebens selbst, daher stößt diese Sprache auf Widerstände, sie zerfasert, stockt, hebt immer wieder von neuem an. Und die Stimme duckt sich in ihr Gehäuse, zitiert die Erinnerungen, wird aber immer mehr zu einem *Ausdruck*. »Welche Konzentration ist nötig und warum ist sie nötig – aus jedem Geschehen, das ganz eindeutig keine Tatsachen schafft, sondern nur die Leere und schnelles Vergessen und der Rest Verhängnis, an dem die Menschen schließlich erkranken und sterben – um ein Abbild vom vermißten Geschehen in ihrer Beschreibung entfalten zu können; denn tatsächlich ist in allem Geschehen jenes Verhinderte, das sich Poesie nennt, enthalten.«

Ja, könnte Markus aufhorchen, unaufhörlich diesen merkwürdig versperrten Sätzen nachgehend, hier gibt die Sprache selbst die Bewegung des Widerstandes, des Anrückens, Verwirrens, der Ausdauer wieder. Diese Stimme nimmt sich kein Engagement vor, auch dieses wäre noch eine Sprachpose, die von der Verstörung nicht im rechten Maß reden könnte. Diese Stimme geht vom Einfachsten aus, diesem Platz im Leipziger Kaufhaus, diesem scheinbaren Versteck, diesem Arbeitsplatz, den Stimmen um sie herum, dem Gelächter der Mitarbeiter, den kleinen, unerbittlichen Drohungen – aber indem sie allein sich noch beherrscht, ja, wahrhaftig, indem sie allein noch eine Macht über sich selbst zu sein begehrt, ohne dem üblichen kompromittierenden Anruf der Dinge zu erliegen, ohne auf die Weisungen dieser satten Einheitssprachen zu reagieren, schreibt sie sich gleichsam in einem ›Draußen‹ fest. Das ist schwer zu verstehen, aber ich sehe es ja, wieder ist die Bewegung des Lesers eine in diesen unendlich verzweigten Lebenstext hinein, und gerade diese unmittelbare, strenge Bewegung wäre ein Anzeichen dafür, daß der stammelnde Ruf dieser Stimme erwidert und aufgegriffen würde.
Ich verstehe Markus darin recht gut. Auch die Stimme des Schriftstellers Gert Neumann, von der hier die Rede war, richtet sich in keiner ›Einsamkeit‹ ein, sie macht sich nicht aus einer kunstvollen Isolation heraus bemerkbar. Sie will sich nicht in diesem ›überlegen‹ bleibenden Sinn, der dem Einzelnen seine Ausnahmestellung vorweisen würde, erhalten. Vielmehr gräbt sie sich gerade in den Alltag der Leipziger Kaufhausgeräusche hinein. Sie will im Äußersten der banalen Vollzüge deren dickichthafte Gerichtetheit aufbrechen, sie will in diesem Atemholen, Aufblicken, Handanlegen die Freiheit der poetischen Momente suchen. Nein, ›Poesie‹ – das ist keine schönere, reinere Welt mehr, es ist die bittere Strenge der wahren Augenblicke, dieses Zusam-

menschießen im Bewußtsein, ausgeliefert zu sein. Aber es ist schwer, so darüber zu sprechen. Leicht könnten sich Mißverständnisse einstellen.

Eine Chiffre der Stimmen

Lieber möchte ich jetzt einmal einen Satz zurück machen. Ich sagte ja schon: seit etwa einem Jahrzehnt hört man es in der westdeutschen – nein, in den seltensten Fällen auch in der Literatur der DDR deutlicher: dieses Anrennen, diese knappen Entrückungen, aufbrechenden Ekstasen, plötzlichen Aufbrüche. Ich will zu dem ersten Text zurück, der von diesen Stimmen berichtet. Dieser Text ist erst im September 1979 veröffentlicht worden, da war sein Autor schon einige Jahre tot. Entstanden ist der Text jedoch bereits 1972, sein Beginn, der Beginn dieses Schreibens, Krakelns, Zitterns, Anklebens kann recht genau festgelegt werden. Flackernd, brüchig beginnt der Film dieses ablaufenden Textes am Freitag, dem 14. Oktober 1972, 0 Uhr 12 zu laufen. Auch der Ort kann exakt ermittelt werden: es ist der Kölner Hauptbahnhof. »Der Zug fährt an.« Rolf-Dieter Brinkmann reist nach Rom.

What are you waiting for? Was soll denn nun passieren? Nein, nicht dies: nicht der Blick des ruhigen Betrachters aus dem Fenster des Zugabteils, nein, nicht der Stift dessen, der die ersten ›Eindrücke‹ festhält, nein, nicht dieser schrittweise Aufbau einer neuen Kultur bei gleichzeitiger allmählicher Ablösung von einer anderen. »Also wohin jetzt? dachte ich. Und wie weiter? – Weiter!«

In Rom wird Brinkmann einige Monate in der Villa Massimo, Largo di Villa Massimo 1–2, wohnen. Der Ort: ein kahler Raum, ein Schreibplatz, die zentrale Stelle der Notate. »Plötzliches Grauen – blind, taub, stumm müßte man sein, um die Gegenwart ertragen zu können, aber das ist ein Wunsch nach Selbstverstümmelung ...« Ja, diese Selbstverstümmelung beginnt, und alles ist dieser Stimme Material: die Geschäfte, die Bank, die Post, diese kümmerlichen, ausgelebten Grünflecken mit diesen »ausgesogenen« Bäumen, die Kieswege, die ramponierten Bänke, Mädchen-Hintern, Frauen-Hintern, ein unablässiger Strom des Sehens, des Vergleichens, dem diese eilige, von der Maschine gehämmerte Schrift nachgeworfen wird, ein Auswurf, ein Ausspeien. »Eis Tartuffo schokoladenschwarz 350 Lire im Stehen essen mit bitteren Schokoladenstückchen das Halbrund Eis eingepackt im Sitzen kostet sofort das Doppelte Gedanken an Maleen die gern Eis ißt und besonders exotisches die Portion ist zu groß die Bar heißt Tre Scaline der Lyriker stellt Vermutung an ...«

Und weiter: diese Stadtpläne, auf denen die Spaziergänge, dieses erschrockene Stolpern, Hasten, Klettern durch die Stadt, markiert werden: mit einem Filzstift werden auf diesen Plänen die durchlaufenen Straßen, Abkürzungen und Wege nachgezogen, Punkte verdeutlichen einen Halt, ein Atemholen, daneben, an den Rändern die Schrift, die des Kugelschreibers, die sich wohl allmählich in diese dünnen Stadtplanseiten gebohrt und diese allmählich zerfetzt und die früher anschaulich prächtigen Farben des Plans ausgelöscht hat. Und weiter: da zeichnet er den Grundriß der Villa nach, und da füllt er dieses Trapez, umrahmt von den Straßen, mit Strichen, Pfeilen, hier sind die Ateliers, dort Zypressen, dort die Hühner, vier Amphoren stehen am großen Eingang, in einem Gartenhaus wohnt der Ehrengast, in der Nähe spielen die Kinder, neben dieser Tür ein Wespennest, dann das Draußen, dieses Café mit den Plastikstühlen, diese eisernen Gulli-Deckel, die breite sechsspurige Straße.

Ergänzt, nein, nicht ergänzt, sondern aufgefüllt, überschwemmt werden diese Krakeleien durch Postkarten, durch Polaroidbilder, die Via Veneto, die offene Tür des Ateliers, die Katzen draußen im Sonnenlicht, die ausgebleichten Straßen. Und weiter und weiter ...

Ja, dieser Text ist so etwas wie ein Urtext gegenüber den anderen, von denen ich bisher schrieb. Auch er ist durch diese seltsame Energiekonzentration einer isolierten Stimme auf einen bestimmten Ort charakterisiert, auch an ihm wird man diese heftigen Bewegungen, dieses Kreisen, dieses unablässige Zitieren, Sprechen, Stammeln, diese *Schrift des Brüchigen* gewahr, auch zu ihm wird man als Leser aufs heftigste hingezogen, so daß man eins wird mit der *Sprachbewegung* des Textes, dieses Gestrüpps. Es ist fraglich, ob dieser Text für eine Veröffentlichung bestimmt war. Gerade das macht ihn in meinen Augen zu einer Art Urchiffre der anderen genannten, herbeigezerrten Texte, zu einem zentralen Impuls der Suchbewegungen. Vielleicht war er nur als Materialsammlung gedacht. Sicher ist nur, daß Brinkmann seine Funde in Briefen an seine Frau und den Sohn, die in Köln zurückgeblieben waren, sammelte. Also doch ein Ziel, also hätten diese Stimmen doch eine Richtung? Nein, es ist ähnlich wie im Falle Schroubeks, ähnlich wie im Falle des Schriftstellers, der sich vorgenommen hat, Punkt elf Uhr die Übung des Sammelns zu vollziehen. Der Zuhörer ist lediglich imaginär, die Stimme richtet sich nicht auf ihn hin, sie entwickelt nichts vor den Augen eines anderen, sie zieht sich zusammen; gerade daß sie sich dessen bewußt wird, das macht sie noch konzentrierter. So läuft dieser unablässige Strom des Aufmerkens immer *exzentrischer*, bis er sich schließlich erschöpft, bis er an die Neigung des Fluchens reicht. Da heißt es dann: »viel später, und nach dem ganzen Hin und Her der Telefonate, kann ich nur sagen, daß ich keinen Sinn mehr darin sehe, Dir länger etwas aufzuschreiben und zu berichten. Wozu? Und was hilft es? Und wem? Dir? Mir?

Dieser lange Brief ist ebenso überflüssig wie das meiste andere. Ich gebs hier auf.«

Hier erscheint *das Thema*, das sich nicht klar stellt. Ich sagte es ja schon: nach irgendwohin müssen diese Stimmen verbreitet werden, aber es ist nicht recht zu sehen, wen sie noch angehen. Haben sie überhaupt noch eine bestimmte Kontur?

Sicher erscheint mir nur, daß sie sich von etwas anderem abheben, das ich jedoch im Augenblick ebenfalls nicht ganz deutlich benennen kann. Sie sind Sprachbewegungen, irres Zittern, Bannung des flüchtenden Verschiedenen an konzentrierten Orten.

Vermutung über die Herkunft der Stimmen

Ich will aber doch eine Vermutung anstellen. Es scheint mir nämlich kein Zufall zu sein, daß sich diese Texte zu einem Zeitpunkt entwickelt haben, als das Ende der Literatur eine beschlossene Sache zu sein schien. Das ›Ende der Literatur‹ – natürlich war damit nicht das Ende jeder Literatur gemeint. Handkes Protest gegen die Beschreibungsliteratur, der Hohn der Studentenbewegung auf die Ohnmacht der sogenannten bürgerlichen Literatur – das waren Indizien für dieselbe Wahrnehmung. Etwas Entscheidendes hatte sich verändert, nein, etwas Bedeutsames sollte sich verändern. Die ›neue‹ Literatur – die suchte nach neuen Lesern, nach solchen nämlich, die die Bewegungen der Sprache mitmachten, die nicht von außen das Schaubild der Texte in einem Akt der Deutung abbildeten. Identifikation, ästhetisches Urteil, Rollenspiel – das waren Begriffe für eine Lesererwartung, die es nicht mehr geben sollte. Der Leser – das hatte Wolfgang Hilbig, wie ich gezeigt habe, bereits 1973 festgehalten – wäre ein anderes Wesen: »Gäbe es den Leser, nur mit den Augen, nein mit Feuer und Schwert, nur mit dem Mund spie er all seine Wörter ins leere Buch.« Kann man es also noch trennen, kann man noch sagen, wer hier der Autor, wer aber der Leser ist, fallen nicht vielmehr die Anstrengungen beider in einem Akt zusammen, im Akt dieses Verwirrens, in diesen Suchbewegungen, in diesem Krakeln, ja, müßte sich nicht der Kopf des Lesers, den Text annehmend, mit den Notaten eines eigenen Buches füllen, eines Buches, durch das er die Sprachbewegung des Textes fortführte und daher ohne Unterbrechung ins Leben hinein verlängerte?

Ja, so sieht es etwa aus. Man könnte sagen, daß die Texte, in die hinein hier Schritte unternommen wurden, nicht mehr durch das zu bezeichnen sind, was man früher mit dem Begriff des ›Werks‹ verband. Das ›Werk‹ – das war eine Summe literarischer Strategien, die alte Ordnung, die sich zwischen Autor, Erzähler, Stoff, Inhalt, Form und Bedeutung vor den prüfenden Augen des Lesers auffüllte und, wie es die Lehre von der Interpretation vorsah, im Prozeß einer ästhetischen Erfahrung und Aneignung zur erneuten Geltung durch den Leser gebracht werden konnte. Ich vermute, daß Handke in Princeton und die Studenten bei der letzten Tagung der Gruppe 47 diesen Werkbegriff verspotteten. Natürlich, das haben sie nicht gemeint. Handke und die Studenten haben zudem noch etwas ganz Verschiedenes gemeint. Aber jetzt, viele Jahre später, wird es doch deutlicher. Es hat ›ein Ende‹ der Literatur gegeben; nur wurde sie nicht durch das ersetzt, was Handke oder die Studenten damals anboten, nicht durch Sprachspiele, nicht durch ›engagierte, politisierte‹ Literatur.

Dennoch, könnte man leicht einwenden, hat es den Werkbegriff noch immer gegeben. Gerade in den letzten Jahren sind bedeutende Texte entstanden, die nur durch diesen Begriff zu bezeichnen sind, ›Werke‹ im alten Sinn. Uwe Johnsons Tetralogie

Jahrestage I–IV, die *Ästhetik des Widerstands* von Peter Weiss – das sind doch wohl ›Werke‹, und sie unterscheiden sich deutlich von dem, was ich hier, um die üblichen literarischen Begriffe zu vermeiden, einmal *»Stimmen«* genannt habe. Sicher, aber schauen wir genauer hin. Die *Ästhetik des Widerstands* – die erweckte den Eindruck dieser Geschlossenheit, dieser Anstrengung für den Leser, sich mit einem festumrissenen, literarisch verdeutlichten Thema zu beschäftigen. Aber das Unterfutter dieses Werkes bildeten die *Notizbücher*, die fast zugleich veröffentlicht wurden. Vielleicht bilden die Notizhefte schon einen neuen Zusammenhang ab, vielleicht findet sich in ihnen die Stimmenvielzahl einer Sprachbewegung gegen die Geschlossenheit des ›Werks‹, vielleicht konkurrieren hier zwei Literaturen, von einem Schriftsteller produziert, gegeneinander? Und die *Jahrestage*? Ist nicht zugleich mit dem Abschluß der Tetralogie ein separater Band veröffentlicht worden, nur scheinbar ein Register der Namen, Daten, Orte und Schauplätze, in Wahrheit jedoch vielleicht der Text einer ›Produktion‹, eines Köderzustandes, vielleicht eine Art Gegentext gegen den geschlossenen des ›Werkes‹? In diesem Register wird man anders lesen als im ›Werk‹. Man wird es ja keineswegs nur zur ›Orientierung‹ benutzen können. Auch dieses Register deutet auf eine Isolation der Momente, auf ihren Anspruch, für sich, konzentrierend, assoziativ zu vagabundieren. Und – ein letztes Beispiel: erschien nicht neben der Erzählung *Kassandra*, deren ›Engagement‹ Markus vielleicht deshalb mißfiel, weil diese Geschlossenheit mit dem traditionellen Werk-Anspruch zusammenhing, ein zweiter Band, von derselben Autorin, eine Art Lebens-Text, den Christa Wolf während der Frankfurter Poetik-Vorlesungen vorgetragen hatte? Wurde nicht in diesem Vorlesungstext der Charakter der Suchbewegung, des Probierens, Von-vorne-Anfangens gegen den geschlossenen Text des ›Werkes‹ gehalten?

Ja, auch einige der großen ›Werke‹, die in diesem letzten Jahrzehnt erschienen sind, werden von jenen Stimmen umzischelt und umlagert, die ich mich vergeblich einzukreisen bemüht habe: dieses Anrennen, diese knappen Entrückungen, aufbrechenden Ekstasen, plötzlichen Aufbrüche. Wäre Brinkmanns Rom-Reise des Jahres 1972 also eine Art Initiation und wäre es nicht sehr charakteristisch, daß Brinkmann selbst um den Charakter dieser Initiation keineswegs wußte, eher das Opfer seiner Schrift als der Herrscher über den ›Stil‹ war?
Freilich gibt es Indizien dafür, daß sich bereits in den sechziger Jahren jenes Schreiben andeutete, um dessen Skizzierung ich mich bemühe. Das sicherste Indiz ist *der getriebene Leser*, der sich bewegende, den Alltag in den Text, den Text in den Alltag mischende, unruhige, sich aber immer wieder über dem »hieroglyphischen Heer« des Textes sammelnde Leser. Ja, es hat bereits 1967 einen solchen Leser gegeben. Ist es ein Zufall, daß er eben auf dem Hauptbahnhof in Hannover angekommen ist, daß er den Bekannten, den er aufsuchen wollte, nicht am Telephon erreichte und sich daher mit einem anderen Bekannten – eben diesem Text – im Bahnhofscafé von Hannover einfand, um endlich weiter lesen zu können? Dieser Leser – nennen wir ihn Peter Handke – liest in dem Buch *Verstörung* von Thomas Bernhard. Der Text läßt ihm keine Ruhe, der Leser zieht seine Spur beinahe leiblich aus, er macht seine Sprachbewegung mit, später verläßt er das Bahnhofscafé, aber er erreicht den anderen Bekannten noch immer nicht, so daß er in der Nähe der Hannoverschen Oper im Laternenschein weiterliest. »Ich las und las und las« – sagt dieser Leser, und er meint damit ohne Zweifel mehr als das, was Leser früherer Zeiten meinten, wenn sie behaupteten, von einem Text ›gefesselt‹ zu sein. Denn Bernhards Text bildet kein Phantasie- und erst recht kein Traumreich. Der Leser ›imaginiert‹ nichts, er vertieft sich nicht in diese Zustände des Unglücks, nicht in die Interieurs einer

anderen Welt, aus der er, aufgeschreckt, später mit müde gelesenen Augen aufschauen würde. Dieser Leser bewegt sich mit in der Sprache, im Sprechen des Textes.

Nein, ich habe diese Szenen nicht erfunden. Peter Handke, der Autor, hat sie später in einem kleinen Aufsatz festgehalten. Interessant an diesem Aufsatz ist, wie es Handke gelingt, dieses Sprechen des Textes als Leser einzufangen. Er *interpretiert nicht*, er unterläßt jedes Sortieren, Abwägen, Urteilen, Werten. Statt dessen beschreibt er, er vollzieht nach, was die Sprechwirklichkeit mit ihm, dem Leser, anstellte. »Die Krankenbesuche des Arztes, bei denen ihn sein Sohn begleitet, hatte ich schon hinter mir, nur der Besuch bei dem Fürsten von Saurau auf der Burg Hochgobernitz stand noch aus ...«

Statt von diesem prominenten Leser hätte ich allerdings auch von vielen anderen Lesern der Texte Thomas Bernhards reden können, von Thomas zum Beispiel, mit dem ich mich schon seit geraumer Zeit über das zu verständigen versuche, was er über die Texte Thomas Bernhards notiert hat. In der letzten Zeit haben sich in Thomas' Äußerungen immer häufiger Seufzer gemischt. Es ist klar: gegenüber dem Schreibzwang Bernhards offenbart sich sein eigenes Notieren als hilflos, es kommt diesen manisch ausgestoßenen Texten gar nicht mehr hinterher, es ist darauf angewiesen, sie zu verfolgen. So hört Thomas wohl zuweilen auf, ein Leser Thomas Bernhards sein zu wollen. Dann stößt er sich mit Gewalt, ja geradezu mit Haß von diesen Texten ab. Kein Leser mehr zu sein – das heißt ja: diese Wirklichkeit ganz und gar aufgeben, aus dem Inneren dieser Texte nach draußen springen. Das erfordert einen Ruck, ein gewisses Anrennen, knappe Entrückungen, aufbrechende Kehrtbewegungen oder Aufbrüche.

Eine Leserin der Bernhardschen Texte hat diese durchaus schmerzhaften Trennungen mit aller Kraft vollzogen. »Bevor ich die Bücher des Autors Thomas Bernhard nie mehr öffnen werde, begleiche ich eine alte Rechnung.« Mit diesem Satz hat Ria Endres ihre Studie über Thomas Bernhard begonnen. Erkennt man etwas an diesem Satz? Gewiß. Da sind die Kennzeichen der Distanzierung. Ria Endres wird nicht die Bücher Thomas Bernhards nie mehr öffnen, sie wird vielmehr die »Bücher des *Autors* Thomas Bernhard nie mehr öffnen«. Der Text, diese auslösende Bewegung, zutiefst anonym (weil reines Sprechen), hat einen Autor erhalten. Plötzlich taucht das Standbild des Erzeugers hinter diesem früher wohl einmal faszinierenden Sprechen auf. Eine Gestalt, Wurzeln, Ursachen, Gesten. »Ich werde nicht interpretieren«, schreibt Ria Endres folgerichtig, »sondern (ich werde) die Zersetzung eines männlichen Diskurses betreiben.« Zersetzung – ja, das ist die exakte Bezeichnung für das, was folgt. Der verführte Leser entfernt sich aus dem Gehäuse, er wirft es ab. Daß Ria Endres diese Zersetzung mit einem plötzlichen, imaginären Bild des Autors verbindet, daß sie diese Zersetzung als eine des »männlichen Diskurses« behandeln will – das erscheint mir dann höchstens noch wie das Gerüst einer Flucht. Natürlich hat die notwendige »Zersetzung« wenig damit zu tun, daß dieser Diskurs ein männlicher ist. Ich könnte das an vielen von Frauen geschriebenen Texten ohne viel Aufwand vorführen (mir scheint die Thematisierung einer ›weiblichen Sprache‹, eines ›weiblichen Sprechens‹, gar nichts anderes zu bedeuten als die Thematisierung jener Stimmenvielfalt, von der ich hier handle).

Vielleicht also sind die Texte Thomas Bernhards, die ja schon Mitte der sechziger Jahre entstanden, erste Zeugnisse für den vermuteten Zusammenhang. Charakteristisch ist dann allerdings wiederum, daß sie zunächst nicht als solche begriffen, ja, daß sie überhaupt nicht beachtet wurden. Erst seit Beginn der siebziger Jahre wurde deutlich, was diese Texte im Ganzen der literarischen Bewegungen bedeuten mochten.

Die Struktur der Stimmen

Von wo also kommen die Stimmen? Seit einigen Jahren – etwa seit einem Jahrzehnt – hört man es deutlicher. Ja, das sagte ich schon mehrfach. Kann ich nun die Gründe für diese neue Stimmenvielfalt benennen, kann ich die Ursachen historisch exakt festlegen? Möglich. Freilich würde ich damit die Suchbewegung *dieses* Textes zerstören, ich würde – informiert – aus ihm ausbrechen, nach ›draußen‹. Das will ich nicht tun. Ich will auch diesen Text, in dem ich mich gerade bewege, als einen festhalten, der den Unterschied zwischen Autoren und Lesern zugunsten der *Bewegungen* verwischt. Unbefriedigend bleibt diese Immanenz ohne Zweifel. Aber sie ist Energie, Festhalten des Suchens, nicht um eines Zieles willen, sondern um der Verwandlung von chaotischen Strukturen in geordnete, um der Zersetzung von geordneten zu chaotischen Strukturen willen.

Das ist unklar genug. Joël hat es auch viel besser beschrieben. Für ihn ist es ganz und gar kein Zufall, daß die moderne Physik gerade in den letzten Jahren – etwa seit einem Jahrzehnt – etwas entdeckt hat, auf das sie bisher nie gestoßen war: dieses Anrennen, diese knappen Entrückungen, aufbrechenden Ekstasen, plötzlichen Aufbrüche. Um was handelt es sich?

Es handelt sich um Dissipation, sagt Joël. Dissipation – das meint Zerstreuung, Zersetzung, Zerteilung. Die moderne Physik hat es seit etwa zehn Jahren mit *dissipativen Strukturen* zu tun. Diese Strukturen treten bei thermodynamischen Prozessen auf. Lebende Zellen streben, bei dauerndem Austausch von Energie mit ihrer Umgebung, nach einem Gleichgewicht. Sie organisieren aus sich selbst eine gewisse stabile Struktur. Setzt man jedoch diese Zellen, bestimmte Flüssigkeiten zum Beispiel, größeren Temperaturschwankungen aus, so entwik-

keln diese stationären Systeme Turbulenzen. Diese Turbulenzen – da haben wir es anscheinend: ein Rauschen, eine Unordnung, chaotische Prozesse. Auf der makroskopischen Ebene erscheinen diese Turbulenzen auch als irregulär und chaotisch, im mikroskopischen Bereich jedoch offenbaren sie sich als außerordentlich organisiert. Millionen von Molekülen nehmen ein kohärentes Verhalten an, sie organisieren sich wiederum von selbst, nehmen eine neue Struktur an. Dabei handelt es sich gewissermaßen um eine Übertragung. Joël zitiert Ilya Prigogine, der für seine Arbeiten über dissipative Strukturen 1977 den Nobelpreis für Chemie erhielt: »Ein Teil der Energie des Systems, der in der laminaren Strömung in der thermischen Bewegung der Moleküle enthalten war, wird auf die makroskopisch organisierte Bewegung übertragen.« Die anfänglich stabilen Systeme entwickeln – fern vom Gleichgewicht – Energieumwandlungen zur neuen Selbstorganisation.
Ja, das sehe ich ein. Man könnte kaum besser beschreiben, was sich in diesen Schreibprozessen vollzieht. Es handelt sich um Energieumwandlungen. Kompakte stabile Wahrnehmungssysteme entfalten – fern vom Gleichgewicht – in diesem Krakeln, Zittern, Schwanken, Umbauen selbstorganisierende Verhaltensformen. Rolf-Dieter Brinkmanns Rom-Buch, Gert Neumanns Notizverschlingungen – sie ließen sich anhand solcher Strukturbeobachtungen ebenso gut erörtern wie die Notate Schroubeks, wie die mythischen Chaotisierungen Klaus Hoffers, wie die Satzfäden Thomas Bernhards. Diese Linien will ich nicht ausziehen, und ich will auch nicht weiter auf Joël hören, dem es am Ende nicht schwerfallen würde, die musikalischen Entsprechungen zu derartigen physikalischen Vorgängen in den Solokonzerten Keith Jarretts zu sehen, jenen Energieumwandlungsattacken, die das Muster vorgegebener Motive unaufhörlich, aber im gleitenden, unmerklichen Gang

zersetzen, um es – verwandelt, umgeladen – in einem neuen Aufbau zu einer Selbstorganisation zu treiben. Nein, davon will ich nicht reden, obwohl es mich reizt.

Theorie des »genialen Dilettantismus«

Lieber will ich wieder konkreter werden. Nehmen wir also zum Beispiel Walter. Walter ist heimgekehrt. Nach dem Staatsexamen hat er eine unablässige Suchbewegung eingeschlagen. Er ist für über neun Monate auf Reisen gegangen, nach Bangkok, Hongkong, durch China. Seine langen Briefe haben die Freunde hier erreicht. Staunend wurden diese Briefe entziffert, diese Krakeleien, dieses Durcheinander, diese Mischungen der vielfältigsten Beobachtungen, ein unablässiger Strom, der nie zu einem Ende kommen wollte. Man sieht: Walter hat sich in den Kreis der Schreibenden eingereiht, er hat gemischt, er hat initiiert, hat von vorne angefangen, sein Wissen gleichsam links liegen gelassen, um, vor der Folie dieses Wissens und doch abgehoben von ihm, Energien bilden und umwandeln zu können. Nein, ich will Walter nun nicht, wie es naheliegen würde, in die Nähe zu Botho Strauß, Gert Neumann und Klaus Hoffer rücken. Von der reflexiven Immanenz dieser Texte werden seine Briefnotizen – dies hingeworfene Zeugs aus der Ferne, dem vielleicht einmal der Tabakstaub selbstgedrehter Zigaretten (diese Süße, dies Herbe) beigemischt war – weit entfernt sein.
Ich nenne Walter vielmehr einen »genialen Dilettanten«. Diesen Begriff habe ich geborgt. Blixa Bargeld, Tabea Blumenschein, Alexander von Borsig und viele andere haben ihn vor kurzem benutzt und auch zu erklären versucht. Wolfgang Müller, Mitglied der Gruppe »Die Tödliche Doris«, hat den

kleinen, schnell gemachten Band herausgegeben. Natürlich, so etwas kann nur in Berlin entstehen, hier halten sich die »genialen Dilettanten«, um die es mir geht, verborgen. Ja, verborgen. So liegt etwa der Übungs- und Proberaum der Gruppe »Einstürzende Neubauten« unter Tage, »eine halbe Stunde von der letzten Busverbindung entfernt, direkt unter einer vielbefahrenen Stadtautobahn im südwestlichen Teil unter dem nord-östlichen Sockel einer Autobahnbrücke«. Der Eingang zu dieser Höhle ist durch Gestrüpp versteckt. Dahinter jedoch, in diesem kleinen Raum, liegen die Übungsgeräte: Blechnäpfe, Stahlteile, rostige Deckel, Holz- und Eisenstangen, eine Bowlingkugel. Das Geräuschbild wird wesentlich durch den über die Brücke donnernden Autoverkehr bestimmt. Man hört es ja: ›laut/leise‹, LKW/PKW, dieses Sausen, Anheben, Rauschen, dieser allmählich sich einstellende Rhythmus, der ein ungefährer bleibt, während der Beton als Verstärker wirkt und die ersten Klopfzeichen antworten, schließlich geklappert, gerasselt, gehämmert und geschlagen wird. »Hier wird keine Musik mehr produziert, hier wird richtig gearbeitet und durch Arbeit entsteht Krach.« So hat es Klaus Laufer gesagt. Und weiter: »Krach im besten Sinne ist ein gutes Stück Arbeit, intensive, meditative, konzentrierte Arbeit.«

Ich meine, daß sich an diesen Energieumwandlungen genialen Dilettierens etwas studieren läßt. Dieses Eintauchen in die anonyme Geräuschkulisse, dieses Mitschwingen, dieses Antworten, diese Entstehung eines Geflechts, diese Entwicklung selbstorganisierender Schwingungen – *fern vom Gleichgewicht* –: dies alles kennzeichnet mir einen Zusammenhang, den ich ohne Mühe auch in den Texten wiederentdecken könnte, von denen bisher die Rede war. Die intensive, meditative, konzentrierte Arbeit des »genialen Dilettantismus« bildet für mich so etwas wie den Untergrund zu jenen Texten

der Autoren und Leser, deren Gestalten ich nicht mehr auseinanderzuhalten bereit war. Brinkmanns Rom-Notate kann man in diesem Sinn deutlich als ein Einschwingen auf einen zunächst anonymen (und daher immer feindlichen) Kulissentext verstehen, aus dem sich die Eigenheiten seiner Stimmen allmählich entwickeln. Hier ist der Autor zum Leser eines Zusammenhangs geworden, den er nicht – wie früher einmal – in kritischer, erkennender Absicht durchdringen wird. Er wird ihn vielmehr erst umformen, nachdem er ein Teil dieses kulturellen und zunächst fernen Zusammenhangs geworden ist. Sinn – das ist nichts, was man vorfindet, nichts, was man durch prozeßhafte Arbeit erhält. Sinn ist das Unbestimmbare – diese Offenheit, fern vom Gleichgewicht, der Spannungszustand, den man von außen nicht wird greifen und bemänteln können. Der Leser dringt vielmehr nur, indem er ihn vollzieht, vor, hinein in diese Höhle, durch das Gestrüpp, das man beiseiteräumen, zur Seite schieben muß. Wäre also dem Leser nicht etwas von jenem »genialen Dilettantismus« eigen, den ich in Berlin vorfand?
Ich will hier nicht deutlicher werden. Joël knüpft sowieso unterdessen die merkwürdigsten Verbindungen. Er hat nämlich entdeckt, daß die Gruppe »Natur und Technik«, die sich ebenfalls zur Arbeit der genialen Dilettanten bekennt, ihr Vorgehen exakt in Analogien zur Bildung jener dissipativen Strukturen beschrieben hat, von denen der Nobelpreisträger Prigogine handelte. »Grundlagen zur Molekularstruktur der Musik in den verschiedenen Zuständen« – so hat Nicki Vermöhlen seinen Beitrag genannt. »Bei Energiezufuhr lösen sich zuerst die lockerer zusammengefügten Melodiemoleküle, während einzelne Harmonien über der noch fester verbundenen Rhythmuskette stehenbleiben. Der flüssige Zustand ist erreicht. Dabei bleibt nur der Rhythmus bestehen; Melodien und Harmonien werden zunehmend atomisiert. Ihre Ordnungen lösen

sich: die Töne geraten in Eigenbewegung. Nebenbei entstehen flüchtige und mehr oder weniger zufällige Disharmonien und ungewohnte Tonfolgen, bis sich keine festen Töne mehr ausmachen lassen. Sie gleiten, vibrieren und schwingen. Die Musik wird heiß.«

Von wo? Wohin?

Ich muß Joël mit diesen Andeutungen allein lassen, er wird das Weitere ohne mein Zutun notieren. Denn ich will stattdessen die beunruhigende Frage nach den geschichtlichen Ursachen all dieser Veränderungen noch einmal stellen, im alten Sinn. Ich will fragen: wie kam es denn dazu?
Einer fragt da nämlich recht deutlich, und daher schließe ich mich ihm an. »Meine guten alten Freunde, lebt ihr noch? Wir gerieten von heute auf morgen aus der Jugend, sind nun verlobt, verheiratet, verarmt, bereichert, ledig und fertig, einige sind bereits verunglückt, gestorben, haben alles hinter sich gebracht, wie wir manchmal behaupten, weil wir nicht wissen, was uns später oder schon im nächsten Augenblick erwartet. Unsere Reihen lichten sich: jemand wird Soldat, der andere landet im Knast, einer erlebt die Politik im Fernseher, der nächste an seinem Arbeitsplatz. Wir bilden eine verkrachte Gesellschaft.«
Hier wird anscheinend ein Zerfall beschrieben. Die guten alten Freunde – die scheinen sich früher einmal in einem besonderen Sinn verstanden zu haben. Vielleicht arbeiteten sie gemeinsam an etwas, vielleicht hingen sie denselben Phantasien nach. Jetzt jedoch (jetzt, 1978) ist dieses Gemeinsame irgendwie verschwunden. Der eine steckt hier, der andere dort, und man merkt dem Fragenden deutlich an, wie schwer

es ihm fällt, die Regeln dieses Zerfalls noch zu beschreiben. Die »verkrachte Gesellschaft« – das ist die Gesellschaft des Zerfalls nach vorausgegangenen Höhenflügen und Gemeinsamkeiten. Es mag sein, daß man diese Gemeinsamkeiten politisch erlebt hat; sicher ist, daß man damals noch nicht durch Arbeit, Leistung und Individualität voneinander getrennt war. Man war eben nicht ein Verheirateter, Lediger, Verunglückter, der sein Leben auf diese oder jene Weise verbrachte. Man gehörte vielmehr zusammen, bildete eine Reihe, in der jeder Einzelne das Band zum nächsten aufgriff. In gewissem Sinn waren diese Einzelnen gar nicht zu unterscheiden, wie sie da in »Reihen«, in Gliedern, Ketten auftraten.

Die »gelichteten Reihen«, die »verkrachten Gesellschaften« – ja, könnte man sagen, in solchen Bildern hat der Schriftsteller Ludwig Fels eine Erfahrung beschrieben, die er der Erfahrung der Studentenbewegung kontrastieren wollte. Negativ gedeutet, wäre also die Voraussetzung zur Entstehung jener Suchbewegungen, die ich beschrieb, vielleicht ein Zerfall früherer Gemeinsamkeiten und Übereinstimmungen. Genau so sagt es jedenfalls Ludwig Fels, indem er diesen Bekanntschaften nachruft: »Zuerst sah ich mich in euch als Ganzes, dann nahm ich nur noch Einzelteile von mir wahr, jetzt tut es mir weh, daß ich euch nicht ehren kann. Ihr seid aus dieser Generation verschwunden. Wo lebt ihr hin?«

Endlich – da macht sich die bisher zurückgehaltene Frage breit. Wohin? Wohin zielt das denn? Nach irgendwohin muß es doch zielen, aber dieses Ziel ist nicht recht zu erkennen.

Sieh aber an, da kommt einer, der die Arbeit für uns tut, intensiv, meditativ, konzentriert, widmet er sich dieser Arbeit nach dem ›Wohin‹. Keine Frage, daß er allein ist wie die anderen, auffällig, daß er von irgendwoher zurückgekehrt ist.

Von wo? Man weiß es nicht genau. Wohin? Nach Europa. So steht es ja da, gleich im ersten Satz dieses »großen Bogens«: »Nach Europa zurückgekehrt, brauchte ich die tägliche Schrift und las vieles neu.«
Ja, da staunt man. Hier macht einer mit dem Anfangen ernst. Nicht wahr, schon in diesem ersten Satz zittert die Unruhe des ›Wohin‹? Etwas ungeduldig hat dieser Autor das Ziel schon mit den folgenden Sätzen vorweggenommen. Man kann es ziemlich deutlich erkennen: »Das Gebüsch war gelber Ginster, die Bäume waren vereinzelte braune Föhren, die Wolken erschienen durch den Erddunst bläulich, der Himmel (wie Stifter in seinen Erzählungen noch so ruhig hinsetzen konnte) war blau. Ich war stehengeblieben auf einer Hügelkuppe der Route Paul Cézanne, die von Aix-en-Provence zum Dorf Le Tholonet führt.«
Wahrhaftig, da ist einer angekommen: ›*Nunc stans*‹, der Augenblick der Ewigkeit. Dieser Augenblick und der ihm zugehörige Ort – das scheinen ganz zufällige Momente des Ankommens zu sein; andererseits wird sich das Ankommen wohl nicht überall ereignen, nicht an diesem Waldrand, diesem Autobahnabschnitt. ›Nunc stans‹ – das ist vielmehr eine Art Kompression der endlosen Suchbewegungen. Und was wäre dann die Arbeit des Schreibens? Diese Kompression erfahrbar zu machen, sie zu ergründen, sie von ihren scheinbar zufälligen Wurzeln her darzustellen.
Genau das hat Peter Handke in der *Lehre der Sainte-Victoire* unternommen. »Der große Bogen« – das ist dieser meditative Weg von einem Erlösungsmoment hin zu seinen Anfängen, dem Wurzelwerk, das nun auseinandergezogen, ausgebreitet wird. Da steigen dann die Linien auf, die Eltern, die Geschwister, die Großeltern, der junge Farbenblinde, Goethes Farbenlehre, Cézannes Bilder, seine Briefe, die Kindheit des Ich-Erzählers in einer kleinbäuerlichen Umgebung, die Landschaf-

ten des amerikanischen Malers Edward Hopper ... Das alles hat Handke nicht ›beschrieben‹, er hat es aufgesucht, zusammengefügt, ein Gewebe verdeutlicht. Dadurch ist *Die Lehre der Sainte-Victoire* zum Buch eines Lesers geworden; Peter Handke, der die Bewegungen, die im Ankommen weiterleben und zusammenschießen, freilegt, ist der Leser, der Betrachter.

Und wir? Wir dürfen diese Zickzack-Bewegungen mitmachen, wir begleiten diesen Weg, vertiefen uns mit, schauen auf, blättern zurück, unser Rätsel ist zugleich auch das seine.

Ich selbst will aber gleich sagen, daß ich Handke nicht recht vertraue. Vielleicht ist ›vertrauen‹ das falsche Wort für diesen Lesevorgang, eher könnte man sagen: ich glaube ihm nicht. Denn natürlich ergäbe meine Begleitung dieses Weges keinen Sinn, wenn ich nicht diesem Ziel mit einigem Glauben anhinge, diesem Gebüsch von gelbem Ginster, diesen vereinzelten braunen Föhren. Daß ich Handke weder vertraue noch glaube, das hängt nicht mit meinem ›Eigensinn‹ zusammen, für den ich andere Suchbewegungen reklamiere, jedenfalls keine von der Art, die sich vor den Augen der anderen an einem eher zufälligen, aber doch dem Zufall durch arbeitendes Schreiben wieder entzogenen Ort schließen und sättigen. Ich nehme vielmehr an, daß sich Handke weder selbst vertraut noch mit ganzer Kraft an das glaubt, was er da entstehen und wieder vergehen läßt.

Das könnte mißverstanden werden. Ich muß genauer werden. Handke hat neben den Werken, in denen er seine eigenen Illusionen an die Möglichkeit des Ankommens wie große Phantasien nährte, Notate veröffentlicht. Auch in seinen Anstrengungen arbeiten ja diese Details, diese kleinen Offenbarungen, knappen Entrückungen, aufbrechenden Ekstasen gegen »das Ganze« an. Ich vermute, daß sein ganzes Arbeiten aus der Haltung dieses an die ferne Gestalt des Flaneurs erinnernden

Notierenden hervorgeht, ein unablässiger Strom von Beobachtungen, Skizzen, eine manisch vorangetriebene Vereinzelung, die – mit zunehmender Übung – gleich zu Geschichten treibt, zu fülligeren Experimenten, zu Augenblicken des ›Nunc stans‹. Einmal schreibt er: »Es schneit, und ich habe Lust, weiterzuarbeiten.« Ja, das ist es; dieser unablässig und langsam fallende Schnee, dieses Himmelszitat, dieses Sich-Einstellen der Lust auf eine Anteilnahme, aus der dann die Vorstellung von der Arbeit herauswüchse. Dann aber heißt es auch: »Wenn ich statt: ›Ich gehe arbeiten‹, immer sagen könnte: ›Gehen wir wirken!‹«

Ich denke mir, daß diese beiden Impulse viele Momente des Werkes bestimmen: auf der einen Seite das Arbeiten (die Fortsetzung des Notierens, diese *Phantasien der Wiederholung*), auf der anderen diese Verführungen, die Arbeit nicht für sich bestehen zu lassen, sondern sich aus ihrer immanenten Kraft aufzuschwingen, zu *werden*, Sinn zu schaffen, anzukommen. In den Werken des zweiten Zusammenhangs nimmt gleichsam die durch den ununterbrochenen Strom des Notierens gesammelte Kraft überhand. Plötzlich versteinert das Ich zum ›Schriftsteller‹.

Woran ist dieses Versteinern zu bemerken, durch das sich Handkes ›Wirken‹ vom Notieren (Arbeiten) absetzt? Das Ich, das den »großen Bogen« erkundet, entdeckt sich nicht in allen nur möglichen Momenten. Es fährt nirgends auf, es unterbricht seine Erkundung nicht mehr, es schichtet, anstatt immer wieder zu zerstören, es ist der hörige Bestandteil einer *vorgegebenen* Suche. Diese Suche reicht nicht bis ins Leibliche, ja der Leib, die sinnliche Gegenwärtigkeit, die man doch mit Notwendigkeit aufzureißen hätte, bleibt hinter dem zurück, was ich Handkes »Körper« nennen möchte. Der »Körper« ist ein Objekt der Demonstration, der Leib dagegen Zeuge, Richter und Angeklagter der Bewegung. Daher haftet

Handkes scheinbar autobiographischen Suchbewegungen diese Durchsichtigkeit der gläsernen Körper an, die nach nichts mehr begehren als nach jenen Augenblicken, in denen sie sich als gefüllt (»stolz«) präsentieren.

Die Suchbewegung aber bis ins Leibliche zu führen – das würde anderen Zusammenhängen angehören.

»Plötzlich – aber vielleicht vorbereitet durch langsam zur Oberfläche geschwemmtes Material – entdeckte ich, daß alle meine Versuche bisher nur eine Bewegung verrieten: zurückzufinden in frühere Schichten.« Nein, so hat nicht Peter Handke eines seiner Bücher begonnen. Dies ist vielmehr der Anfang von Hubert Fichtes *Versuch über die Pubertät*, eine kurze Notiz, bevor es ›losgeht‹, bevor sich dieser Leib den Bewegungen überläßt. »Zu Anfang nur der Ton, Anschwellen. Sich vorstülpen. Damit war es vorbei.« Die Leiber, die Schnitte, das Feuchte, das Nasse, die Toten, »die Leichen riechen nach Meer«. Alles, was in diese Bewegungen geworfen wird, wird abgesogen, aufgenommen, verwandelt – was entsteht, ist eine unaufhörliche Wiedergeburt der Details, der Fetzen, der Worte. Eine Szene mit ihren Einzelheiten, sie wird abgefahren, abgesaugt – und dies und das bleibt unerklärlich zurück, kommt aber bald wieder, in anderem Zusammenhang. Schnitte in den Text, Schnitte in den Körper, da wächst etwas zusammen und wird sofort wieder seziert, der ganze Leib ein Text, und der Blick des Lesers taucht ein, verläßt die Farben, nimmt etwas an, stößt es ab.

Ich kann darüber nicht länger schreiben. Fichtes *Versuch* ist die radikalste jener Suchbewegungen, von denen ich schrieb. Sie universalisiert die Bewegung, sie setzt sich ihr – bis zur Erschöpfung – aus. »Der Zauber ist zerschnitten. Jetzt beruhigen sich allmählich die erbrechenartigen Erinnerungen. Die Gerüche, die Töne, die Temperaturen, die Farben verlieren an Heftigkeit. Ich lebe weiter in einer ganz säkularisierten Welt.«

Auch ich selbst will hier nicht mehr weiter forschen. Ich will diese Sprünge allmählich beenden. Es ging mir nicht darum, einen ›Stil‹, eine Richtung festzuhalten. Was habe ich getan? Ich bin einigen *Stimmen* gefolgt. Ein anderer könnte nachweisen, daß sie in ganz andere Zusammenhänge gehören. Sicher. Ich habe diese Stimmen jedoch in Momenten aufgesucht, in denen sie in Bewegung waren. Manchmal habe ich sie geradezu in Bewegung *versetzt*, manchmal habe ich sie (abrupt, stoppend) *beruhigt* oder *stillgelegt*. Sowieso war nicht zu vermeiden, daß diese Stimmen ihre eigenen Bewegungen annahmen. Dann und wann habe ich sie auf ›Leser‹ treffen lassen. Joël, Aja, Markus, Thomas, Ria Endres, Walter – diesen (sechs) Lesern traue ich schon zu, daß sie die Stimmen fortsetzen, verwandeln und in neue Richtungen führen. Nur für Joëls Freundin, die »Die *sieben* Geschichten der *sieben* Prinzessinnen« in dieses Gespräch eingeführt hat, habe ich keinen *Namen* gefunden. Richtig, ich kenne sie nur als Joëls Freundin, ihren Namen habe ich vergessen, ich kenne sie nur als diese Verliebte, die Joël von Woche zu Woche, in unregelmäßigen Abständen, ihre Notate in die Taschen steckt, ohne daß er es bemerkt. Es sind kleine Zettel, auf denen ein paar unterbrochene Botschaften stehen, keine Erklärungen, keine Liebesbeweise. Es handelt sich eher um Krakeleien, wir kennen das ja schon, dieses Anrennen, diese knappen Entrückungen, aufbrechenden Ekstasen, plötzlichen Aufbrüche. Joël liest sie, und sein Lesen ist dieses bekannte Verspeisen, dieses Schlukken, dieses Umwandeln. Etwas wird angeboten, gerät in Bewegung, nun nimmt es die beiden Körper mit.
Von wo also kämen die Stimmen? Aus diesem Ungefähren vielleicht, einem Spaziergang am Nachmittag eines vierten Oktober, auf der Rue Lafayette? »Eben überquerte ich eine Kreuzung, den Namen kenne ich nicht, dort vor einer Kirche. Plötzlich, sie ist vielleicht noch zehn Schritte von mir entfernt

und kommt in entgegengesetzter Richtung, sehe ich eine junge, sehr ärmlich gekleidete Frau, und sie sieht mich ebenfalls oder hat mich gesehen.« Ja, so könnte es doch gewesen sein. Und wohin zielt das?
Ich werde die Unbekannte ansprechen, ohne Zweifel. Sie wird nicht überrascht sein, ich werde sie begleiten, während sie weiterspricht. Schon wird sich die Bewegung vertiefen. Später werde ich sie fragen, wo sie speist. Sie wird stehenbleiben und *irgendwohin* deuten, »dort, oder dort (die beiden Restaurants), wo ich gerade bin, sehen Sie. Das ist immer so.«
Am nächsten Tag werde ich sie wiedersehen, Bar Ecke Rue Lafayette und Rue du Faubourg-Poissonière. Als ich sie treffe, ist sie sehr elegant gekleidet, in schwarz und rot, Seidenstrümpfe, taugliche Schuhe, ein hübscher Hut. Später begleitet sie mich im Taxi bis zu meiner Haustür. Ich verlasse sie. Was sagt sie noch, höre ich es denn deutlich, diese Stimme? »Und ich jetzt? Wohin gehen? Aber es ist so leicht, langsam zur Rue Lafayette hinabzusteigen, den Faubourg Poissonière, und zunächst wieder an die Stelle zu kommen, wo wir waren.«
Von wo? Wohin? Wieder habe ich mich in eine Bewegung gemischt. André Breton hat sie gegenüber der Unbekannten, der er den Namen Nadja gab (während ich für Joëls Freundin noch immer keinen Namen gefunden habe), eingeschlagen. Diese Einmischung habe ich nicht zufällig vollzogen. Bretons Arbeiten erscheint mir nämlich als eines der frühesten Zeugnisse für den Beginn jener Suchbewegungen, die ich hier begleitet habe. Sicher, man könnte noch weiter zurückgehen, einige haben das längst getan. In Kleists Briefen, Aufsätzen, Anekdoten und kleinen Spielregeln des Suchens wären Spuren zu entdecken, Mozarts Sprechen und sein Widerstand gegenüber einer Sprache wäre in den Briefkrakeleien zu verfolgen, die er nach Salzburg schickte ... Aber, wie gesagt, vorläufig

(solange wir uns in ungesichertem Gelände bewegen) will ich bei Breton haltmachen.
In *L'Amour fou*, einer Art umfassender Exegese des Suchens, hat er viele jener Momente angesprochen, von denen ich schrieb. »Das Verlockende an einer solchen Art, die Dinge zu sehen, liegt für mich darin, daß sie die Begierde fort und fort erneuert. Wie sollte man nicht hoffen, das Tier mit den Wunderaugen vorsätzlich herbeizuzwingen, wie die Vorstellung ertragen, daß es, bisweilen für lange Zeit, nicht aus seinem Versteck aufzustöbern wäre? Da erhebt sich das ganze Problem der Köder.«
Auf die Frage, *wie können, sollen, wollen wir künftig gemeinsam leben*, habe ich Köder ausgelegt. *Köder* markieren eine literarische Antwort auf derartige Fragen. Es ging also darum, *Beute* und *Schatten* um dessentwillen fahrenzulassen, »was schon nicht mehr Schatten und noch nicht Beute ist: Schatten und Beute verschmolzen in einem einzigen Blitz«.
So hat es Breton formuliert. »Es geht darum, die Wege der Begierde nicht, hinter sich, wiederverwuchern zu lassen. Nichts, in der Kunst, in den Wissenschaften, schützt uns weniger davor als jenes Verlangen nach Anwendung, Beute, Ertrag. Schändlich, wer sich gefangen gibt, und sei es im Namen des allgemeinen Nutzens, sei es in Montezumas Gärten aus Edelsteinen! Heute noch setze ich alle meine Erwartungen einzig in meine Ungebundenheit, in diesen Drang, mich treiben zu lassen, um allem zu begegnen, ein Drang, von dem ich überzeugt bin, daß er eine geheimnisvolle Gemeinschaft zwischen mir und den anderen ungebundenen Menschen herstellt, als wären wir berufen, uns plötzlich zu vereinigen.«
Ja, hier will ich zustimmen. Ich habe in diesen Suchbewegungen nichts anderes zu tun versucht. Die »geheimnisvolle *Gemeinschaft* zwischen mir und den anderen ungebundenen Menschen« – die müßte ich nun als die Gemeinschaft mit

diesen anderen Lesern (Joël, Aja ...) aufsuchen. Vielleicht haftet dieser Phantasie etwas von der Gewalt an, sich »plötzlich zu vereinigen«.

Mag sein. Ich will jedoch noch einmal zu jener Unbekannten zurück, für die mir *kein Name* einfiel. Aß ich nicht am 10. April 1934 in einem kleinen Restaurant zu Mittag, das neben dem Eingang zu einem Friedhof liegt?

Von wo also kommen die Stimmen? Ohne Zweifel, ich halte mich in Paris auf, es ist ein seltsamer Tag, denn der Mond hat sich vor die Venus geschoben. Eben sehe ich noch den Geschirrspüler, diesen jungen Mann, dann die hübsche Bedienung, den weißen Kragen, das schwarze Kleid, die dünne Kette. Oh, der Geschirrspüler ruft ihr nach: »Ici, l'Ondine!« (Hierher, Undine!) – Ja, auch die hingehauchte Antwort höre ich genau: »Ah! oui, on le fait ici, l'On dîne!« (Ja, wahrhaftig, das tut man hier, man speist!)

Ici, l'Ondine! Wäre das nicht die rechte Stimme der Aufforderung, dieses Aufbrechens, der *Namensgebung*? Wäre das zugleich die Stimme, die jenem Moment der Enthüllung nachjagte, den Breton den *Augenblick* der konvulsivischen Schönheit genannt hat?

»Die konvulsivische Schönheit wird erotisch-verhüllt, berstend-starr, magisch und umstandsbedingt sein, oder sie wird gar nicht sein.« Dann würden all diese Suchbewegungen jener Öffnung gelten, die zwischen Frage und Antwort auftaucht, jener Umwandlung, jener Schönheit? Dann läge deren Erscheinung diesen Bewegungen zugrunde, diesen umstandsbedingten Zuckungen, diesem Verhüllen, aus denen sich die berstende Starre erhöbe?

Ici, l'Ondine! – Ah! oui, on le fait ici, l'On dîne! – Dinieren wir also ...[1]

II
Suchbewegungen der ›Lehrjahre‹

das exemplar
eine mischung von worten, die sich gerade noch darüber sagen lassen.
man bedenkt welcher teil der situation sprache ist. alles geschieht und bestimmt die bedeutung der worte. ich verstehe mehr als du sagst, wortgeburt des dialekts spontan.
(Oswald Wiener, *Die Verbesserung von Mitteleuropa*)

Eine Rede im Jahr 1914

Im Mai 1914 hielt der gerade zum Präsidenten der Berliner »Freien Studentenschaften« gewählte Student Walter Benjamin eine Rede, in der er über *Das Leben der Studenten* sprach. Benjamin hatte seine Schulzeit zum Teil in einem thüringischen Landerziehungsheim verbracht. Dort hatte er die pädagogischen Ideen der Jugendbewegung, besonders aber die seines Lehrers Gustav Wyneken, kennengelernt. Der Student Benjamin hatte sich im Mai 1914 von diesen Ideen noch nicht befreit, im Gegenteil, er wollte seine Kommilitonen für sie gewinnen. Dabei ging er von der Diagnose aus, daß dem deutschen Studententum zu dieser Zeit eine Existenz im eigentlichen, tieferen Sinn abgehe.
Mit diesem tieferen Sinn verband Benjamin damals den Be-

griff der Wissenschaft. Er wollte ihre Ausübung nicht als Vorbereitung auf einen Beruf verstanden wissen, er hatte von ihr einen höheren Begriff. Benjamin erkannte in ihr einen Wert an sich, und das Studium war für ihn eine Art Verpflichtung unter dem Gebot einer strengen Erkenntnis, die durch den Blick auf einen möglichen Beruf oder auf gesellschaftliche Erfolge nicht abgelenkt werden sollte.

Natürlich war sich der Student Benjamin darüber klar, daß der von ihm kritisierten Verbürgerlichung des Studiums, der er bei den Korps-Studenten wie bei den Mitgliedern der »Freien Studentenschaften« zu begegnen glaubte, nur durch Ideale entgegenzuarbeiten war, die höhere Ziele als die der sozialen Sicherheit bezeichneten. Um diese Ziele durchzusetzen, verlangte er von seinen Kommilitonen Aktivität, Produktivität und Kritikfähigkeit. Nur so könne sich der Student vom »Schlepptau der öffentlichen Meinung« befreien und zur Erneuerung und geistigen Gestaltung der Nation beitragen.

Benjamin glaubte also, daß die Studenten die ihnen gewährte Freiheit der Studienjahre zu einer Zeit rastloser, gegenüber Literatur und Kunst empfindsamer Erkenntnis, die nicht im Phlegma bürgerlicher Sicherheitsvorstellungen ersticke, nutzen sollten. Freilich wußte Benjamin, daß solche Tugenden nicht im universitären Unterricht zu erwerben waren. In Vorlesungen und Seminaren hatte er jedenfalls Studenten beobachtet, die an diesen Veranstaltungen nur noch mechanisch teilnahmen. Sie sammelten Wissensstoff, um ihn bei passender Gelegenheit zu wiederholen und dadurch die nun einmal notwendigen Examina zu bestehen.

Benjamin waren diese Studenten ein Graus. Er erwartete ja mehr von ihnen als passive Unterwerfung unter das Ritual eines Unterrichts, in dem ein Vortragender den nächsten ablöste. Benjamins Vorstellungen galten vielmehr einer »Kultur des Gesprächs«, die er an der Hochschule nicht verwirklicht fand. Die sokratische Belehrung, die ein solches Gespräch hätte vermitteln können, konnte sich der Student Benjamin damals, im Mai 1914, nur außerhalb der Hochschule vorstellen. In diesem Raum dachte sich Benjamin eine aktive, studentische Gemeinschaft, die um das philosophische Gespräch zentriert war. Dessen Inhalt seien die »metaphysischen Fragen«, die Fragen Platons, Spinozas, Nietzsches und der Romantiker, jene Fragen also, die nach der Ansicht des Studenten Benjamin an der Hochschule überhaupt nicht gestellt wurden.

Vielleicht hat der Student Benjamin, der später mit einer Arbeit über den *Begriff der Kunstkritik in der deutschen Romantik* promovierte, schon an dieser Stelle seiner Rede an die Gesprächskultur des Jenaer Literatenkreises um die Brüder Schlegel gedacht. Ein Hinweis auf diese produktive Zeit um 1800 ist jedenfalls in seinem Vortrag versteckt. Einmal nämlich spricht Benjamin vom Adel geistig-produktiver Bildung; er bezeichnet ihn als den, »der bis vor hundert Jahren deutsches Studententum sichtbar machte und es an sichtbare Stellen als Verteidiger des besten Lebens treten ließ«. Bis vor hundert Jahren – das meinte ja: bis vor den Zeiten der Befreiungskriege, der Burschenschaften, der patriotisch-politischen Erneuerung.

Es ist deutlich: der Student Benjamin vertrat um 1914 eher Bildungsideen, die denen des deutschen Idealismus nahe waren, als solche, die vom Leben der Studenten politische oder soziale Aktivität verlangten. Im Mittelpunkt dieser idealistischen Bildungsideen stand der Gedanke von geistiger Totalität, »ganzem« Menschentum, der wohl einmal als ausdrucksreicher Protest gegen die bürgerliche Berufsausbildung gegolten hatte. Benjamin nannte diese Bildungsideen deutlich beim Namen:

> Jeder Leistende strebt nach Totalität, und der Wert einer Leistung liegt eben in ihr, also darin, daß das ganze und ungeteilte Wesen

eines Menschen zum Ausdruck komme. Die sozial begründete Leistung aber enthält, wie wir sie heute vorfinden, nicht die Totalität, sie ist etwas völlig Bruchstückhaftes und Abgeleitetes.[1]

Ähnlich hätte es um 1800, zu einer Zeit also, die Benjamin im Auge hatte, wohl auch der Student Henrik Steffens gesagt, der in Jena dem romantischen Kreis um die Brüder Schlegel angehörte. Mit seiner Beschreibung dieser Zeit als der »kraftvollen, jugendlichen«, in der eine Begeisterung herrsche, »durch welche die ganze deutsche Literatur einen neuen Aufschwung erhielt«, hätte er jedenfalls sofort das Interesse und die Sympathie des Studenten Benjamin gefunden. Ja, Steffens schien bei seiner Schilderung der damaligen Situation geradezu das vor Augen gehabt zu haben, wonach auch Benjamin sich sehnte: »Ich war in beständiger Produktivität, ja fortdauernd in einer Art wissenschaftlicher Begeisterung.«[2]

Eben diesen Enthusiasmus wollte auch der Redner Benjamin seinen Kommilitonen um 1914 vermitteln. Freilich mußte er, um ihn zu begründen, weit, über mehr als hundert Jahre, zurückgehen. Hier, zwischen 1795 und 1806, hatte sich in Deutschland eine geistig-literarische Gemeinschaft behauptet, deren Bild Benjamin noch nachhing. Um es zu entfalten, bedurfte es einer Denkfigur, die bei seinen Vorstellungen von Totalität eine große Rolle spielte. Diese Denkfigur war die von der autonomen, zweckfreien, in sich ruhenden Produktivität des Geistes. Benjamin sagte es ja genau *so*: Totalität sei ein Wert an sich, oder »der Wert einer Leistung liegt eben in ihr«. Die Vorstellung von einer Autonomie des Denkens war eine der wichtigsten des deutschen Idealismus. Zweifellos hatte sie einer bürgerlich-philosophischen Elite einmal geholfen, sich von philiströsen Lebensauffassungen ihres Standes abzugrenzen.

Henrik Steffens hat sie wohl durch Schellings Vorträge und

Überlegungen kennengelernt. Jedenfalls war er ein begeisterter Zuhörer dieser seit 1798 in Jena abgehaltenen Vorlesungen und fand sich in den späten Stunden des Nachmittags im Hörsaal ein; wer zuvor über den Marktplatz der Stadt gegangen war, mochte über den großen Zulauf von Studierenden aus allen Fakultäten, die diese Vorlesungen als eine Art Ereignis empfanden, sehr erstaunt gewesen sein.

Eine Vorlesung im Jahre 1802

Der Philosoph Schelling, der damals auf die Studenten der Universität Jena einen so großen Eindruck machte, war im Jahr seiner Berufung erst 23 Jahre alt gewesen. Trotz dieses noch jugendlichen Alters hatte er sich bereits durch Aufsehen erregende Schriften zur Naturphilosophie hervorgetan. Gerade durch diese Schriften hatte er sich die Sympathie des Ministers Goethe erworben, der ihn für eine Professur in Jena vorgeschlagen hatte.

Schon der Student Schelling war seinen Altersgenossen immer vorausgewesen. Als er 1790 an das Tübinger Stift ging, erhielt er dafür als 15jähriger eine besondere Erlaubnis, da in der Regel erst 17jährige immatrikuliert wurden. In den folgenden Jahren blieb Schelling diesem Ruf treu; aus den Prüfungen ging er immer wieder als der Erste seines Jahrgangs hervor.

Als der Philosoph Schelling also im Sommersemester 1802 eine *Vorlesung über die Methode des akademischen Studiums* ankündigte, erhielten seine Zuhörer nicht nur einen Begriff von der »Wissenschaft« und von den Voraussetzungen des akademischen Studiums – in Schelling stand ihnen vielmehr auch ein Exemplar des produktiven, Produktivität gewordenen Wissenschaftlers vor Augen. In den Berichten über Schellings Vorlesungen, die diese Studenten später notierten, kam gerade diese Identität von Person und Lehre zum Ausdruck. Die Berichte waren jedenfalls voll von Bewunderung und Lob.

Schelling mag gewußt haben, was seine Zuhörer an ihm bewunderten und schätzten. Er selbst stellte ja das Produkt einer auf Universalität zielenden Ausbildung dar, die die Fachgrenzen der Einzelwissenschaften kühn überschritt. Gerade auf diese Universalität konnte er also seine aus allen Fakultäten herbeiströmenden Zuhörer aufmerksam machen; er selbst hatte sie in seinen schon damals zahlreichen Schriften zur Bibelkritik, Religions- und Naturphilosophie längst bewiesen.

Es ist daher nicht verwunderlich, wenn der Philosoph Schelling schon nach wenigen Worten seiner ersten Vorlesung auf den besonderen Sinn seines Vortrags zu sprechen kam:

> Es geschieht aber, wie die meisten Beispiele zeigen, nur zu häufig, daß über der bestimmten Beschäftigung die allgemeine der universellen Ausbildung, über dem Bestreben, ein vorzüglicher Rechtsgelehrter oder Arzt zu werden, die weit höhere Bestimmung des Gelehrten überhaupt, des durch Wissenschaft veredelten Geistes vergessen wird.[3]

Schon mit diesen Sätzen war Schelling bei seinem Thema. Es ging ihm ja nicht nur darum, die Vorzüge der Allgemeinbildung darzustellen; er wollte vielmehr auf einen Begriff des »Höheren« hinaus, der so etwas wie eine Grundlage für seinen Begriff *der* Wissenschaft bilden sollte. Gerade in diesem Griff nach dem »Höheren« verbarg sich seine idealistische Absicht.

So kam Schelling denn auch schnell zur Sache. Sein Thema war die »Philosophie, welche den ganzen Menschen ergreift und alle Seiten seiner Natur berührt«[4].

Das war es ohne Zweifel, was seine Zuhörer von ihm erwarteten: eine verlebendigte Darstellung des »Ganzen«, der Berührung »von allen Seiten«. Um es denn doch auf einen philosophischen Begriff zu bringen, benutzte Schelling den Komplementärbegriff des »Absoluten«. Dieser Begriff war damals wohl so etwas wie ein Reiz- und Modewort. Sicherlich hatte die Faszination, die der Philosoph Schelling ausübte, mit ihm zu tun. Es war jedenfalls nicht jedem Zuhörer mit Bestimmtheit klar, was mit diesem Begriff gemeint war. Der Philosoph Hegel, ein Studienfreund Schellings im Tübinger Stift, argwöhnte wenige Jahre später, daß mit dem »Absoluten« so etwas wie eine Nacht, in der alle Kühe schwarz seien, gemeint sei.

Diesen Spott mußte der Philosoph Schelling jedoch 1802 noch nicht ertragen. Der Begriff des »Absoluten« galt noch etwas, ja er war gleichsam der erste Begriff des Denkens überhaupt. Ohne ihn konnte das Denken gar nicht erst beginnen. In diesem Sinn ließ er sich auch nicht eigentlich beweisen oder herleiten; klar war aber jedenfalls, daß man ohne diesen Begriff nicht auskommen konnte. Das »Absolute« hatte nichts mit dem Fachwissen zu tun. Es war ein unbedingtes Wissen, das erste Wissen, das Urwissen. In ihm fand gar keine Unterscheidung von der Art mehr statt, wie sie ein flacher Kopf wohl betreiben konnte, indem er zwischen einem Wissen und einem Gegenstand des Wissens unterschied. Nein, der Philosoph Schelling meinte, daß das absolute Wissen eine wesentliche Einheit sei, ein »Höheres« eben, oder, jetzt ganz in seinem philosophischen Vokabular, eine »wesentliche Einheit des unbedingt Idealen und des unbedingt Realen«[5].

Auf die genaue Erläuterung dieser Begriffe verwandte der Philosoph Schelling bereits in seiner ersten Vorlesung eine beträchtliche Menge Zeit. Erst in den folgenden Vorlesungen nahm er den Abstieg zu den Einzelwissenschaften, freilich nie-

mals, ohne ihren Zusammenhang mit der wesentlicheren Form des »höheren« Wissens bewiesen zu haben.
Es ist heute nicht recht klar, ob die Zuhörer der Jenaer Vorlesung den Philosophen Schelling in allen Einzelheiten verstanden. Ihre Berichte deuten eher darauf hin, daß sie seiner Faszination, dem Talent seiner Rede und seines Auftritts, erlagen. Vielleicht haben sie aber auch die strengen philosophischen Begriffe, die der Philosoph Schelling gebrauchte, direkt auf seine Person bezogen. Schließlich stellte dieser Philosoph ja so etwas wie eine Einheit von Denken und Sein dar, schließlich war er in all seinen Auftritten und Wirkungen gleichsam vom Himmel herabgestiegene Produktivität. Jedenfalls hatte keiner bei der Entstehung dieser Produktivität zugeschaut; sie war dem »Wunderkind« des Tübinger Stiftes ebenso selbstverständlich, wie sie seinen Zuhörern in Jena unbegreiflich war.
Daß also der Mensch, als das Vernunftwesen überhaupt, hingestellt sei, eine »Ergänzung der Welterscheinung zu sein«, und daß sich aus seiner Tätigkeit entwickeln solle, was »zur Totalität der Offenbarung Gottes« fehle[6], das konnten Schellings Zuhörer nicht an sich selbst und ihrem eigenen, beschränkten Wissen ablesen. Sie konnten diesen hohen Sätzen des Philosophen Schelling aber dennoch Glauben schenken, sie brauchten ja diese Sätze nur auf ihn, den Vortragenden, zu beziehen. 1802 war dieser Philosoph wohl nichts anderes als eine »Ergänzung der Welterscheinung«, und indem seine Zuhörer sich in den späten Stunden des Nachmittags in seinen Hörsaal drängten, mochten sie insgeheim empfinden, an dieser Ergänzung teilzuhaben.

Im Jahr 1914 wäre der Student Benjamin froh gewesen, einem Philosophen mit dem Anspruch des Philosophen Schelling, »unbedingte« Wissenschaft zu betreiben, zu begegnen. Sicher, der Begriff des »Absoluten« wäre damals, mehr als hundert Jahre später, nicht mehr so zu gebrauchen gewesen, wie ihn Schelling gebraucht hatte. Trotzdem, man konnte auch nicht ohne weiteres behaupten, daß er aus dem Vokabular verschwunden sei. Wenn der Student Benjamin von der Totalität und Zweckfreiheit des Wissens sprach, dann mochte er sich darunter etwas Ähnliches vorstellen wie der Philosoph Schelling, wenn er vom »ganzen« Menschen als dem Gelehrten sprach. Dabei kam beiden Rednern die Überlegung, mit Hilfe dieses auf Totalität zielenden Wissens das Wissen der Einzelwissenschaften zu übersteigen, zwar gelegen. Im eigentlichen Sinn wollten sie aber wohl sich selbst verteidigen, ihre Zuwendung zur Wissenschaft und den hohen Sinn, den diese Zuwendung ihrem Leben gab. Dabei glaubten sie vielleicht, die Lebensform, in der Denken und Sein sich, wie der Philosoph Schelling gesagt hätte, als »Ganzes« berührten, auch ihren Zuhörern vermitteln zu können. Die Studenten Schellings bestätigten diese Vermittlung jedenfalls, wie es z. B. die Lebenserinnerungen des Naturwissenschaftlers Steffens beweisen. Doch das lag, als der Student Benjamin in Berlin sprach, schon über hundert Jahre zurück. Daher zweifelt ein Biograph Benjamins mit guten Gründen daran, daß der Redner Benjamin im Jahr 1914 verstanden worden sei. Dieser Biograph berichtet vielmehr, daß Benjamin nur »im engeren Kreis« Zustimmung gefunden und von einer mit ihm befreundeten Dame, Dora Pollak, im Auftrag seiner Verlobten Rosen erhalten habe.[7]

Möglich ist jedoch, daß der Student Benjamin damals nicht

mehr erwartete. Er hatte die Zeit des »hohen Adels« der geistigen Bildung ja selbst weit in die Vergangenheit verlegt und die Möglichkeit einer Erneuerung nicht von der Universität, sondern außerhalb, in der Form einer philosophischen Gemeinschaft, erwartet. Deren Reaktion mochten ihm die Rosen bestätigen, die ihm nach seinem Vortrag überreicht wurden. Die Initiativen, die Benjamin jedenfalls in diesem Sommersemester 1914 einleitete, galten einem solchen Kreis. So hatte er es ja schon in seinem Vortrag mit Worten angekündigt, die man auf den ersten Blick für Worte des Philosophen Schelling halten könnte:

> Die Gemeinschaft schöpferischer Menschen erhebt jedes Studium zur Universalität: unter der Form der Philosophie.

Daß eine Gemeinschaft von Menschen dem Studenten Benjamin gleichsam den Vortrag eines Lehrers vom Katheder ersetzen mußte, daß er in ihr die Universalität finden wollte, die die Zuhörer Schellings noch direkt vor Augen hatten, das weist zunächst einmal darauf hin, daß die Universität um 1914 für Ansprüche wie die, die der Student Benjamin an sie stellte, keinen Platz hatte. Damit ist aber noch keineswegs bewiesen, daß der Philosoph Schelling sie 1802 allein, auf sich gestellt, verwirklicht hätte. Schließlich lebte auch er lange Zeit in einer »Gemeinschaft schöpferischer Menschen«, die zur Universalität seiner Bildung nicht wenig beigetragen hatte. An der Konzeption einer erst sehr viel später wiederentdeckten philosophischen Skizze aus dem Jahr 1796, die dann als das »Älteste Systemprogramm« des deutschen Idealismus bekannt wurde, waren neben ihm wahrscheinlich auch die Studienfreunde Hegel und Hölderlin beteiligt, die auf dem Tübinger Stift seine Stubengenossen gewesen waren.
Auch in Jena hatte Schelling Anschluß an einen literarisch-philosophischen Kreis gefunden, der seiner Produktivität eini-

gen Auftrieb gegeben hatte. In ihm hatte er übrigens seine spätere Frau Caroline, damals noch die Frau August Wilhelm Schlegels, kennengelernt. 1802 soll freilich der Zusammenhalt dieses Kreises nicht mehr besonders eng gewesen sein. Doch drei Jahre zuvor, im November 1799, waren noch die Brüder Schlegel, Novalis, Tieck, Dorothea Veit und der junge Physiker Ritter in Jena beisammen gewesen. Dorothea Veit leitete damals ihre Eindrücke über den Philosophen Schelling sogar in einem Brief an den Berliner Theologen Schleiermacher weiter, dessen Schrift *Über die Religion* (im Herbst desselben Jahres erschienen) die Freunde interessiert und den jungen, unruhigen Novalis zu Aufsätzen und Gedichten angeregt hatte. In diesem Brief befand sie des Philosophen Schelling Aussehen so, »wie man es erwartet; durch und durch kräftig, trotzig, roh und edel«[8]. Sie traute ihm sogar zu, den Posten eines französischen Generals einnehmen zu können.
Aus der Ferne wird der Theologe Schleiermacher an diesen imponierenden Schilderungen, die wieder einmal beweisen, wie sehr der Philosoph Schelling Denken und Sein zu vereinigen verstand, sein Vergnügen gehabt haben. Jedenfalls machte er sich über die romantische Geselligkeit des Freundeskreises, dem Schelling angehörte, seine Gedanken. Seine Schrift *Versuch einer Theorie des geselligen Betragens* untersuchte die produktiv-lebendige Atmosphäre des Jenaer Kreises. Im Jahr 1914 hätte sie dem Studenten Benjamin zweifellos einige Zustimmung abverlangt; auch der Philosoph Schelling hätte bestimmten Passagen dieser Theorie, die seinen Erwägungen über das »Absolute« recht nahe kamen, nicht widersprochen. In gewissem Sinn bildete die Theorie Schleiermachers also so etwas wie eine Brücke zwischen den beiden Rednern.
Hatte der Student Benjamin von der Gemeinschaft schöpferischer Menschen eine Universalität unter der Form der Philo-

sophie erwartet, so hob der Theologe Schleiermacher als wahren Charakter einer Gesellschaft in Absicht ihrer Form hervor, »daß sie eine durch alle Theilnehmer sich hindurchschlingende, aber auch durch sie völlig bestimmte und vollendete Wechselwirkung sein soll«[9]. Schleiermacher dachte sich also die Geselligkeit eines produktiven Kreises, eines Kreises schöpferischer Menschen, als eine Art von Prozeß, der seinen Ziel und Zweck schon in sich selbst habe. Jedenfalls brauchte er ihn nicht außerhalb dieser Sphäre, etwa im sozialen oder politischen Bereich, zu suchen. In auffälliger Weise entspricht seine Vorstellung ja dem, was der Philosoph Schelling als »Idee«, als Bestimmung und Ausdruck des »Gelehrten« bezeichnet hätte: autonomer Ganzheit. Schleiermacher nannte diese angestrebte Selbständigkeit seines geselligen Kreises sogar deutlich beim Namen:

> Die Wechselwirkung ist sonach in sich selbst zurückgehend und vollendet; in dem Begriff derselben ist sowohl die Form als der Zweck der geselligen Tätigkeit enthalten, und sie macht das ganze Wesen der Gesellschaft aus.[10]

Besonders dieser Passage hätte der Student Benjamin, für den Produktivität gänzliche Unabhängigkeit bedeutete, zugestimmt. In seiner Berliner Rede lehnte er die soziale Arbeit der »Freien Studentenschaften«, insoweit sie bloß »pflichteifrig und interessiert« sei, ausdrücklich ab. Ja, er hielt dieser Arbeit sogar vor, »nie eine wahrhaft ernst gesinnte Gemeinschaft« gegründet zu haben.

Benjamin sah für eine so ernst gesinnte Gemeinschaft andere Ziele als die der sozialen Arbeit. Es wurde schon erwähnt: er suchte die Gemeinschaft schöpferischer Menschen unter der Form der Philosophie. Zweifellos hätten der Philosoph Schelling und der Theologe Schleiermacher ihn darin bestärkt, ja, sie hätten dem Studenten Benjamin durch ihre Berichte über den romantischen Freundeskreis in Jena sogar die lebendigsten Beispiele vor Augen führen können.

Ein Tagebuch aus dem Jahr 1919

Der Student Benjamin hat sich während seines Studiums dann noch intensiv mit dem romantischen Freundeskreis beschäftigt. Aus der Jugendbewegung hat er sich allerdings zurückgezogen. Er verließ Berlin und studierte zunächst in München, später in der Schweiz. Offensichtlich erwartete er nicht mehr viel von einer studentischen Gemeinschaft, die etwas zur Erneuerung der Universität hätte beitragen können. Er konzentrierte sich statt dessen auf seine eigenen Arbeiten und diskutierte diese mit Freunden und Bekannten. Auf seltsame Weise entspricht dieser Konzentration und der Abwendung von der Jugendbewegung, daß er 1917 Dora Pollak, jene Frau also, die ihm nach seiner Berliner Rede Rosen überreicht hatte, heiratete. Vor dieser Heirat hatte sich Benjamin von seiner Verlobten getrennt. Anscheinend hatte er nicht vergessen, wer ihm nach seiner Rede so sichtbar mit Zustimmung gegenübergetreten war. Darüber könnte man ausführlicher nachdenken; wichtiger ist in diesem Zusammenhang wohl aber, daß der Student Benjamin dann im April 1919 seine Dissertation über den *Begriff der Kunstkritik in der deutschen Romantik* abschloß und im Juli sein Rigorosum ablegte. Man kann nicht behaupten, daß er sich in all den Jahren von seiner Idee, eine Totalität des Wissens im Stande des »Gelehrten« zu erwerben, entfernt hätte. Im Gegenteil, er kam dieser Idee durch seine konzentrierten Studien sehr nahe. Allerdings erwartete er wohl nicht mehr, diese Idee einer größeren Zuhörerschaft vermitteln zu können. Er beschränkte sich darauf, sie in einem kleinen Freundeskreis, in dem Gedanken entwickelt wurden, die in der Universität nicht zur Sprache kamen, erwidert zu sehen. Wie der Doktor Benjamin diesen Weg weiterging und wie er sich später dann doch für jene politischen und sozialen Themen zu interessieren begann, die ihn während seiner Studienjahre kaum beschäftigt hatten, darüber nachzudenken, wäre schon etwas wert.

Statt dessen soll jedoch von einem anderen Studenten die Rede sein, der sich 1919 mit diesen Themen beinahe täglich abmühte und darüber ein Tagebuch führte. Denn offensichtlich hatte der Student der Nationalökonomie und Jurisprudenz Gustav Heinemann, der damals in Marburg studierte, eine ganz andere Vorstellung vom Leben der Studenten als der Student Benjamin.

Dabei hatte der Student Heinemann bei seinen Überlegungen ebensowenig wie Benjamin darauf verzichten wollen, seine Ideale und Ideen aus der deutschen Geschichte zu beziehen. Er ging 1919 allerdings nicht um mehr als hundert, sondern nur um etwas mehr als siebzig Jahre zurück. Den Studenten Heinemann interessierte das, was er die 48er Revolution nannte. Er beschäftigte sich mit dieser Revolution, wie er notierte, besonders gerne; er las Zeitungen und Flugblätter aus dieser Zeit, und er studierte auch den Brief eines Urgroßonkels, der für die »Freiheit« gefochten hatte und nach Amerika geflohen war, weil er sich in seinem Vaterland nicht mehr sicher fühlte.[11] Der Student Heinemann erlebte in diesen Zeugnissen die deutsche Geschichte als Familiengeschichte; auch sein Vater stand in den Jahren 1918/19 auf Seiten der Republikaner. Heinemann empfand diese Tradition, die ihm in den Reaktionen und Briefen seiner Verwandtschaft so lebhaft vor Augen trat, als eine Verpflichtung. Im Dezember 1919 notierte er:

Für Einheit und Freiheit, für Republik und Demokratie! Ich werde an Euch denken![12]

Es ist gewiß kein Zufall, daß der Student Heinemann in dieser Notiz die Erinnerung an seine Vorfahren mit jenen hohen politischen Begriffen verband, für die er sich selbst einsetzte. An seinen eigenen Studien konnte er schließlich wahrnehmen, daß es nicht genügte, die Geschichte nur mit der Absicht zu studieren, historische Kenntnisse zu erwerben. Vielmehr wird ihm deutlich gewesen sein, daß er sich für die 48er Revolution besonders interessierte, weil er sie gleichsam durch die Zeugnisse der Vorfahren direkt erreichen und weil er an dieser direkten Verbindung die Geschichte als lebendige Fortsetzung von Idealen erfahren konnte. So wußte der Student Heinemann genau, daß es nicht nur darauf ankommen konnte, Demokratie und Republik gedanklich und programmatisch zu vermitteln. Er legte vielmehr Wert darauf, beides ins »Fühlen und Denken« aufzunehmen.[13]
Die Begeisterung für die Demokratie, von der der Student Heinemann in diesen Jahren getragen war, ließ ihn dann und wann auch zum Redner werden. So an einem Sonntag im November 1919, als er mit Studienfreunden in einer Versammlung der Deutschen Volkspartei auftrat. Heinemann bekämpfte diese Partei. Seine Freunde und er arbeiteten in einer demokratischen Studentengruppe, die der Deutschen Demokratischen Partei angeschlossen war. An dem Sonntag des Jahres 1919 fand der Redner der DVP in der Wirtsstube von Hachborn, in der etwa achtzig Zuhörer versammelt waren, keinen Anklang. Nur zwei oder drei Zuhörer spendeten ihm nach seiner Rede Beifall. Der Student Heinemann faßte das als eine Gelegenheit auf, seine eigenen politischen Gedanken vorzutragen. Er meldete sich jedoch nicht nur zu Wort, sondern er führte die Versammlung, in der der Redner der DVP so wenig

Zustimmung gefunden hatte, in eigener Regie mit einem Freund weiter. Die *Hessische Landeszeitung* meldete später, daß die »spontanen Äußerungen demokratischer Gesinnung« reichen Beifall gefunden hätten.[14]

In den späten sechziger Jahren hätte man gesagt, daß der Student Heinemann damals eine Versammlung »umfunktioniert« habe. Auf diesen Sprachgebrauch will ich jedoch hier nicht eingehen. Wichtiger ist an dieser Stelle, daß der Student Heinemann den Zeitungsausschnitt der *Hessischen Landeszeitung* in sein Tagebuch klebte. Dieser Ausschnitt nimmt sich neben seinen handschriftlichen Notizen wie eine Bestätigung dafür, daß sein Denken öffentlich und wirksam geworden war, aus. Jedenfalls notierte er in seinem Tagebuch den Erfolg des Abends.

Überhaupt beziehen sich die Notizen des Studenten Heinemann meist auf die politischen Ereignisse des Tages. Es kommt einem bei der Lektüre seines Tagebuches fast so vor, als habe er Mühe gehabt, mit den Ereignissen Schritt zu halten. Er findet kaum Zeit, den Blick über die Aktualitäten hinauszuwerfen; andererseits bedurfte er auch nicht häufig dieses Weitblicks, da er sich seiner geschichtlichen Perspektive ja sicher war. Auch die privaten Ereignisse spielten in dem Tagebuch des Studenten Heinemann nur dann eine Rolle, wenn sie die politischen in irgendeiner Form berührten. Traf er sich mit Freunden, so wurde vielleicht über ein Referat diskutiert, das er am Abend vor der demokratischen Studentengruppe halten wollte; möglich wäre aber auch, daß die Freunde an einem gemeinsam verfaßten Artikel arbeiteten, den sie in der *Hessischen Landeszeitung* veröffentlichen wollten. Die Geselligkeit dieses Kreises um den Studenten Heinemann ist jedenfalls nicht die, über die der Theologe Schleiermacher nachdachte und von der der Student Benjamin sprach. Ganz im Gegenteil, anstatt daß die Wirkungen dieses Kreises

»in sich« zurückgegangen wären, drängten sie mit jeder Bewegung nach draußen. So kann man auch, genau genommen, gar nicht von den »privaten« Treffen der Freunde reden, beinahe bei jedem Zusammensein bereiteten sie ja eine öffentliche Aktion, ein Auftreten auf der politischen Bühne, vor.
Es ist verständlich, daß diese Lebensweise den Studenten Heinemann in Atem hielt und ihn neben seinem Studium nicht gering belastete. Andererseits hatte er wohl erst so ein Fundament für dieses Studium gefunden; ohne Wachsamkeit gegenüber der Tagespolitik wäre Heinemann wahrscheinlich sein Studium recht bedeutungslos vorgekommen und gleichsam »abstrakt« geblieben. Trotzdem gehörte er nicht, wie es vielleicht den Anschein haben könnte, zu denen, die über dieser emsigen Aktivität Literatur und Kunst ganz beiseite geschoben hätten. Er fand wohl während der Studienzeit einfach keine Zeit, sich damit zu beschäftigen. Doch nachdem er im Dezember 1919 in den Ferien nach Hause gefahren war, änderte sich das. Am 17. Dezember hörte er sich im Essener Theater die Oper *La Boheme* an. Wahrscheinlich wäre ihm damals der Doktor Benjamin, dessen Vorstellung vom »Gelehrten« sich auch mit einer derartigen Kulturöffentlichkeit nicht besonders gut vertrug, dahin nicht gefolgt. Anders am darauffolgenden Tag. Da nämlich fand sich der Student Heinemann im Antiquariat von Günther und Schwan ein, von wo er »allerlei schöne Sachen« mitnahm. Hierhin hätte der Sammler Benjamin den Studenten Heinemann mit Sicherheit gerne begleitet. Vielleicht hätte er dort einige Kinder- und Jugendbücher entdeckt, in die er sich häufig vertiefte, als wollte er doch wenigstens auf diese Weise seinen Kontakt mit der Jugendbewegung fortsetzen. Der Student Heinemann dagegen erwarb in dem Essener Antiquariat eine Schrift des Freiherrn von Moser, *Über Regenten, Regierung und Ministers* aus dem Jahr 1784. Mit diesem Buch beschäftigte er sich in seinen

Weihnachtsferien besonders; es war von staatspolitischem Interesse.

Es ist nicht zuviel gesagt: Die Politik war dem Studenten Heinemann nicht nur zum Thema, sondern zum Lebensinhalt überhaupt geworden. An den Weihnachtstagen des Jahres 1919 blieb er im Elternhaus: »Vergnüglich und gemütlich.« Doch schon am Abend des 28. Dezember fand er sich im Kasino ein: »Natürlich gleich politische Unterhaltung.« In diesen Unterhaltungen stieß sein politisches Temperament nicht selten auf den Widerstand der Gesprächspartner. Der Student Heinemann verzweifelte jedoch nicht an diesen Meinungsverschiedenheiten; er arbeitete ja gleichsam mit dem Bewußtsein im Rücken, die Geschichte des republikanischen Deutschland, die er bis zu seinem Urgroßonkel zurückverfolgt hatte, fortsetzen zu müssen. Damals, 1919, dachte er noch daran, daß dies einmal die Geschichte des Neuen Deutschland werden könnte. Es reizte ihn schon, darüber etwas zu schreiben. Doch die drei Satzzeichen, die am Ende seiner Tagebuchnotiz vom 28. Dezember auftauchen, lassen zumindest ahnen, daß er sich nicht so sicher war, ob er, anstatt zu schreiben, nicht eher an den politischen Aktionen teilnehmen sollte, die ihn soviel Zeit kosteten:

> Ich hätte nicht übel Lust, eine Geschichte des Neuen Deutschland zu schreiben, um meinerseits zur Überbrückung dieser Gegensätze beizutragen. Aber dazu bedarf es gründlicher Vorarbeit und Zeit! Vielleicht doch einmal!?![15]

Philosophiegeschichtliche Exkursion

In diesem Zusammenhang wollte ich eigentlich erst später noch einmal auf den Philosophen Schelling und auf seine Idee des »Absoluten« zu sprechen kommen. Dabei wollte ich zeigen, daß einige Vorstellungen dieses Philosophen auch später noch lebendig waren. Aber ich setze lieber schon etwas früher ein, denn dadurch läßt sich noch manches erklären. Dazu muß ich zum Jahr 1954 zurück.

Damals feierte man in Deutschland den hundertsten Todestag des Philosophen Schelling, übrigens ein »internes Fest, geräuschlos«, wie dann der Philosoph Habermas[16] wenig später schrieb.

Habermas hatte sich während seiner Studienzeit intensiv mit den Schriften Schellings beschäftigt. Zu Beginn der fünfziger Jahre hatte er über diese Schriften sogar promoviert. Seine Dissertation *Das Absolute und die Geschichte* führte eben jene Idee im Titel, auf die es dem Philosophen Schelling so sehr angekommen war und die der Philosoph Hegel einmal leicht bespöttelt hatte, ohne auf sie allerdings in seinen eigenen Schriften ganz zu verzichten.

Natürlich hatte Habermas zu den Schriften Schellings nicht ganz ohne Anleitung gegriffen. Er selbst hatte wesentliche Anregungen durch die Überlegungen Martin Heideggers bezogen und in seiner Dissertation zu einem nicht unerheblichen Maß auch auf diesen Anregungen aufgebaut. Im Januar 1956 allerdings hatte er sich von ihnen weit entfernt. Vielleicht arbeitete er damals schon an seiner Habilitationsschrift über den *Strukturwandel der Öffentlichkeit,* die er im Herbst 1961 abschloß. Der Philosoph Habermas hatte jedenfalls schon damals sein Interesse an der Politik und den Sozialwissenschaften entdeckt. 1956 rezensierte er in der *Frankfurter Allgemeinen Zeitung* ein Buch über den Philosophen Schelling, das er für das wichtigste zu dessen hundertstem Todestag hielt. Dieses Buch mit dem Titel *Schelling, Größe und Verhängnis* hatte der Philosoph Karl Jaspers 1955 veröffentlicht.

Jaspers hatte sich damals vorgenommen, dem Philosophen

Schelling gleichsam mit dem Blick des Arztes zu begegnen. Er wollte eine markante Linie zwischen den Sätzen Schellings und seiner leiblichen Präsentation ziehen, eine Linie also, die die Zuhörer Schellings in der Jenaer Vorlesung des Jahres 1802 gewiß nicht wahrzunehmen imstande gewesen waren. Sie hatten ja die Sätze des Philosophen Schelling auf seine mündliche Rede und den faszinierenden Eindruck bezogen, den der Vortragende hinterließ. Auch der Philosoph Jaspers rechnete Schelling zu den Zauberern und Magiern. Aber er hielt ihm das vor. Er glaubte nicht an die Redlichkeit Schellings, und er nahm sich, um seine Thesen zu beweisen, gerade die Lebensgeschichte dieses Philosophen vor. Bei seinen Untersuchungen stieß er dann in der Tat auf einige erstaunliche Widersprüche. Der Rezensent Habermas faßte die Vorwürfe damals zusammen: »Uneigentlichkeit, Sendungsbewußtsein und große Geste, verbunden mit einem Versäumen und Überspringen der nächsten Forderungen des Tages.«[17]

Ich glaube nicht, daß diese Vorwürfe den Philosophen Schelling getroffen hätten, wenn er sie hätte zur Kenntnis nehmen können. Mit den Forderungen des Tages wollte er 1802 gewiß nichts gemein haben; er hätte geglaubt, sie mit der Entwicklung seiner Idee des »Absoluten« am ehesten zu erfüllen. Denn er war ja gewiß nicht der Meinung, etwas zu »versäumen«; seine großen Gesten vom Katheder herab unterstrichen vielmehr seine Meinung, sich inmitten der Weltgeschichte zu befinden.

Wie auch immer: Der Rezensent Habermas kam 1956 nicht umhin, gegen die Methode des Jaspersschen Buches leichten Tadel einzuwenden. Darauf will ich hier nicht näher eingehen. Zur Sache kam er auch eher in den letzten Absätzen seiner Rezension. Dort nämlich hob er hervor, daß die Größe Schellings »in der Tat ein Verhängnis für uns (werde), sobald wir den Typus seines Denkens unter den Umständen des 20. Jahrhunderts zu verwirklichen suchen«[18]. Darauf also wollte Habermas in seiner Rezension hinaus: er wollte zeigen, daß sich Schellings Idee des »Absoluten« damals, 1956, nicht mehr halten ließ. Zu diesem Einwand hatte er denn auch besonderen Anlaß. Habermas hatte die Nachwirkungen von Schellings Philosophie schließlich am eigenen Leibe erfahren und sie auch schriftlich in seiner Dissertation formuliert. Während seiner Studienzeit war er, wie schon angedeutet, von den Überlegungen Martin Heideggers inspiriert gewesen. Wenn Habermas also an die Schelling-Nachfolge dachte, gegen die er einiges einwenden wollte, brauchte er nicht lange zu suchen. So heißt es denn auch in seiner Rezension: »Ganze Abschnitte, ganze Seiten lesen sich wie polemische Kommentare zu Heidegger; womit ich nicht behaupte, daß Jaspers sie auch tatsächlich in diesem Sinne gemeint hat.«[19]

Der Rezensent Habermas wollte also sagen, daß er diese Polemik aus der Schellingkritik des Philosophen Jaspers herausgelesen habe, daß er sie verstehe und billige. *Diese* Kritik konnte er nachvollziehen, mochte er auch ihre Methode tadeln. Habermas hatte sich jedenfalls 1956 von seinen eigenen philosophischen Anfängen befreit. Von nun an las er die Schriften Heideggers anders, er las sie vielleicht unter einem Aspekt, den man den ideologiekritischen nennen könnte. Zweifellos interessierte er sich auch weiterhin für die Schriften, die Heidegger damals veröffentlichte. Doch er mißtraute ihnen jetzt. Es ist vielleicht charakteristisch, daß er von nun an intensiv über die Nachwirkungen des Philosophen Heidegger nachdachte. Die Kritik an diesem Philosophen nahm er jedenfalls in sein sozialwissenschaftliches und politisches Denken auf. Als Kritik an der Idee des »Absoluten« brachte sie wenig später der Philosoph und Soziologe Adorno auf zwei dichte, packende Sätze:

> Philosophie, wie sie nach allem allein zu verantworten wäre, dürfte nicht länger des Absoluten sich mächtig dünken, ja, müßte den Gedanken daran sich verbieten, um ihn nicht zu verraten, und doch vom emphatischen Begriff der Wahrheit nichts sich abmarkten lassen. Dieser Widerspruch ist ihr Element.[20]

In diesen beiden Sätzen war die Haltung verborgen, die der Rezensent Habermas gegenüber der Philosophie Schellings und Heideggers ebenfalls beziehen wollte. Nach »allem« – das meinte ja: nach dem Faschismus. Der Philosoph Adorno wollte also sagen, daß der Begriff des »Absoluten« gleichsam verdächtig geworden war, daß niemand mehr so herrschaftlich wie der Philosoph Schelling mit ihm umgehen dürfe. Trotzdem hat es den Anschein, als habe auch Adorno auf diesen Begriff nicht ganz verzichten wollen. Er wollte, wie er schrieb, nicht an ihn denken, er wollte ihn sich verbieten, und dennoch wollte er auf eine gewisse Emphase nicht verzichten.

Der schmale Pfad, den der Philosoph Adorno sich mit diesen beiden Sätzen vorzeichnete und den er selbst als Element des Widerspruchs empfand, beschäftigte dann sein Denken in den sechziger Jahren unaufhörlich. Das ausführlichste Ergebnis dieser Anstrengungen ist sein Buch *Negative Dialektik*, dessen Programm mit den beiden zitierten Sätzen gar nicht so schlecht umrissen ist.

Dieses Buch, in dem also gleichsam aus dem Versteck gegen den Begriff des »Absoluten« in einem emphatischen Sinn von Wahrheit gedacht wurde, konnte der Rezensent Habermas 1956 noch nicht gelesen haben; es erschien erst zehn Jahre später. Dennoch deuten sich Adornos Thesen auch schon in den Sätzen der Rezension an. Jedenfalls hatte Habermas damals gelernt, Schelling und Heidegger zu kritisieren. Er lehnte den Nachdruck seiner Dissertation ab, und aus dem Verzeichnis seiner Veröffentlichungen verschwand sie später völlig.

Eine Schulzeit in den späten sechziger Jahren

An dieser Stelle hören die Vorgeschichten auf, ohne deren Kenntnis man freilich nichts von dem Folgenden verstehen könnte. Für mich sind nämlich diese Vorgeschichten keine Episoden der deutschen Geistesgeschichte; einen nicht unwesentlichen Teil meiner eigenen Lebensgeschichte habe ich erst verstanden, als ich den Zusammenhang dieser Geschichten begriff. Ich muß also nun auch von mir sprechen, um zu zeigen, wie diese Vorgeschichten sich fortsetzten und neue Erfahrungen prägten.

In den späten sechziger Jahren, den Jahren von 1968 bis 1970, besuchte ich die Oberstufe eines Gymnasiums. Lange Zeit hatte dieses Gymnasium als das einzige humanistische der Stadt gegolten; der Humanismus, der an diesem Gymnasium gelehrt wurde, hatte eine beachtliche Tradition, die sich über mehrere hundert Jahre zurückverfolgen ließ. An diese Tradition wurde damals, in den späten sechziger Jahren, zwar nicht selten erinnert; die Schüler, die zu dieser Zeit die Oberstufe besuchten, nahmen sie aber kaum noch wahr. Sie gehörten der ersten Klasse an, die nicht mehr – wie bisher üblich – im 8. Schuljahr zum Erlernen der altgriechischen Sprache verpflichtet worden war. Viele lernten damals statt des Altgriechischen Französisch. Diese Veränderung paßte in das Bild, das sich diese Schüler von ihrer Schule machten. Die humanistische Tradition empfanden sie inzwischen als lästig; sie hätten kaum jemanden gewußt, der ihnen diese Tradition sichtbar repräsentierte. Die Lektüre der lateinischen und griechischen Klassiker war zu einer lustlos betriebenen Anstrengung verkommen.

Ich glaube, daß die Schüler diese Lustlosigkeit nicht nur an sich selbst erfuhren; sie erhielten sie wohl eher durch einen Unterricht bestätigt, der die Geschichten Homers und die Re-

den Catilinas nur noch mit einem ironischen Unterton entwikkeln konnte. Es herrschte ein unausgesprochenes Einverständnis darüber, daß diese Texte, wörtlich genommen, kaum noch zu ertragen und daß die in ihnen zu Wort kommenden Menschen lediglich noch Karikaturen einer Bildungsabsicht waren. Die Lektüre der sogenannten Klassiker hatte sich daher zu einem Spiel im Dickicht von Grammatiken und Vokabeln entwickelt, das selbst die Schüler, die es noch einigermaßen zu beherrschen wußten, mit tonloser Stimme betrieben. Jedenfalls zeigten diese Lektürestunden Lehrern wie Schülern an, daß die humanistische Tradition an ein vorläufiges Ende gekommen war und daß man sich über einige notwendige Reformen schleunigst Gedanken machen mußte (der Sozialwissenschaftler Habermas hatte derartige Gedanken bereits 1957 »in enger Kooperation« mit dem Philosophen Adorno als Einleitung zu einem Bericht des Instituts für Sozialforschung in Frankfurt am Main veröffentlicht[21]).
Zu dem damaligen Stillstand, der schon in einen großen Reformhunger umgeschlagen war, bildete der Unterricht des Lehrers H. einen gewissen Kontrast. Der Lehrer H. unterrichtete im Fache Deutsch, einem Fach also, auf das die meisten Schüler noch neugierig waren. Er hatte die Klasse mit Beginn der Oberstufe übernommen, und er gestaltete in den letzten drei Jahren der gymnasialen Ausbildung einen Unterricht, der die Geschichte der deutschen Literatur vom Ende des Dreißigjährigen Krieges bis zu den Nachkriegstagen als eine ununterbrochene Anstrengung von Schriftstellern erscheinen ließ, die in einer »wahren« Sprache nach dem richtigen Leben suchten. Ohne Zweifel hatte der Lehrer H. im Literaturunterricht jene metaphysischen Fragen im Sinn, die auch der Student Benjamin für die notwendigsten erachtet hatte. Der Lehrer H. hätte diese Fragen die »einfachen« und »wesentlichen« genannt,

mit einem gewissen Zögern hätte er sie auch als die Fragen nach dem »Absoluten« bezeichnet.
Die Oberschüler des humanistischen Gymnasiums hörten damals zum ersten Mal von diesen Fragen und der Idee, die den Philosophen Schelling beschäftigt hatte. Sie hätten aber wohl kaum auf all diese neuen Begriffe reagiert, wenn sie ihre Bedeutung und Wirksamkeit nicht auch an der Person ihres Lehrers abgelesen hätten. Der Lehrer H. hatte das, was der Privatgelehrte Walter Benjamin wohl eine »Aura« genannt hätte. Diese Aura verband sich auf kaum zu unterscheidende Weise mit dem zentralen Begriff des »Absoluten«, mit dem die Oberstufenschüler allmählich einen bedächtigen Umgang pflegten. Jedenfalls tauchte er bald auch in ihren Aufsätzen auf und markierte dort die wichtigen, die zusammenfassenden Stellen.
Ich habe nicht von der Faszinationskraft, sondern von der Aura des Lehrers H. gesprochen, weil ich die Wirkung auf seine Schüler von der des Philosophen Schelling auf seine Studenten unterscheiden wollte. Der Lehrer H. kannte keine großen Gesten, er sprach auch von seinem Pult aus nicht besonders eindringlich, wie man sich ihn überhaupt schlecht als Redner vorstellen konnte. Mit solchen Gesten und Gebärden hätte er sich damals, in den späten sechziger Jahren, auch nur lächerlich gemacht. Die Aura des Lehrers H. beruhte vielmehr neben seinem großen pädagogischen Geschick, das die Schulstunden oft zu einer an den Rand der Erschöpfung führenden Denkarbeit werden ließ, auf kurzen, gleichsam nebenher ausgeplauderten Hinweisen, die uns seine Nähe zu dem, was auch er zögernd das »Absolute« nannte, bestätigte.
Diese Hinweise erstreckten sich auf die Interpretation von Textstellen, bei denen er für einen Augenblick aus der Erläuterung des sprachlichen Kunstwerks ausscherte und mit ungespielter Souveränität zu erkennen gab, daß ihn in diesem

Moment mehr beschäftigte als das, was er uns mitteilen konnte.

Ich könnte dafür viele aufschlußreiche Beispiele nennen, und meine Schilderungen wären gewiß ein guter Beleg dafür, wie nachhaltig die Wirkung dieser Momente war. Ich will aber eines wählen, das den Lebenszusammenhang, der damals auf unsichtbare Weise zwischen dem Lehrer H. und einigen seiner Schüler bestand, ein wenig kennzeichnet. In einer Unterrichtsstunde war ein Gedicht Rainer Maria Rilkes aus dem Ersten Buch seines *Stundenbuch*-Zyklus Thema des Gesprächs. Der Lehrer H. las damals derartige Gedichte nicht selbst vor, er trat diese Aufgabe, die sich in seiner Gegenwart nicht eben leicht lösen ließ, an einen Schüler ab. Diesmal jedoch wiederholte er, nachdem das ganze Gedicht vorgelesen worden war, die erste Strophe:

> Werkleute sind wir: Knappen, Jünger, Meister,
> und bauen dich, du hohes Mittelschiff.
> Und manchmal kommt ein ernster Hergereister,
> geht wie ein Glanz durch unsre hundert Geister
> und zeigt uns zitternd einen neuen Griff.[22]

Der Lehrer H. legte damals Wert auf den Hinweis, daß mit dem »ernsten Hergereisten« vielleicht der Dichter Stefan George gemeint sei, von dem Rilke einiges gelernt zu haben glaubte – ein Hinweis übrigens, den er sich sonst, streng an die immanente Kunst der Interpretation gehalten, kaum erlaubt hätte. Die Oberschüler des humanistischen Gymnasiums wußten damals mit diesem Hinweis wohl nicht sehr viel anzufangen; sie durften ihn auch gleich wieder vergessen und wurden nicht gedrängt, weiter über ihn nachzudenken. Doch waren sich zumindest einige von ihnen sicher, daß in dieser Strophe mehr bezeichnet wurde als die nur im geheimen angedeutete Bewunderung des Dichters Rilke für den Dichter

George. Offenbar wurde hier noch ein anderes Geheimnis bezeichnet, das mit dem Geheimnis des Unterrichts eher zu tun hatte. Denn in dieser ersten Strophe des Rilkegedichts vermochten die Oberschüler bei ihrer interpretatorischen Textarbeit, einer Art von »Versenkung«, wie der Privatgelehrte Benjamin gesagt hätte, etwas von ihrer Lage wiederzuerkennen. Die »Werkleute«, ja, das waren sie, die Oberschüler, und das hohe Mittelschiff konnten sie, nur einmal von der ersten Strophe her betrachtet, als das Gebäude ihrer geistigen Arbeit verstehen, als das Gebäude einer Kultur, die die Mitarbeit des Denkenden schon mit »hohen« Leseerlebnissen belohnte. Schließlich blieb auch die Bedeutung des Verses, der vom »ernsten Hergereisten« sprach, nicht weiter verschlossen; damit konnte niemand anders gemeint sein als der Lehrer H., dessen »neue Griffe« und Interpretationskünste die Oberschüler damals bewunderten und schätzten.

An dem Beispiel des Rilkegedichts wollte ich zeigen, daß der Lehrer H. für die Oberschüler des humanistischen Gymnasiums selbst zu einer Gestalt der kulturellen Tradition geworden war. Er stand den Stoffen, die er den Schülern vorlegte, nicht wie ein Fremder, ein Historiker oder gar ein Archivar gegenüber. Vielmehr war er selbst ein leibhaftig erfahrener Teil dieses Stoffes.

Der Lehrer H. hatte in den ersten Nachkriegsjahren bei dem Philosophen Gadamer studiert. Ich glaube heute, daß er diese Studienzeit als eine Zeit wichtiger, »wesentlicher« Anregungen empfunden hat. Als ich viele Jahre später selbst das Hauptwerk des Philosophen Gadamer, das den Titel *Wahrheit und Methode* trägt, gelesen hatte, ahnte ich, daß der Lehrer H. von diesem Philosophen einiges gelernt haben mußte. In diesem Buch geht es um das Verstehen, genauer gesagt um den Sinn und die Geschichtlichkeit des geisteswissenschaftlichen Verstehens. In gewissem Sinn interpretierte es den Unterricht, den der Lehrer H. damals zu jener »Kultur des Gesprächs« entwickelt hatte, die auch der Student Benjamin für die Erörterung der »metaphysischen Fragen« als notwendig erachtet hatte. In den ersten Kapiteln dieses Buches werden die sogenannten »humanistischen Leitbegriffe« noch einmal auf ihre Wirksamkeit hin überprüft. »Bildung«, »sensus communis«, »Urteilskraft« und »Geschmack« – der Philosoph Gadamer fragte sich, was diese Begriffe noch bedeuten konnten und wie sie zu verstehen seien.

Damals, in den späten sechziger Jahren, hatte ich dieses Buch noch nicht gelesen, es hätte mich auch wohl nicht weiter interessiert. Statt dessen ging ich der Frage nach dem »Absoluten« nach, einer Frage also, die der Lehrer des Philosophen Gadamer, Martin Heidegger, immer wieder gestellt hatte. Ich verstand diese Frage als »tiefe« Frage, und ich verband mit ihr eine Art von angestrengter Denkakrobatik, die mich zusammen mit einem Schulfreund zu mancher geistigen Euphorie hinriß. Ich bin sicher, daß uns diese Euphorie bald abhanden gekommen wäre, wenn es den Unterricht des Lehrers H. nicht gegeben hätte. Jedenfalls waren wir damals, Ende der sechziger Jahre, noch nicht von der Kritik an der Frage nach dem Absoluten, die der Sozialwissenschaftler Habermas 1956 formuliert hatte, irritiert. Diese Kritik konnte uns nicht vollständig erreichen; der dauernde Kontakt mit dem Lehrer H. immunisierte uns gegen derlei Einwände, die wir wohl als »historische« abgetan hätten.

Erst später ging uns dann auf, daß auch der Lehrer H. eine Geschichte hatte. Aber man brauchte diese Geschichte ja keineswegs zu kennen, um ihn zu verstehen.

1970 baten die Oberschüler des humanistischen Gymnasiums dann den Lehrer H., die Abiturrede zu halten. Inzwischen hatten sie nämlich erfahren, daß der Lehrer H. vor einigen Jahren eine deutsche Schule in Griechenland geleitet und nach seiner Rückkehr eine viel beachtete Abiturrede gehalten hatte, allerdings nicht an ihrer Schule. Die Oberschüler des humanistischen Gymnasiums erwarteten damals viel von dieser Rede, aber sie waren auch nicht besonders erstaunt, als der Lehrer H. es ablehnte, diese Rede zu halten. Er hielt die Zeit für Abiturreden nicht geeignet, und was er vor einigen Jahren in Griechenland gesagt haben mochte, konnte er damals, 1970, gewiß nicht wiederholen. Bei der Ablehnung des Lehrers H. konnte dagegen die zu dieser Zeit weit verbreitete Furcht, bei einer öffentlichen Rede gestört zu werden, keine Rolle gespielt haben. Derartig verbreitete Demonstrationstechniken hatte der Sozialwissenschaftler Habermas erst zwei Jahre zuvor auf einem Schüler- und Studentenkongreß in der Frankfurter Mensa kritisiert. Er hatte die »neuen Techniken der begrenzten Regelverletzung«, die »aus dem Repertoire des gewaltlosen Widerstandes« stammten, psychologisch als »ritualisierte Formen der Erpressung und des Trotzes von Heranwachsenden gegenüber unaufmerksamen, aber relativ nachsichtigen Eltern«[23] interpretiert.

Vielleicht hätte der Lehrer H. ihm darin zugestimmt; wichtiger ist, daß er mit diesen im Jahre 1970 bereits modisch und daher unwiederholbar gewordenen »Techniken der begrenzten Regelverletzung« nicht zu rechnen gehabt hätte. In der Ablehnung des Lehrers H., die Abiturrede zu halten, spielten derartige Erwägungen überhaupt nicht mit, er hatte sich auch nie als »unaufmerksam« oder »relativ nachsichtig« empfinden müssen. Vielmehr wurde den Oberschülern mit seinerAb-

lehnung ein gewisses Maß an Resignation erkennbar. Vielleicht empfand der Lehrer H., daß die Sätze, die er seinen Schülern noch zu sagen hatte, ihre Wirkung immer mehr verfehlten, daß sie diese Schüler jedenfalls nicht mehr so erreichten, wie er es sich vorgestellt hatte. Aber auch darüber ließ der Lehrer H., wie es seinem Unterrichtsstil entsprach, nichts Lautes oder Spektakuläres hören.
1970 wurden also überhaupt keine Abiturreden mehr gehalten; darauf hatten sich die Oberschüler des humanistischen Gymnasiums, nachdem der Lehrer H. nun schon abgelehnt hatte, geeinigt. Ersatzfiguren für den Lehrer H. wollten sie nicht zu Wort kommen lassen; sie glaubten, daß der Verzicht auf eine Feier besser und zeitgemäßer sei.
Mit der Frage nach dem »Absoluten« waren sie indessen nach dem Abitur allein. Einige kümmerten sich nicht weiter darum, andere – darunter auch ich – versuchten, diese Frage am Leben zu erhalten und sie an geeigneten Orten zu vitalisieren. Damals, 1970, ging ich für einige Monate nach Rom; wie ich es heute verstehe, waren diese Monate keiner anderen Frage gewidmet. Ich wollte sozusagen an Ort und Stelle herausbekommen, was es mit der Frage nach dem »Absoluten« auf sich hatte. Über diese Sucharbeit, die mir ein intensiv geführtes Tagebuch dokumentierte, will ich hier nicht weiter berichten.
Wichtiger ist, daß ich, angeleitet durch den Unterricht des Lehrers H., von meinem Studium genau die Vorstellungen hatte, die der Student Benjamin 1914 in seiner Rede vor den Kommilitonen entworfen hatte. Überhaupt rückten mir die Schriften Benjamins während dieses Studiums immer näher. In gewisser Weise setzten sie ja die auratische Sprache des Lehrers H. fort, die ich, nun allein gelassen, an der Universität nicht wiederfand. Andererseits erwartete ich wohl auch nicht mehr, die »metaphysischen Fragen« dort beantwortet zu se-

hen. Ich hatte begriffen, daß zu ihrer Erörterung geradezu die Entfernung von der Universität gehörte, und ich sprach daher über diese Fragen viel lieber mit jenem Schulfreund, der von den Sätzen des Lehrers H. ebensoviele im Kopf behalten hatte wie ich.

Jedenfalls hatte ich schnell bemerkt, daß die Zeit der Lehrer, die sich auch der Student Benjamin am Katheder oder im Seminar in lebendiger Aktion gewünscht hatte, vorbei war. Damals, 1971, hatte der Sozialwissenschaftler Habermas ein Buch mit dem Titel *Philosophisch-politische Profile* veröffentlicht. Dieses Buch enthielt so etwas wie die letzte Gruppenaufnahme wirkungsvoller Lehrer; es porträtierte unter anderem die Philosophen Heidegger, Jaspers, Bloch, Marcuse und Adorno.

Es wunderte mich damals gar nicht mehr, daß der Sozialwissenschaftler Habermas schon in den ersten Sätzen dieses Buches zu dem Ergebnis kam, »daß der Typus dieses in einzelnen Philosophen verkörperten Denkens seine Kraft verliert«[24]. Habermas skizzierte eine »Depersonalisierung der Philosophie«, und er argwöhnte, daß jener »Gestus, mit dem eben Heidegger und Jaspers, Gehlen, Bloch und Adorno als akademische Lehrer vor ihren Studenten, in der literarischen Öffentlichkeit, in der politischen Publizistik, sogar in den Massenmedien ihre Gedanken vertreten, geradezu exerziert und verbreitet haben«, endgültig der Vergangenheit angehöre.

An dieser Beobachtung fand ich nichts auszusetzen. Sie bestätigte schlagartig meine eigenen Beobachtungen, und sie gab mir nachdrücklich zu verstehen, daß ich mein Studium, wie es auch der Student Benjamin getan hatte, gleichsam in eigener Regie und auf eigenen Füßen durchzuführen hatte. Je größer aber damals der deutlich empfundene Abstand zu den Fragen nach dem »Absoluten« wurde, die der Lehrer H. noch in so packender Manier gestellt hatte, um so mehr leitete dieser zur

Skepsis erziehende Abstand zu anderen Fragen über. Heute glaube ich, daß ich damals vielleicht einen Weg einschlug, der mit dem, den der Philosoph Habermas nach seiner Dissertation über Schelling eingeschlagen hatte, vergleichbar war. Sicher, ich kann diesen Weg nicht genau nachvollziehen, aber ich kann ihn doch zumindest an der Bedeutung, die die Schriften Adornos allmählich für mich gewannen, ungefähr ablesen. Der Erinnerung an diesen inzwischen gestorbenen Philosophen hatte Habermas übrigens sein Gruppenporträt deutscher »Lehrer« gewidmet, deren Profile er 1971 eben im philosophischen wie politischen Sinn skizzieren wollte.

Heute kann ich meinen Studienweg wohl dahingehend interpretieren, daß ich versuchte, die Fragen nach dem »Absoluten« als historische Fragen zu stellen. Ich hatte ja mit dem literaturgeschichtlichen Studium noch einmal von vorne zu beginnen; im Unterricht des Lehrers H. hatte die Geschichte als Austragungsort der literarischen Anstrengungen kaum eine Rolle gespielt. Für mein eigenes Nachdenken, das sich nun vor die Schwierigkeit gestellt sah, den Begriff des »Absoluten« historisch zu entwickeln, spielte die Habilitationsschrift des Sozialwissenschaftlers Habermas dann eine große Rolle. Schon in ihrem Titel, *Strukturwandel der Öffentlichkeit,* war für mich so etwas wie ein Signal gesetzt. Daß sich die Strukturen der Öffentlichkeit verändert hatten, das hatte ich schließlich selbst erfahren müssen. Diese Veränderungen hatte ich in den letzten Jahren in dem Maße bemerkt, in dem sich das Band, das mich mit der Frage nach dem »Absoluten« verknüpfte, gelockert hatte. Habermas hatte Prozesse des Strukturwandels im Deutschland des 18. Jahrhunderts beschrieben. Dieser historische Rückgriff kam mir gelegen. Auch ich wollte ja am liebsten bis zu jenen Jahren um 1800 zurück, in denen der Begriff des »Absoluten« noch eine so herrschaftliche, weltgeschichtliche Rolle gespielt hatte. In diesen zentralen

Jahren der deutschen Geistesgeschichte mußten die Wurzeln für meine eigenen Lehrjahre gelegt worden sein, und mir war jetzt nur noch die Aufgabe gestellt, die historischen Felder zu beschreiben und zu deuten, aus denen sich gleichsam die universale Bedeutung der Idee des »Absoluten« ergeben hatte. Aus dieser Themenstellung entwickelte ich, einmal verkürzt gesagt, die Themenstellung meiner Dissertation. Dabei richtete ich mein Augenmerk besonders auf die Verbindung, die die Literaten um 1800 zwischen dem »Absoluten« und der Gattung des Romans gesehen hatten. Viele von ihnen hatten den Roman ja geradezu als *die* exemplarische Gattung begriffen, und sie hatten ihm die Aufgabe gestellt, das »Absolute« poetisch zu verwirklichen. Hier hatte ich den Stoff für meine Überlegungen gefunden. Ich befand mich gleichsam in der historischen Küche, in der die Nahrung, mit der man auch mich zu einem großen Teil gefüttert hatte, angerichtet und zubereitet worden war.
Ich verstand sie jedenfalls nicht nur als eine wissenschaftliche Anstrengung; im Gegenteil: sie war ein Teil einer Entdekkungsgeschichte, als deren handelndes Produkt ich mich selbst empfand. So zitierte ich in dieser Arbeit, als müßte ich lauter Kronzeugen beim Namen nennen. Bei ihrer Fertigstellung hatte ich das begründete Gefühl, die Schulzeit, die Unterrichtsstunden des Lehrers H. erst in vollem Umfang begriffen zu haben. Ich hatte die Ergebnisse dieser Stunden ja nicht verworfen, nein, ich hatte sie erst ganz für mich erfahrbar gemacht.

Eine Arbeitsgruppe in den siebziger Jahren

Inzwischen war dem Sozialwissenschaftler Habermas auf Beschluß des Gemeinderats der Stadt Stuttgart der Hegel-Preis des Jahres 1973 verliehen worden. In der Laudatio auf den Preisträger hatte Dieter Henrich festgestellt, was inzwischen auch mir klar geworden sein mußte: die Wirkung des Sozialwissenschaftlers Habermas auf die Situation der Theorie in Deutschland stand nur hinter der zurück, die Martin Heidegger ausgeübt hatte. Henrich betonte jedoch, daß sie, »rein als Wirkung genommen, ungleich weniger zweideutig« gewesen sei. Im Gegensatz zu der Fragestellung Heideggers sei die des Sozialwissenschaftlers Habermas »unverschlüsselt«, sie habe die deutsche Theorie in die Wirklichkeit zurückgebracht.

Auch diesen Sätzen Henrichs konnte ich unumwunden zustimmen; letztlich faßten sie ja nur zusammen, was ich in den vergangenen Jahren erlebt hatte. Aus den »Zweideutigkeiten« der Frage nach dem Absoluten hatten mir die Überlegungen des Sozialwissenschaftlers Habermas einen Ausweg gebahnt. Dieser Weg hatte mich zum Wirklichen gebracht, zur Geschichte, eine Lösung des Problems, die auch ich nicht als Preisgabe von Horizonten empfand.

Ich möchte auf diese Laudatio nicht weiter eingehen, obwohl sie gerade in diesem Zusammenhang untersuchenswert wäre. Auch Henrich war nämlich nicht ohne den Philosophen Schelling ausgekommen, dessen »Systemversprechungen mit imperialer Geste« er von den Theorien des Sozialwissenschaftlers Habermas unterschieden hatte. Diese seien »ebensosehr Kritik eines Theoriebestandes wie Einladungen zu rechtzeitigem Widerspruch auf dem Wege zur Theorie«.[25]

Die Rede, mit der sich Habermas für die Verleihung des Preises bedankte und der er die Frage *Können komplexe Gesellschaften eine verünftige Identität ausbilden?* vorangestellt hatte, bestätigte dann Henrichs Unterscheidung. Wäre ich am 19. Januar 1974, als diese Rede gehalten wurde, unter den Zuhörern gewesen, hätten mich wohl besonders die Passagen

interessiert, die mit historischem Weitblick auf die Veränderungen von Identitätsbildungen eingingen.
Damals, im Januar 1974, war ich jedoch nicht unter den Zuhörern, ich hatte wohl gerade mit den Notizen für meine Dissertation begonnen. Die merkwürdige Frage, die der Sozialwissenschaftler Habermas bei der Preisverleihung gestellt hatte und deren skeptischer Unterton ganz offenkundig darauf zielte, es einmal dahingestellt sein zu lassen, ob heutzutage überhaupt noch etwas Vernünftiges (weit entfernt, aber doch verwandt der Art, die sich Hegel einmal vorgestellt hatte) entstehen könne, diese merkwürdige Frage beschäftigte mich dann einige Zeit später, als ich das Rigorosum abgelegt hatte, in ihrem ganzen skeptischen Umfang.
Damals hatte ich Gelegenheit erhalten, die Ergebnisse meiner Forschungen jüngeren Studenten zu vermitteln. Ich war als wissenschaftlicher Mitarbeiter am Deutschen Institut einer Universität für die Dauer von vier Jahren eingestellt worden. Zu meinen Tätigkeiten gehörte unter anderem die Aufgabe, Studenten der Literaturwissenschaft in die Arbeitsweisen und Arbeitsgebiete des Faches einzuführen. Mit diesen Sätzen, die ich einem Gesetzestext hätte entnehmen können, war aber die Aufgabe, die ich selbst mir stellte, nicht deutlich genug bezeichnet. Ich wußte ja, wo ich anzuknüpfen hatte, und ich dachte damals daran, die von mir erarbeiteten Gedanken auch anderen vorzulegen, um sie an den für mich überraschenden Einsichten über die geschichtliche Dimension des »Absoluten« teilhaben zu lassen. Außerdem hatte ich mich durch meine Arbeit in einen Kenntnisstand versetzt, von dem aus die Reflexion über derartige Dimensionen Vergnügen machen mußte. Ich glaubte unbeirrt, daß sich dieses Vergnügen erfahrbar machen ließ, indem ich den Studenten die Teilnahme an einem Denkprozeß ermöglichte, der auch ihnen Momente des eigenen Handelns erschließen sollte.

Doch erkannte ich damals schon bald, daß diese Vorstellungen mit der Realität nicht vereinbar waren. In den Seminaren traf ich auf mehr als fünfzig oder sechzig Studenten, deren unterschiedliches Bildungsniveau ich längst nicht mehr übersah. Ich konnte kaum noch sicher gehen, ob das, was für den einen längst bekannt war, nicht für den anderen eine unerhörte Neuigkeit bedeutete. Auch konnte ich mich nicht mehr darauf verlassen, daß die Texte, über die im Seminar gesprochen werden sollte, von allen Teilnehmern gelesen worden waren.

Ich weiß heute, daß ich auf diese Tatsachen damals mit unterdrücktem Zorn, manchmal auch mit offener Empörung reagierte. Schließlich hatte ich wohl mit jenen Zuhörern gerechnet, die dem Philosophen Schelling 1802 in Jena begeistert gefolgt waren. Sicher ist jedenfalls, daß ich bei den Studenten genau die Eigenschaften voraussetzte, die der Student Benjamin 1914 in seiner Rede beschwor: Aktivität, Produktivität und Kritikfähigkeit. Ich konnte diese Eigenschaften den Studenten, die mir gegenübersaßen, nicht einfach absprechen, dazu fehlte mir der Überblick. Andererseits sah ich sie aber auch, einmal abgesehen von den um so hervorstechenderen Einzelfällen, nirgends in der Anwendung.

Allmählich vertiefte sich mein Empfinden, an den Erwartungen und Vorstellungen dieser Studenten vorbeizusprechen. Wahrscheinlich, dachte ich damals, hatte ich nichts von dem begriffen, was sie beschäftigte; jedenfalls erreichte ich sie im Unterricht nicht so, wie ich es mir vorgestellt hatte. In voller Deutlichkeit aber nahm ich wahr, daß die Frage nach dem »Absoluten« keinem dieser Studenten noch irgend etwas zu bedeuten schien. Natürlich hatte ich diese Frage auch nicht erwähnt, sie war für mich selbst ja längst Teil der Geschichte geworden. Doch hatte sie mich als leitende Frage, als geheimer Motor meines Interesses, vorwärtsgetrieben. Bei den Studenten, die ich unterrichtete, vermißte ich derartige Leitfragen. Es war jedoch auch möglich, daß ich diese Fragen erst gar nicht herausbekam und daß ich die Studenten gleichsam auf einem falschen Terrain aufsuchte. Mir kam es jedenfalls so vor, als sei die Bildungsidee des um 1800 avancierten Bürgertums, an der der Student Benjamin noch 1914 festgehalten hatte und der ja auch ich auf mir freilich damals noch kaum erklärbare Weise gefolgt war, als sei diese Idee vom »ganzen« Menschentum an einem Begriff von Totalität orientiert, den die Studenten in meinen Seminaren als nichtssagend empfanden.

Es ist klar: ich breitete diese Idee an keiner Stelle meines Unterrichts aus, davor hatte mich die wachsende Vermutung, auf völliges Unverständnis zu stoßen, bewahrt. Andererseits aber machte mir selbst die doch nicht zu leugnende Gegenwart dieser Idee in meinen Vorstellungen zu schaffen. Ich empfand diese Idee ja keineswegs als nichtssagend, und ich bezog sie nicht, wie wohl die meisten Studenten, auf einen Bildungskanon, der mühsam zu erwerben war und dessen Bruchstücke sich doch nie zu einem Ganzen schließen würden.

Hatte jedoch nicht der Philosoph Adorno, der über diesen Bildungskanon freilich in souveräner Weise verfügt hatte, gerade vor diesem »Ganzen« und der es begründenden Idee des »Absoluten« gewarnt? Sicher, darauf hätte ich mich beziehen können. Um aber den Widerspruch zu bestimmen, in dem ich mich befand, erschien auch sein Konzept untauglich. Er hatte sich die Rede vom »Absoluten« verbieten wollen, aber er hatte dies in dem vollen Bewußtsein getan, sich diese Idee zu versagen. Sein Konzept hatte die Verbindung zu dieser Idee jedoch nicht verloren; es war nur darauf angewiesen, sie zu korrigieren. Der Philosoph Adorno hatte die Idee des »Absoluten« nicht einfach negiert, er hatte sie »mit Bestimmtheit« negiert.

Mit diesem Konzept einer Korrektur konnte ich jedoch nicht

arbeiten, es versagte vor den Studenten völlig, die sich von der Vorstellung eines »ganzen«, gebildeten Menschentums ja nicht absetzen wollten, sondern sich vielmehr vollständig von ihr entfernt hatten.

Der Widerspruch, der meine Vorstellungen von ihren trennte, gründete tiefer. Er war auch, wie ich zu Beginn meiner Lehrtätigkeit noch erwartet hatte, nicht auf ein politisches Konzept von der Art zu beziehen, wie es der Student Heinemann 1919 verwirklicht hatte. Der Student Heinemann hatte sich ja von den idealistischen Vorstellungen, die den Philosophen Schelling um 1800 beschäftigt hatten, in gewisser Weise abgesetzt. Er hatte auf die Idealität derartiger Vorstellungen hingewiesen und sich gleichsam an das Reale gehalten. Doch war auch ihm diese Entgegensetzung nur möglich gewesen, weil er sich in seinen Gedanken und Aktionen auf ein Geschichtsbild bezogen hatte, das Vergangenheit und Gegenwart noch sinnvoll miteinander vermittelte.

Die Studenten, mit denen ich zu tun hatte, konnten Vergangenheit und Gegenwart gar nicht mehr in eins bringen. Offenbar trennte sie eine nicht mehr zu überbrückende Kluft von der Vergangenheit. Der Gegensatz zu den vermittelten Bildungsvorstellungen war also durch einen noch so bemühten Rekurs auf diese Vorstellungen nicht mehr zu überwinden. Den Kontrast, den diese Studenten ja nicht nur aus Laune, Faulheit oder Eigensinn *verkörperten,* mußte ich allmählich immer deutlicher empfinden. Zu diesem Kontrast paßten nun freilich die Kommentare in den Tageszeitungen, die die inzwischen mit Eifer reformierte Ausbildung in den Oberstufenklassen der Gymnasien als miserabel und den Leseeifer der Studenten als dürftig bezeichneten. Diesen Kommentaren konnte ich recht geben und sie zur Unterstützung meiner Empörung benutzen; an der Komplexität des Phänomens gingen sie indessen nach meinem Gefühl vorbei. Ihre Argumentation

war ja ebenso simpel wie einleuchtend: Die Studenten machten eben von dem Bildungsangebot, das ihnen reichhaltig wie nie zuvor zur Verfügung stand, keinen Gebrauch. Die Frage, die die Komplexität des Phänomens erst aufschloß, konnte auch nicht auf das »warum?« zielen; ich war jedenfalls sicher, daß diesem »warum?« mit einigen kurzschlüssigen Antworten Genüge getan worden wäre. Eher hatte sie sich darauf zu richten, ob den Studenten das unbestreitbar große Bildungsangebot wirklich *zur Verfügung stehe*, ob sie nicht eher eine Kluft von ihm trenne, deren Ausmaße ich zwar beobachten, aber nicht durch einen an ihr vorbeiargumentierenden Unterricht stabilisieren wollte. Dabei wußte ich natürlich, worauf die Kommentatoren der Tageszeitungen hinauswollten. Um einen vorschnellen Leser zu überzeugen, brauchten sie unterschwellig nur jene Bildungsvorstellungen zu beschwören, die in der deutschen Geistesgeschichte eine wohl von allen Seiten zugegebene dominante Rolle gespielt hatten. Schon durch die kommentarlose Bekanntgabe von scheinbar für sich selbst sprechenden Zahlen mußten diese Vorstellungen angesprochen werden.
Ich ging damals auf die Plausibilität dieser Kommentare nicht ein. Sie kamen mir vor, als seien sie in einer anderen Zeit, vielleicht der des Philosophen Schelling, entworfen worden. Statt dessen mußte mich jedoch jetzt die Frage des Sozialwissenschaftlers Habermas, die er bei der Verleihung des Hegel-Preises gestellt hatte, beschäftigen: »Können komplexe Gesellschaften eine vernünftige Identität ausbilden?«
Zweifellos ging die nun auch von mir als begründet empfundene Skepsis dieser Frage weiter als die Schwarzweißmalerei der Kommentare. Sie hielt denen, die sich in ihrem Bildungsprozeß auf die gängigen Muster von Vernunft nicht einstimmen wollten, diese Verweigerung ja nicht vor. Vielmehr fragte sie danach, ob es heutzutage überhaupt noch möglich sei, im Sinne Hegels zur Vernunft zu kommen.

Ich will die Thesen des Sozialwissenschaftlers Habermas hier nicht referieren. Sie ließen jedenfalls die Voraussetzung mancher Kommentatoren, es gebe in unserer Gesellschaft eine kollektive Identität, derer sich alle Menschen, wenn sie nur eben wollten, bedienen könnten, als sehr zweifelhaft erscheinen. Habermas zeigte vielmehr, daß es in der jetzigen Situation nur noch möglich war, eine solche Identität unabhängig von bestimmten Organisationen und Institutionen zu entwikkeln:

> Ich will nur soviel behaupten: wenn in komplexen Gesellschaften eine kollektive Identität sich bilden würde, hätte sie die Gestalt einer inhaltlich kaum präjudizierten, von bestimmten Organisationen unabhängigen Identität einer Gemeinschaft derer, die ihr identitätsbezogenes Wissen über konkurrierende Identitätsprojektionen, also: in kritischer Aneignung der Tradition oder angeregt durch Wissenschaft, Philosophie und Kunst diskursiv und experimentell ausbilden.[26]

Offenbar ließen diese abschließenden Sätze des Sozialwissenschaftlers Habermas etwas von jenem Widerspruch erkennen, in dem auch ich mich befand. Schließlich hatte ich meinen Unterricht ja in dem Vertrauen auf die Autorität einer Institution begonnen, der ich selbst nicht mehr ganz trauen konnte. Die Universität war auch von mir nicht immer als *der* Ort verstanden worden, an dem die wesentlichen Fragen gestellt wurden. Nun konnte ich von den Studenten, die an meinem Unterricht teilnahmen, nicht erwarten, daß sie die Universität schon von vorneherein als Ausbildungsstätte akzeptierten. Zudem hatte mir der Unterricht gezeigt, daß die Studenten ganz verschiedene Vorstellungen von Bildung hatten, daß es, wie Habermas formuliert hatte, »konkurrierende Identitätsprojektionen« gab. Vor allem verstand ich jedoch den Gedanken, daß die in der Gesellschaft noch immer festgehaltene

Vorstellung von einer kollektiven Identität, einem gemeinsamen Dach also, unter dem die verschiedensten Wünsche noch irgendwie aufgehoben seien, längst brüchig geworden war. Das aber formulierte den durchdachtesten Protest gegen die Kommentare, gegen deren grob geschnittenes Weltbild ich anzukämpfen hatte.

So konnte ich die abschließenden Sätze des Sozialwissenschaftlers Habermas als Diagnose meiner Lage empfinden. Inhaltlich konnte ich kaum noch Gemeinsamkeiten präjudizieren. Ich war vor die Schwierigkeit gestellt, eine gleichsam zersplitterte Gemeinschaft von Studenten durch gemeinsame Lektüre und Deutung so zu interessieren, daß jeder Student in dieser Anstrengung einen Teil seiner Bildungsvorstellungen wiedererkennen konnte. Dabei konnte ich mich aber weder auf die Autorität einer Institution, noch auf die eines Bildungsverständnisses berufen, dem Goethes *Wahlverwandtschaften* oder Schlegels *Lucinde* unbesehen wichtig waren.

Auch der Sozialwissenschaftler Habermas hatte kaum noch Lösungsvorschläge für derartige Schwierigkeiten vorgeschlagen; er hatte diese Schwierigkeiten »nur« noch formuliert und in seiner begrifflichen Sprache erkennbar gemacht. Im letzten Teil seiner zitierten abschließenden Gedanken kam jedenfalls zum Ausdruck, daß auch er sich einen Verzicht auf die Aneignung von Tradition nicht vorstellen konnte. Andererseits hatte er zugegeben, daß diese Tradition weder als Bildungstradition (die sich z. B. auf den Philosophen Schelling zurückführen ließ) noch als politische Tradition (an deren Erbe etwa der Student Heinemann gearbeitet hatte) Bestand hatte. Die Bedeutungen dieser Traditionen waren nicht mehr gesichert. Sie mußten also, wie ich mir dachte, neu begründet und formuliert werden, »diskursiv und experimentell«.

In gewissem Sinn war ich also ein drittes Mal auf die Geschichte der deutschen Literatur seit dem 30jährigen Krieg zurückgeworfen worden. Sicher, ich glaubte, diese Geschichte jetzt einigermaßen zu kennen, doch diese Kenntnis nutzte mir nichts, ich mußte Stück für Stück darangehen, die Bedeutung dieser Geschichte neu zu begründen. Man hätte diesen Prozeß auf den ersten Blick als den selbstverständlichen des Lehrens begreifen können. Doch damit hatte es nicht sein Bewenden. Ich befand mich gegenüber den Studenten nicht nur auf einem anderen Wissensstand; das Dach der Autoritäten von Institution und Bildungsvorstellung war vielmehr abgehoben.

Damals versuchte ich, eine Gruppe interessierter Studenten für eine Arbeitsgruppe zu gewinnen. Ich gebe zu, daß ich die Treffen dieser Gruppe, bei denen ich nicht wenig an die Theorie des Theologen Schleiermacher erinnert wurde, gerne außerhalb der Universität abgehalten hätte. Trotzdem zog ich einen Kompromiß vor. Wir trafen uns in meinem Arbeitszimmer. Als gemeinsame Lektüre hatte ich *Strukturwandel der Öffentlichkeit* vorgeschlagen. Ich dachte nicht daran, über Kapitel dieses Buches referieren zu lassen, vielmehr bestand ich darauf, den Text gemeinsam mit den Studenten, Satz für Satz, zu studieren. Dabei legte ich Wert darauf, daß jeder Student von einem ihn interessierenden Thema abweichen und sich laut darüber Gedanken machen konnte. Freilich konnte ich damals bei den Sitzungen der Arbeitsgruppe nichts von der »sich durch alle Theilnehmer hindurchschlingenden Wechselwirkung« beobachten, von der der Theologe Schleiermacher in seiner *Theorie des geselligen Betragens* noch gesprochen hatte. Schleiermachers Gemeinschaft war jedoch als Freundeskreis konzipiert, in dieser Arbeitsgruppe hatte ich es jedoch vorläufig nur mit einer Menge von Individuen zu tun, einer Menge mit »identitätsbezogenem Wissen«.

Für die letzte Sitzung dieser Gruppe hatte ich mir damals Papier von der Art, wie sie sonst als meterlange Wandzeitung für Parolen oder Hinweise auf Vollversammlungen verwendet wurde, besorgt. Auf ihr skizzierten wir dann in groben Zügen die geschichtliche Entwicklung, so wie sie sich uns nach der Lektüre dargestellt hatte. Ich befestigte diese Wandzeitung dann an der Längsseite meines Arbeitszimmers. Heute glaube ich, daß ich damals so ähnlich vorging wie 1919 der Student Heinemann, als er einen Zeitungsausschnitt in sein Tagebuch klebte.

Ein Lesezirkel in den späten siebziger Jahren

Bei den regelmäßigen Treffen hatten sich die Mitglieder der Arbeitsgruppe, die sich mit dem Buch des Sozialwissenschaftlers Habermas beschäftigt hatten, allmählich besser kennengelernt. Doch schien die gemeinsame Lektüre eine gewisse Distanz zum Gegenstand vorauszusetzen, die sich auch in der Distanz der Mitglieder zueinander fortsetzte. Habermas' Untersuchung entfaltete jedoch gerade da, wo ein Leser ihre Ergebnisse mit der Gegenwart vermitteln konnte, eine besondere Wirksamkeit. Diese Vermittlung war freilich nirgends direkt herzustellen; sie bedurfte einer gewissen Vorsicht, die sich des modellartigen Charakters der Habermasschen Überlegungen annehmen und diese auf ein Gegenwartsmodell projizieren mußte. Die theoriegesättigte Darstellungsweise des Buches ließ die literarische Vergangenheit zwar nicht zu toter Geschichte verkommen; dem vergleichenden Blick auf die Gegenwart nötigte sie indessen ebenfalls theoretische Impulse ab, die die Mitglieder der Arbeitsgruppe in dem Maß, in dem sie sich besser kennenlernten, als hinderlich empfanden.
Nach Abschluß der gemeinsamen Lektüre einigten sie sich darauf, die Zusammenarbeit, nun außerhalb der Universität an privaten Orten, fortzusetzen. Gleichzeitig wollten sie je-

doch näher an die Gegenwart heran, um den Kontakt mit dem, was sie beschäftigte, unmittelbarer artikulieren zu können. Deshalb verständigten sie sich, vorläufig nur noch Neuerscheinungen belletristischer Literatur in Betracht zu ziehen. Jedes Mitglied sollte mit Lektürevorschlägen aufwarten können. Das gerade erschienene Buch ließ die Möglichkeit einer Einordnung in die Bildungstradition kaum zu. Derartige Einordnungsversuche, an denen es bei den nun folgenden Treffen nicht fehlte, stießen sofort auf einigen Widerstand. Viele Mitglieder des Lesezirkels witterten in solchen Vorhaben eine Schematisierung. Sie wollten die Aktualität eines Gedichts, einer Erzählung oder eines Romans einer solchen Schematisierung nicht opfern. Statt dessen beharrten sie auf der Aktualität der *Neuerscheinungen,* die sich der Artikulation einer theoriegefütterten Interpretation zunächst einmal zu widersetzen schienen. Am liebsten hätten manche Mitglieder des Lesezirkels ganz darauf verzichtet, den Eindruck interpretativer Neugierde zu erwecken. Ein derartiger Eindruck, der sich sofort an der distanzierten Sprechweise eines Lesers, der über der Lektüre zum Interpreten geworden war, erkennen ließ, wurden von denen korrigiert, die ihre Nähe zum besprochenen Text nicht preisgeben wollten. Andererseits hinterließ diese festgehaltene Nähe zum Text, die die Unmittelbarkeit des Eindrucks keiner Distanz opfern wollte, bei denen, die sich zumindest Ansätze von Interpretation nicht versagen wollten, die Vorstellung unbegründeten Starrsinns. Wer gleichsam mit den Impulsen einer Lebensgeschichte, mit den Konstruktionen seiner »Identität«, wie Habermas gesagt hätte, an einem Text hing, mußte einem anderen Leser, der denselben Text nicht zu vitalisieren vermochte, völlig unverständlich werden. Er schien in den Text ein Geheimnis hineinzaubern zu wollen, das der andere nicht wahrnehmen konnte, es sei denn, er hätte sich intensiv auf die Lebensgeschichte

seines Nachbarn eingelassen. Statt dessen aber gab es zahlreiche Beispiele für zweifellos unbeabsichtigte gegenseitige »Verletzungen«, die aber letztlich nur die Verschiedenartigkeit der vielfältigen »Identitätsprojektionen« bewiesen.
Ich könnte hier Beispiele solcher Verletzungen nennen, die gewiß in aufschlußreicher Weise von dem intensiven Gebrauch, den die Mitglieder des Lesezirkels von den besprochenen Büchern machten, berichten würden. Ich will darauf verzichten. Statt dessen möchte ich an einigen Beispielen das Zusammenspiel von Lektüren und Lebensgeschichten genauer erläutern. Ich muß dabei vergröbern und auf manches Bedeutsame verzichten.
Angela und Christoph gehören zu *den* jüngeren Mitgliedern des Lesezirkels, die in den späten siebziger Jahren mit dem Studium begannen. An der Lektüre des Habermas-Buches hatten sie also noch nicht teilnehmen können, sie waren erst später dazu gestoßen, Angela aus Neugierde, Christoph, weil er mit Christine, die bei der Lektüre des Habermas-Bandes einigen intellektuellen Reiz empfunden hatte, befreundet war.
Angela und Christoph studieren Germanistik und protestantische Theologie; die Kombination beider Fächer ist ihnen selbst wohl eher verdächtig, jedenfalls wären sie nicht ohne weiteres bereit, diese Kombination mit einigen schicken Argumenten zu begründen. Statt dessen wollen sie zunächst einmal abwarten, was bei alldem herauskommt. Angela und Christoph wollen keine Inhalte »präjudizieren«; ihr abwartendes Verhältnis zur Wissenschaft verstehen sie trotzdem nicht als Stillstand. Vielmehr kommt es beiden darauf an, einmal jenen Punkt zu erwischen, wo sich ihre Lebensgeschichte mit Motiven der Wissenschaft kreuzt. Man kann nicht sagen, daß Angela und Christoph auf diesen Punkt hindrängen, man kann ihnen keine Ungeduld vorwerfen, die alles, was sich

nicht auf die eigene Lebensgeschichte beziehen ließe, beiseite drängen würde. Beide würden eine derartige Hektik wohl als Willkür empfinden; ein kurzer Blick auf ihre Lebensgeschichte hätte ihnen bereits bedeutet, daß sich die Wandlungen der Identität nicht herbeibefehlen lassen.

Ich vermute, daß Angela diesen Blick mit der Lektüre ihrer Tagebücher beleben würde. Sie hat jedenfalls, wie sie manchmal nebenbei erwähnt, seit Jahren intensiv ein Tagebuch geführt, dessen Lektüre sie immer wieder erstaunt. Beim Zurückblättern konnte sie oft nicht begreifen, daß sie einmal *dieser* Mensch gewesen sei, mit *derartigen* Gedanken und *solchen* Gefühlen. Angela hat daraus die Konsequenz gezogen, der Gegenwart zu mißtrauen. Die Gegenwart kann, so würde sie vielleicht sagen, nicht das Endgültige sein, die Gegenwart ist nur ein Übergang.

Ich glaube, daß Angela nicht bereit wäre, dieses Endgültige zu bestimmen. Vielleicht würde sie es sehr vorsichtig als Einheit von Denken und Sein bezeichnen und so auf die Differenz zwischen beiden hinweisen, die sie täglich erlebt. Mit Sicherheit aber würde sie diese Einheit, von der ja schließlich auch der Philosoph Schelling gesprochen hatte, nicht mit dessen herrschaftlicher Geste herbeizwingen wollen. Das »Absolute«, das ihr als Begriff schon viel zu mächtig erschiene, wäre für sie gewiß kein erstes Wissen, kein Urwissen; im Gegenteil: es stände gleichsam wie ein ferner, ungewisser Streifen am Horizont, über den sie nicht viel Worte verlieren würde.

Wie auch immer – Angela würde sich weigern, ihre Lebensgeschichte mit eindeutigen, festgelegten Begriffen zu bestimmen. Ein Blick in ihr Tagebuch hätte bereits gegen ein solches Vorhaben gesprochen. Vielleicht hätte Angela höchstens gesagt: ›Das Leben ist subtil‹, und sie hätte mit diesem Satz jenen Reichtum an Veränderungen andeuten wollen, den sie selbst erlebte.

Sicher ist jedoch, daß Angela einen gewissen Teil dieser Veränderungen auf die Wirkungen der Literatur zurückführen würde. Sie hat seit den Schuljahren immer intensiv gelesen, nur immer »anders« und »etwas anderes«. Beim Übertritt von der Realschule zum Gymnasium, der ihr eine jener Veränderungen bedeutet, die von großem Gewicht waren, veränderte sich die Lektüre wohl am deutlichsten. Damals war Angela noch katholisch, erst mit den Jahren bemerkte sie, daß sie den Glauben dieser Kirche nicht mehr mit ihrem Leben in Beziehung bringen konnte. Denken und Sein klafften auseinander. Angela ist dann nach einiger Zeit der allmählichen Klärung aus der Kirche ausgetreten. Jetzt studiert sie, wie gesagt, auch protestantische Theologie, eine zweite Veränderung, die sie als wesentlich schildern würde. Ich glaube, daß Angela noch eine Fülle solcher Veränderungen beschreiben könnte. In gewissem Sinn kann man ja sagen, daß sie damit gleichsam Strecken zurücklegte, die früher von ganzen Gesellschaften in Zeitaltern zurückgelegt wurden. Der Sozialwissenschaftler Habermas hätte in diesem Zusammenhang von einer »gelungenen Ich-Identität« gesprochen. In der Rede zur Verleihung des Hegel-Preises hatte er das bereits ausgeführt:

> Die gelungene Ich-Identität bedeutet jene eigentümliche Fähigkeit sprach- und handlungsfähiger Subjekte, auch noch in tiefgreifenden Veränderungen der Persönlichkeitsstruktur, mit denen sie auf widersprüchliche Situationen antwortet, mit sich identisch zu bleiben.[27]

Dieser These würde Angela vielleicht zustimmen, aber sie würde gleichzeitig wohl die hohe Begrifflichkeit, mit der der Sozialwissenschaftler Habermas in seinen Reden operiert, mit einigem Mißtrauen betrachten. ›Das Leben ist subtil‹ – das konnte für sie ja bedeuten, den Blick auf Fixierungen und Rollenklischees zu vermeiden. Eines von Angelas Lieblings-

themen ist daher auch nicht die Erörterung wissenschaftlicher Rede, der sie gleichwohl mit einigem Stutzen folgt, sondern das, was sie in immer neuen Wendungen »das Gespräch«, das ernste, gute, schöne Gespräch nennt.
Ich will mich hier nicht dazu versteigen, diese Wendungen zu deuten, ich will nur skizzieren, was sie bei mir evozieren. ›Das Leben ist subtil‹ – Angela hat in ihrer eigenen Lebensgeschichte diesen Satz zur Erfahrung gebracht. Ihre Aufmerksamkeit für diesen Gedanken hat sie angehalten, auch anderen mit ähnlicher Aufmerksamkeit zu begegnen. Häufig genug hat sich Angela gegen »Festlegungen« gewehrt, sie wittert in jeder allzu souveränen Beschreibung sofort die Methodik, die den Lebensfluß gleichsam zum Stillstand bringen könnte. Dabei macht diese Kritik vor Texten nicht halt. Angela würde einiger Zweifel befallen, wenn man die Haltung des Wilhelm Meister, des Helden eines Goetheschen »Bildungsromans«, als »offen« und »spontan« charakterisieren würde. Überhaupt hätte sie gegen die steifen Attitüden dieses Helden einiges einzuwenden. Hinter so mancher Regung dieser Figur würde sie die strenge Absicht des Autors vermuten, aus seiner regsamen Figur eben doch einen gebildeten, auf ein Konzept gebrachten Kerl zu machen. Angelas Verhältnis zur Literatur wäre durch solche Bildungskonzepte jedenfalls nicht zu beschreiben; zustimmen würde sie wohl eher, wenn man dieses Verhältnis vorläufig nur einmal eine »Lust am Text« nennen würde.
Diese Wendung, »le plaisir du texte«, hatte der französische Literaturtheoretiker Roland Barthes in einem Buch gebraucht, das 1974 auch in deutscher Übersetzung erschienen war:

> Die Lust am Text: wie der Simulant von Bacon kann sie sagen: *sich niemals entschuldigen, sich niemals erklären.*[28]

Diese Formulierungen würden wohl Angelas Leseverhalten bestätigen. Die Wirkung eines Textes, würde sie sagen, ist

zunächst etwas »Ungewisses«, »Fremdes«; man soll daraus nicht leichtfertig etwas Bestimmtes machen, man soll vielmehr Geduld haben, viel Geduld. Ein Text kann einen hinreißen oder verurteilen, er kann einem schmeicheln oder mit aller Strenge entgegentreten; immer ist die Wirkung, wenn ich sie als authentisch empfinde, eine Quelle der Provokationen. Mit diesen Provokationen muß ich nun leben; sicher, ich kann den ersten Schritt tun, um sie zu erledigen. Ich kann sie fixieren, deuten, handhaben, ausstellen – aber zu alldem berechtigen sie vielleicht gar nicht. Ich brauche andererseits nicht so zu tun, als müßte ich mein Leben ändern. Ich kann warten, aber ich darf nichts verkommen lassen; ich muß neugierig und vorsichtig zugleich sein. Ich bin eine Detektivin auf den Spuren meiner Lektüre, und deshalb lege ich dieses Buch nicht aus der Hand, nein, ich stecke es in eine Tasche, die ich umhängen und aus der ich es jederzeit herausholen kann, im Wartezimmer des Arztes, bei der Wohnungssuche, in der Straßenbahn.
Ich weiß nicht, ob Angela diese Begründung ihres Verhaltens, so oft es geht, ein Buch in der Umhängetasche mit sich zu führen, gefallen würde. Vielleicht würde sie diese Begründung auch mit großen Augen beiseite schieben und sie als Einmischung in »innere« Angelegenheiten betrachten, die sie durch das, was man in der Literaturwissenschaft den »inneren Monolog« nennt, belegen könnte. Wie auch immer – Angelas »Lust am Text« kommt für mich in ihrem Verhalten zum Ausdruck. Einigermaßen sicher bin ich mir auch, daß sie Überlegungen Roland Barthes' in seiner Antrittsvorlesung im Collège de France am 7. Januar 1977 mit einem Teil von Zustimmung gefolgt wäre. Damals hatte Barthes nämlich gleichsam von dem »Gespräch« gehandelt, das im Umgang mit der Literatur möglich sei:

> Die Wissenschaft ist grobschlächtig, das Leben ist subtil: um diesen Unterschied auszugleichen, bedürfen wir der Literatur. Andererseits ist das von ihr mobilisierte Wissen weder vollständig noch letztgültig; die Literatur sagt niemals, daß sie etwas weiß, sondern, daß sie *von* etwas weiß, oder besser: daß sie viel davon weiß – daß sie über die Menschen Bescheid weiß.[29]

Diese sich an eine Vorstellung von Literatur herantastenden Bemerkungen hätten Angela gefallen, obwohl ich nicht sicher bin, ob sie nicht gerade den letzten Passus dieser Sätze, den mutigsten, den nach dem auffälligen Gedankenstrich, als vorlaut oder übermütig verstanden hätte. Daß jedenfalls das Wissen der Literatur weder vollständig noch letztgültig sei, das hätte schon etwas von ihrer Einstellung zu den Büchern beschrieben. Daß aber die Literatur über die Menschen Bescheid wisse, das hätte Angela wohl in manchen Fällen bestritten. Schließlich hatte sie selbst erfahren, daß die Vorstellung, man könne über sich oder andere Bescheid wissen, eine ideologische Note verbarg. Vielleicht hatte man Roland Barthes durch dieses Verständnis seiner Sätze auch allzu stark festgelegt, er hatte selbst doch genügend Umwege und Abweichungen von geraden Wegen vorgezeichnet. Hatte er nicht auch an anderer Stelle dieser Vorlesung gesagt, daß die Rede der Literatur »einen ungeheuren Hof an Implikationen, Wirkungen, Nachklängen, Wendungen, Rückwendungen, Zackenwerk«[30] darstelle? Ja, würde Angela sagen, dieser Hof lasse sich nachempfinden und an seiner Vermessung lasse sich arbeiten.
Ich will an dieser Stelle meine Vermutungen über Angelas Antworten auf die Überlegungen Roland Barthes' nicht fortsetzen; sie könnte sie, wie gesagt, als Einmischungen empfinden. Statt dessen will ich lieber noch zu Christoph übergehen. Auch hier bin ich, vielleicht noch mehr als im Falle Angelas, auf Vermutungen angewiesen.

Christoph wäre wohl nie auf den Gedanken gekommen, regelmäßig ein Tagebuch zu führen. Vielleicht hätte er sich mit jedem niedergeschriebenen Satz betrogen gefühlt. Um was betrogen? Die Frage hätte ihn in Verlegenheit versetzt. Jedenfalls hätte er bei einer Antwort nicht an das »Absolute« gedacht, auch nicht an eine Einheit von Denken und Sein.
Im Herbst 1980 hielt Christoph in einem Konferenzsaal des Hotels »Goldener Ochs« in Graz ein Referat über eine Rede, die der Sozialwissenschaftler Habermas bei einer weiteren Preisverleihung, der des Adorno-Preises der Stadt Frankfurt, als Dankrede gehalten hatte. Diese Rede hatte den Titel: *Die Moderne – ein unvollendetes Projekt.* Wahrscheinlich hielt Christoph dieses Referat für überflüssig, ich vermute auch, daß er in Gedanken bei lebendigeren Erscheinungen als den Sätzen des Sozialwissenschaftlers Habermas war. Christoph empfand diese Sätze nicht als aktuell. Mochten zur Verhinderung dieser Aktualität auch persönliche Motive beitragen, diese allein hätten nicht ausgereicht, um Christophs Interesse erlahmen zu lassen. Er betrachtete die Sätze Habermas' ja mit Widerwillen; zum einen wohl, weil er die Rede dieses Wissenschaftlers in gewissem Sinn als »geschmacklos« empfand. Die Sätze, hätte Christoph vielleicht gesagt, besitzen keinen Reiz, sie funkeln nicht, sie vermitteln keine Schreibweise. Um das genauer zu begründen, wäre Christoph ohne Zögern Roland Barthes gefolgt. Barthes hatte von der Literatur, der wissenschaftlichen wie der belletristischen, eine Schreibweise verlangt:

> Die Wörter werden nicht mehr illusorischerweise als einfache Instrumente aufgefaßt, sie werden hinausgeschleudert wie Projektionen, Explosionen, Vibrationen, Maschinerien, Reize: die Schreibweise macht aus dem Wissen ein Fest.[31]

Die Schreibweise des Wissenschaftlers Habermas bedeutete für Christoph kein Fest. Sie bediente sich der Begriffe als Instrumente, die darauf aus waren, die beschriebenen Phänomene einzufangen. Das machte sie steril, und Christoph schob sie vor sich her, als sei das von Habermas artikulierte Wissen erst gar nicht bei ihm angekommen. Die Wörter hatten kein Leben, oder, wie Roland Barthes gesagt hätte:

> Im Zusammenhang des Wissens bedarf es, damit die Dinge werden, was sie sind, was sie gewesen sind, der Ingredienz, des Salzes der Wörter. Der Geschmack der Wörter macht das Wissen tief und fruchtbar.[32]

Nun hätte Christoph auf dem Vorwurf, die Sätze des Wissenschaftlers Habermas seien im weiteren Sinne »geschmacklos«, nicht allzu lange bestanden. Er hätte es wohl mit einem kurzen Einwand bewenden lassen, um nicht als unverbesserlicher Stilist dazustehen. Länger aber hätte er ohne Zweifel auf dem Vorwurf bestanden, das von Habermas artikulierte Wissen darüber, daß die Moderne, die Avantgarde also, gescheitert sei, entbehre nicht einer gewissen Voreiligkeit.

Christoph war damals, im Herbst 1980, zusammen mit anderen Mitgliedern des Lesezirkels und Teilnehmern eines Seminars, das ich über die Grazer Autorengruppe gehalten hatte, Schriftstellern begegnet, die ihm diesen Vorwurf zu bestätigen schienen. Jedenfalls erlebte er in diesen Begegnungen wohl so etwas wie eine konsequente Fortsetzung dessen, was der Wissenschaftler Habermas als die »Gesinnung der ästhetischen Moderne« beschrieben hatte:

> Das neue Zeitbewußtsein, das mit Bergson auch in die Philosophie eindringt, bringt nicht nur die Erfahrung einer mobilisierten Gesellschaft, einer akzelerierten Geschichte, eines diskontinuierten Alltages zum Ausdruck. In der Aufwertung des Transitorischen, des Flüchtigen, des Ephemeren, in der Feier des Dynamismus spricht sich eben die Sehnsucht nach einer unbefleckten, innehaltenden Gegenwart aus.[33]

Dieses Zeitbewußtsein vermochte Christoph nicht der Vergangenheit zuzurechnen. Die Beschreibung erinnerte ihn wohl eher an das, was er in Graz von Minute zu Minute erlebte. ›Das Leben ist chaotisch‹ – so hätte es Christoph vielleicht zusammengefaßt; aber man soll über diesem Chaos doch nichts bauen. Man soll vielmehr dem Augenblick vertrauen, nein, nicht nur dem Augenblick, aber eben doch dem, was für einen Moment aufleuchtet, da ist und weggeschmissen wird. Man muß sich sputen, und wer dabei viel redet, verliert rascher den Atem.
So hätte es Christoph vielleicht ausgedrückt und dadurch zumindest eine vage Antwort auf die Frage, warum er kein Tagebuch führe, gegeben. Nach seiner Rückkehr aus Graz jedenfalls erlebte er wohl so etwas wie eine Explosion seiner Leseneugierde. Er war sich sicher, nicht mehr bei den vertrauten Büchern stehenbleiben zu dürfen. Einigen *Schriftstellern* jedoch konnte man ruhig vertrauen, und nun ging es darum, ihren Lesehinweisen zu folgen. Christoph entwickelte daraus, wie es vielleicht den Anschein haben könnte, keine Technik oder Methode. Er blieb bei dem, was den Reiz der Wörter enthielt, und er folgte ihm, ohne nach dem Ziel zu fragen. ›Das Leben ist chaotisch‹ – aber aus diesem Chaos läßt sich Dynamik gewinnen. Ein Text will erprobt sein, experimentell, an diesem Ort und an jenem. Man muß seinen Geschmack mit sich herumführen, man muß ihn testen, man muß schauen, was aus ihm wird. Ein Text ist ein Aggregat, energienreich.
Christoph hätte Dynamik nicht nur in sich selbst und wohl nur zuletzt in den Büchern gesucht. Eher hätte er seine Fahrten nach Frankfurt damit verbunden, die Streifzüge auf dem Flohmarkt, das Eintauchen in eine Atmosphäre, deren häßliche Züge gewiß mehr Vitalität aufweisen als die ländlichen Scheinidyllen, die er wohl ebenso gut kennt. Christoph hätte sich als Suchender verstanden, ohne damit irgendeinen Tief-

sinn zu verbinden. Der Suchende hat keine Antenne nach irgendwelchen Seiten, ›der Suchende geht‹. Er ist weder, wie es scheinen könnte, der Melancholiker der Tradition, noch, wie es längst nicht mehr zu hoffen ist, der Bote der Zukunft. ›Der Suchende geht‹, so würde Christoph wohl sagen, und bei der Vorstellung dieser Bewegung würde er an einen denken, der eine Nacht durch die Stadt fährt, einen Tank lang, mit langsamen Bewegungen, ein Späher der Frühe.

III
Suchbewegungen der Politik

> Eine politische Zeitung gewährt, nicht blatt- sondern heft- und bandweise gelesen, wahrhafte Berichte, weil sie erst im Spielraume eines ganzen Heftes Blätter genug zum Widerruf ihrer andern Blätter gewinnt, und sie kann gleich dem Winde ihre wahre Farbe nicht in einzelnen Stößen und Stücken zeigen, sondern nur in ihrem großen Umfang, wie eben gedachte Luft erst in Masse ihre himmelblaue Farbe.
> (Jean Paul, *Selberlebensbeschreibung*, 2. Vorlesung)

Der ideale Dialog

Am Abend des 31. Mai 1977 fährt der Politiker Peter Glotz unruhig nach Hause. Er hat an diesem Abend an einer öffentlichen Diskussion in der Berliner Freien Universität teilgenommen. Es war, wie der Präsident der Universität hervorgehoben hatte, die erste dieser Art seit sechs Jahren.
Peter Glotz war an diesem Abend kaum verstanden worden. Viele Studenten hatten ihm nicht zugehört, einige wollten ihn erst gar nicht zu Wort kommen lassen. Dennoch stand er die Veranstaltung durch; er wollte sich nicht einschüchtern lassen.

Außerdem bot die Veranstaltung die Gelegenheit, einen Blick in den universitären Binnenraum zu werfen. Wie verhielten sich die verschiedenen kleinen Gruppen? Wie gingen sie miteinander um? Von wem war was zu erwarten? Solche Fragen stellte sich der Politiker Glotz unablässig. Ihn beunruhigte alles, was er nicht deutlich fassen und überschaubar machen konnte. Weil er dieser Unruhe begegnen wollte, hatte er es auf sich genommen, an einer solchen Diskussion teilzunehmen.

Nach der Veranstaltung sammelt er denn auch seine ersten Erkenntnisse. Nein, resümiert er für sich, eine neue Studentenbewegung ist nicht zu erwarten. Die linken Gruppen sind zerstritten; ihnen fehlen die Führer, die es vor einigen Jahren noch gab, ihnen fehlen Personen, die sich darauf verstehen, Ziele zu formulieren. Eine solche Diagnose vermag den Politiker Glotz zwar zunächst ein wenig zu beruhigen; doch schwelt ein nicht aufhebbarer Rest von Unruhe weiter fort. Glotz ärgert sich, daß er an diesem Abend nicht ›durchgedrungen‹ ist. Gut, er hatte die Veranstaltung durchgestanden; sich selbst konnte er nichts vorwerfen. Daran gewöhnt, Themen kontrovers zu behandeln und in Diskussionen zu überzeugen, war er jedoch mit diesen Künsten gerade in einer Veranstaltung gescheitert, die ihm viel bedeutet hatte. Kurz zuvor war er aus Bayern nach Berlin gewechselt, um dort die Stelle eines Senators für Wissenschaft und Bildung zu übernehmen. Er hatte sich beim Amtsantritt vorgenommen, das Gespräch mit den verschiedensten Gruppen zu suchen. Er wollte herausbekommen, wie diese Gruppen zu einem *Dialog* zu bewegen wären. Die Veranstaltung in der Universität konnte als ein erster Schritt in diese Richtung gelten. Um so deutlicher hatte sie ihm nun die Schwierigkeiten klar gemacht, mit denen er in Zukunft zu rechnen hatte.

So erstaunt es nicht mehr, daß der Politiker Glotz an diesem Abend noch lange seinen Überlegungen nachhängt. Die langsame Heimfahrt im Wagen führt ihm diese Gedanken immer wieder ins Gedächtnis, so lange, bis sie ihm durch einen unscheinbaren Umstand anscheinend wie von selbst aus dem Kopf gedrängt werden. In seinem Tagebuch hat Peter Glotz das festgehalten:

> Die Revolte von Stadtindianern, KHGlern und Spontis würde keinen Dialog einleiten, sondern Repression herausfordern.
> Bei der Heimfahrt, immer noch hadernd, voller unterdrückter Wut, schalte ich das Radio ein. Aus dem Apparat kommt eine Musik, die mich übergangslos zuhörfähig macht. Streicher, die erste Violine oft allein; die pochende Trauer des dritten Satzes. Sie sagen am Schluß, was es war: Mozart, Streichquintett g-Moll, KV 516. Zu Hause angekommen, schlage ich in dem Hildesheimer-Buch, in dem ich erst geblättert habe, nach: 1787, also wenige Jahre vor seinem Tod geschrieben, nicht verkauft. »Die Sublimierungen der Katastrophe eines Menschen als Katharsis«, schreibt Hildesheimer.[1]

Die zeternden, die unzufriedenen, die wenig gesprächsbereiten Studenten und Jugendlichen hatten Glotz unsicher gemacht. Über sie hatte er, wie er schnell feststellen konnte, nicht die geringste Gewalt, ja er hatte nicht einmal ein Mittel gefunden, in irgendeiner Form überzeugend auf sie einzuwirken. Diese Jugendlichen waren in der Mitte des Jahres 1977 *nicht dialogfähig*. Gerade den Dialog hielt Glotz jedoch für das wichtigste Instrument vernünftiger Politik. Er entwickelte sich später zu einem Fachmann für derartige Großdialoge und Foren, auf denen die unterschiedlichsten Themen von sehr verschiedenen Kreisen aufgegriffen wurden. Den (möglichen) Gegner im Dialog auf sich zu beziehen – das war für Peter Glotz dann eine Möglichkeit, Wähler durch Argumentation zu gewinnen.

Diesmal jedoch war dieser Versuch gescheitert. Die Zuhörer hatten sich von ihm abgewendet, sie hatten seine Wut herausgefordert. Dieser Wut hatte Peter Glotz jedoch keinen freien Lauf gelassen; allein, in seinem Wagen, macht er sich vor, wie man mit dieser Wut umzugehen, wie man Gefühle zu beschwichtigen und zu dämpfen, wie man sie offener zu gestalten vermag. Er schaltet das Radio ein: Musik – Musik, die ihn übergangslos *zuhörfähig* macht. Nun kann er sich (und den nicht mehr anwesenden ›anderen‹, die keine Dialoge zu führen verstehen) demonstrieren, *wie man zuhört*. Intensiv, hochgradig angestrengt – er unterscheidet die erste Violine von den übrigen Instrumenten, er unterscheidet einen musikalischen Satz vom anderen. Schon dadurch hat er eine erhöhte Dialogfähigkeit bewiesen. Noch ist er aber *allein* in seinem Auto, noch fehlt diesem Dialog, den er hier in gleichsam idealer Weise wieder in Gang setzt, der ideale Partner, der auf das Gedachte und Gehörte zu erwidern, es zu korrigieren oder zu bestätigen wüßte.

Diesen Partner sucht er sofort, als er zu Hause angekommen ist. Er nimmt Hildesheimers *Mozart*-Buch zur Hand und schlägt nach. So ergänzt er seinen intimen Dialog, und der ideale Partner, Hildesheimer, gibt ihm recht: »Die Sublimierungen der Katastrophe eines Menschen als Katharsis . . .«

Der Satz, auf den Peter Glotz in Hildesheimers *Mozart*-Buch stößt, mag ihn beruhigt haben. Denn er konnte diesen Satz in doppeltem Sinn verstehen und auslegen. Zum einen sagte er etwas über die Musik, die Glotz zuvor gehört hatte; er rückte die unbestimmten Gefühle, die sich mit dieser Musik verbunden hatten, in ein klareres Licht. Zum anderen aber bestätigte er gerade dadurch, wie tief in Wahrheit die Wirkung dieser Musik gereicht hatte. So gesehen und gelesen, bezog sich dieser Satz Hildesheimers eben nicht nur auf das Mozartsche Streichquintett, sondern auf den ganzen Abend. An diesem Abend war es dem Politiker Glotz gelungen, den mißlungenen Auftritt in der Berliner Universität zu sublimieren; Wut hatte sich in Trauer, diese hatte sich in eine festgehaltene Erfahrung verwandelt. Eine solche Katharsis hatte Mozarts Musik herbeigeführt. Im Tagebuch notiert, wurde diese Katharsis zu einer Art Demonstration: darüber, wie man mit Mißerfolgen, Wut und Resignation umgeht; darüber, wie man gerade aus ihnen heraus den *idealen Dialog* zwischen *kompetenten* Partnern gestaltet. So hatte Peter Glotz den anderen sehr deutlich bewiesen, wie man die direkten und indirekten Brücken einer Dialogführung aufbaut: indem man sich unter Kennern zu verständigen sucht.

Die Suche nach Kompetenz

Natürlich hatte 1959 niemand anders als der Primaner Peter Glotz an einem sonnigen Vormittag, kurz vor Ostern, in Hannover die Abiturrede bei der obligatorischen Abschlußfeier gehalten. Damals hörte Glotz es nicht gern, wenn man ihn einen »Primaner« nannte. In so einem Wort argwöhnte er Geringschätzung, eine leise Verachtung der Erwachsenen für die »grünen Jungen«, die keinen Weltkrieg erlebt hatten. Glotz wollte jedoch bereits damals *etwas sein,* am liebsten schon erwachsen. Keineswegs wollte er vor allem einen verlegenen, einen gehemmten, einen durch hohe Ziele überspannten Eindruck machen. Sachlich wollte er den Erwachsenen gegenübertreten, *sachlich* und *kompetent.*
Das war ihm in gewisser Weise auch bereits gelungen. In der Schülermitverantwortung war er gut vorangekommen, er war Chefredakteur der Schülerzeitung geworden, er konnte sich ausdrücken, und er wußte, wie man imponierte: durch »Hintergrundwissen«, das im richtigen Zeitpunkt einzusetzen war. So konnte man sich vor einer schwierigen Übersetzung aus

dem Lateinischen drücken, wenn man einiges über die »Hintergründe« des Krieges der Römer gegen die Karthager wußte. Maximierung der Anerkennung durch ein Minimum von einsatzfähigem Wissen – so könnte man das nennen.
Glotz hatte dieses Verhältnis rasch begriffen, und es war sein Glück, daß er es nicht nur ausnutzte, sondern gleich zum Maßstab seines Arbeitens machte. Noch heute sind seine Bücher nach demselben Muster konzipiert, aber er hat die uneinholbare Spanne zwischen der gesuchten Anerkennung und seinem Arbeitsaufwand durch Fleiß zusammenzuhalten versucht. Fleißig – hat er einmal geschrieben – wollte er ein Leben lang sein. Erst dieser Fleiß – das andauernde Verlangen, kompetent, informiert, gleichzeitig aber von deformierendem Wissen befreit zu sein – hat ihn an die Stelle gebracht, an der er heute steht.
So ist Peter Glotz nicht in normalem Sinne gealtert. Er hat vielmehr nur die Bühnen immer wieder vertauscht. Noch immer hält er Abiturreden, und er hat inzwischen gelernt, über die verlegen machenden Begleitumstände solchen Fleißes hinwegzusehen. Denn es ist ihm sogar gelungen, diesen Fleiß zu begreifen, ihn darzustellen und zu akzeptieren. So fällt er nicht mehr auf sich selbst herein. Er weiß: er will sicher, informiert und kompetent erscheinen; gerade das gibt er jetzt zu. Mit einer so glaubwürdigen Offenheit nimmt man den Gegnern am ehesten etwas von ihrer Häme, die sich immer wieder daran entzündet hatte, wie schnell es dem jungen Primaner gelungen war, Gelegenheiten für seine Abiturreden zu finden.
Peter Glotz war 1939 in Eger geboren worden; zunächst hatte er die Grundschule und das Realgymnasium in Bayreuth besucht, später in Hannover das Abitur gemacht. »Unangefochten« war er der Klassenerste im Fach Deutsch gewesen. Doch hatte er gerade dieses Fach nicht zu seinem bevorzugten Stu-

dienfach gewählt. Statt dessen hatte er Soziologie, Philosophie, Zeitungswissenschaft (und nur im Nebenfach Germanistik) in Wien und München studiert. 1961 war er in die SPD eingetreten, 1964 hatte er das Studium mit dem Magisterexamen abgeschlossen; noch in demselben Jahr war er bereits wissenschaftlicher Assistent am Institut für Zeitungswissenschaft der Universität München geworden. 1968 hatte er mit einer Arbeit über Buchkritik in Deutschland promoviert, ein Jahr später war er zum Konrektor der Münchener Universität gewählt worden. 1970 war er in den bayrischen Landtag eingezogen, kurz darauf als bildungs- und hochschulpolitischer Sprecher der SPD-Fraktion in Erscheinung getreten. 1972 wurde er stellvertretender Vorsitzender der bayrischen SPD, daneben war er bereits Bundestagsabgeordneter. Von 1974 bis 1977 hatte er die Stelle eines Parlamentarischen Staatssekretärs im Bundesministerium für Bildung und Wissenschaft erhalten. 1977 war er dann als Senator für Wissenschaft und Bildung nach Berlin gegangen, bis er 1980 als Bundesgeschäftsführer der SPD wieder nach Bonn zurückgekehrt war.

Wen Bedenken an dieser Karriere irritierten, wem dieser rasch, hastig genommene Weg erstaunlich erschien, den hat Peter Glotz auf ein politisches Tagebuch verwiesen, das er 1979 veröffentlichte. Den Literaturkritikern erschien dieses Buch nicht nur als ein politischer, sondern auch als ein literarisch anspruchsvoller und lesenswerter Text (zusammen mit dem Roman *Fermer* des Schriftstellers Hanns-Josef Ortheil setzten sie ihn damals auf den zehnten Platz der Kritiker-Bestenliste des Südwestfunks). Anderen Kritikern, Kritikern der Glotzschen Karriere, erschien die Veröffentlichung als ein raffinierter Schachzug. Denn in ihren Augen konnte Glotz in diesem Tagebuch gerade in besonders überzeugender Weise den inneren Dialog seiner beiden Karrieregestalten vorführen: den Dialog des aufgestiegenen Funktionärs mit dem im Privaten unsicher und verlegen gebliebenen Skeptiker (dem »Primaner«).

Ich will mich im folgenden weder dem einen noch dem anderen Lager anschließen. Zwar machte auch mich erst das Tagebuch des Peter Glotz auf die Lebensgeschichte dieses Politikers aufmerksam. Doch hatte ich durch die Lektüre weniger Interesse an (literarischer oder politischer) Kritik gefunden. Vielmehr spürte ich instinktiv, daß mir die Beobachtungen von Peter Glotz *nahe* genug waren, um sie nachvollziehen zu können, und daß sie andererseits aus einer *Entfernung* zu kommen schienen, die während der Lektüre immer mehr durch die überanstrengte Wachsamkeit eines Autors, der mit sich selbst nie zur Ruhe kam, provoziert wurde. In auf den ersten Blick kaum zu durchdringender Weise griffen die *privaten* Regungen dieses Mannes *ins Politische* aus; gerade hier jedoch wurden sie weder aufgehoben noch zurückgewiesen. Vielmehr entwickelte sich mit der Zeit eine Balance beider Bereiche, die ich als einen seltsam unbefriedigenden, ergebnislosen Stillstand empfand. Offensichtlich hatten sich private und öffentliche Sphäre auch in der Selbsteinschätzung dieses Autors derart ineinander verhakt, daß ihr Endprodukt kaum noch individuell zu beschreiben war. Daher hielt ich die Niederschrift eines solchen Tagebuchs für den Ausdruck einer *Not,* für die dissonante Artikulation eines Charakters, der um dialogfähige Zuschauer (Zuhörer, Leser etc.) für seine Selbstdarstellung geradezu werben mußte. Von da an interessierte ich mich dafür, die Rolle eines solchen Zuschauers zu übernehmen. Wie war – fragte ich mich – ein sensibel, aufmerksam reagierender Charakter zu einem Standbild von Beweglichkeit und Unruhe geworden? Und konnte man die *politischen* Anstrengungen eines solchen Charakters noch *literarisch* als Ausdruck eines biographischen Problems beschreiben?

Glotz hatte schnell begriffen, wo und wie man in den sechziger Jahren einen Platz in der Partei finden konnte. Daß es die SPD sein mußte, stand für ihn fest. Die Devise wird zunächst gelautet haben: kein Fachmann werden, kein Jurist, kein Volkswirt, sondern einer, der alle Bewegungen im Blick behält und dadurch besonders fähig ist, sich auf Veränderungen einzustellen. Glotz entschied sich für die Publizistik. Vielleicht hat er damals nur instinktiv begriffen, daß auf diese Weise eine rasch zufassende Intelligenz zur höchsten Entfaltung zu bringen war. Er wollte ja, wie er früher schon angedeutet hatte, nicht durch Fachwissen, sondern durch die Kenntnis der »Hintergründe« glänzen. Natürlich, das Studienfach stand dadurch fest, denn das Publizistik-Studium setzte ihn nie in Verlegenheit. Hier studierte man die Trends, hier war man im Zentrum öffentlicher Arbeit, und hier wurde kein Fachwissen strapaziert, das den Zugang zu Prozessen sozialen Wandels nur erschwert hätte.

Der Weg war freilich nur mit Fleiß zu machen. Glotz mußte sich beeilen, die folgende Generation, die ihm einmal viele Probleme machen würde, saß schon bereit. Man kann sagen: er hat es eben noch geschafft. 1964 gehörte er schon ›dazu‹, er war wissenschaftlicher Mitarbeiter am publizistischen Institut in München und bereitete ein Buch vor, in dem er den Deutschen *Versäumte Lektionen* vorhalten wollte. Es wurde ein Lesebuch, gedacht als »polemischer Gegenentwurf« zur »Idylle deutscher Lesebuchliteratur«. Ein 25jähriger hatte es zusammen mit Wolfgang Langenbucher konzipiert. Damals hatte er sich endgültig entschieden, nun brauchte er nur noch den Mut zu haben, den Kampf gegen die Linke, die sich ja auch in der SPD formierte, aufzunehmen. An taktischem Wissen war er diesen ›Nachfolgern‹ weit voraus. Wenige Jahre später stand einer von ihnen ihm im Gerichtssaal gegenüber. Der Rechtsreferendar Rolf Pohle, ehemaliger Asta-Vorsitzender, verteidigte damals einen Institutsbesetzer, der in das Amtszimmer von Glotz eingedrungen war. Auch Pohle war noch Mitglied der SPD, und er sprach sein Gegenüber mit »Genosse« an. Glotz mußte das peinlich sein. Mit dieser Linken hatte er nichts zu tun, er setzte auf einen Kurs der »Reformen«, weit genug rechts, um sich von den jugendlichen Eiferern zu distanzieren, weit genug links, um nicht als hausbacken zu gelten. Dieser Standort muß nicht leicht zu finden gewesen sein. Es war der Standort eines Informierten, eines distanziert analysierenden Funktionärs.

Freilich war er so in seiner Partei manchmal nur schwer zu erkennen. Wohin gehörte er eigentlich? Glotz kam aus dem Mittelstand, sein Vater war Filialleiter einer mittelgroßen Versicherungsgesellschaft. Seine Bildung war eine bürgerliche, seine Abneigung gegen alle konservativen Momente gleichfalls nicht zu übersehen. ›Proletarisch‹ war er am wenigsten. Er konnte sich ekeln, wenn ein Akademiker von den ›Malochern‹ sprach. So etwas ordnete er unter die Rubrik ›falsche Zungenschläge‹ ein. Ohne Zweifel: er wollte Vorbilder haben und schaffen, und er wußte nicht genau, woher er sie überhaupt beziehen sollte. Sein früh herausgegebenes Lesebuch gibt ein gutes Beispiel. Da stehen Texte von Friedrich dem Großen neben solchen von Büchner und Börne; Brecht, Goethe und Krupp werden zitiert – dahinter aber pocht gleichsam eine große Beunruhigung, die ihre Wurzel in einem Verlust relativ stabiler Autoritäten hat.

1974 ist Glotz noch einmal deutlicher geworden. Er hat (wieder zusammen mit Wolfgang Langenbucher) eine »Korrektur einer Heldengalerie« herausgegeben: *Vorbilder für Deutsche.* Die beginnt mit Max Weber, die verläuft über Rosa Luxemburg und Thomas Mann hin zu Karl Arnold, Reinhold Schneider und Karl L. Popper. Ich gebe zu, ich weiß nicht, wie man das alles zusammenhalten könnte. Aber was wichtiger ist: die Beunruhigung ist noch immer spürbar. Hier sieht sich einer großem Druck (von einer beweglichen Linken, von einer eindeutig argumentierenden Rechten) ausgesetzt: Er steht in der Mitte, und sein ganzes Heil liegt in der unablässigen Analyse dessen, was geschieht. Dadurch wurde Glotz zu einem strukturellen Denker. Ihn interessierten die Prozesse und die Konsequenzen, die sich daraus ergaben. Er lernte, daß Aufmerksamkeit die wichtigste Tugend war. Man mußte klassifizieren, orten, gewichten, in einem dauernden Fluß beweglicher politischer Partikel schwimmen, ohne sich selbst zu verfestigen. Würden viele Mitglieder der SPD diesen Standort einnehmen, gäbe es die Partei nicht mehr. Glotz jedoch kam in die Nähe der Macht, weil die Partei gleichwohl auf diese Mitglieder nicht verzichten kann. Erschrocken machte ihn die Frage Helmut Rohdes: »Wen repräsentierst du sozial eigentlich?« Glotz sagte sich: »Er hat recht: unsereiner hat ›nichts an den Füßen‹.« Dieses Gefühl machte Angst, und es gab nur eine Beruhigung: »Ohne einige von uns ist eine sozialdemokratische Fraktion niemals ausgekommen.« Das ist gescheit gesehen. Gerade Glotz muß vor der Tatsache seiner Zugehörigkeit zur SPD verlegen werden. Er repräsentiert nicht Wählerschichten der Partei, er repräsentiert die vorläufige Illusion, Leute wie er würden einmal die Mehrheit der Wählerschichten seiner Partei bilden. Er ist die Repräsentanz des neuen, zukünftigen, erhofften Wählerpotentials. 1982 hat er den bisher größten Schritt in seiner Karriere gemacht, um gerade das seiner Partei zu beweisen. Dieser Schritt wird ihn etwas sicherer gemacht haben. Denn noch 1977 war diese Sicherheit keineswegs vorhanden:

> Wenn ich von einer Kritik, einer üblen Nachrede höre, verlasse ich mich nicht auf das Vertrauen (im Wahlkreis, im Bezirk, im Amt etc.), das ich doch häufig erfahre, sondern »baue vor«: Ich male mir, zuweilen selbstquälerisch, den schlechtestmöglichen Ausgang aus und stelle meine Verteidigung auf diese Möglichkeit ein ... Diese Lebenstechnik hat den unglaublichen Vorteil, daß sie Leichtsinn ausschaltet, zur Umsicht zwingt; aber sie bringt es auch mit sich, daß man ständig mit der Angst lebt. An manchen Tagen frage ich mich, vor welchem Angriff, vor welchem Mißerfolg, vor welcher »Enthüllung« ich mich eigentlich fürchte – und finde nichts, absolut nichts.[2]

Es ist klar: die »Enthüllung«, vor der er sich fürchtet, ist die Enthüllung seines Standortes. Er steht gleichsam zwischen den Lagern, er ist der Funktionär im Nichts, dessen unablässige Bemühung dahin gehen muß, den anderen seine Notwendigkeit zu beweisen. Wie könnte man das besser tun als durch pausenlose Gespräche, Foren, Diskussionen? Nein, vorzuwerfen hat er sich nichts, Karrieren machen viele, und wenn einer so etwas mit aller Energie will, hat er unter den Nachwirkungen dieser Anstrengung am meisten selbst zu leiden. Das Problem seiner Karriere ist nicht das Problem eines Ellenbogenzynikers, der nach oben will, sondern das Problem eines nicht mehr mit sozialen Gruppen und Flügeln verbundenen Parteipolitikers, dessen *Gesetz* die *Bewegung* und dessen *Talent* die *Moderation* ist. So hat Glotz auch den Beruf des Politikers verstehen gelernt: er führt einmal aus, daß der Politiker sich »als Moderator, Vermittler, Übersetzer zwischen auseinanderdriftenden politischen Kulturen begreifen« müsse. So ist es. Man muß nur erkennen, daß Glotz damit auf geradezu lebensnotwendige Weise das in ihm selbst Auseinanderdriftende moderiert. So wird sich die Bedeutung des Politikers Glotz daran ablesen lassen, wie es ihm gelingt, die Moderation seines Selbst als Moderation in seiner Partei wir-

kungsvoll zur Geltung zu bringen, ohne daß die Partei diesen Zusammenhang als peinlich, unangemessen oder überzeichnet empfinden würde.
Ich will nun versuchen, diese ›Suchbewegungen‹ des Peter Glotz einmal über einen längeren Zeitraum zu verfolgen. Dazu habe ich die bedeutsame Zeit eines politischen Umbruchs gewählt; ich ging den Bewegungen dieses Politikers vom Dezember 1981 an über ein ganzes Jahr lang nach. In diesem Jahr verlor die SPD die Regierungsverantwortung in Bonn.

Das Zangenkonzept

Anfang Dezember 1981 untersucht Glotz in einem *Spiegel*-Essay die Situation seiner Partei. Zu diesem Zeitpunkt ist die Lage beinahe hoffnungslos. Monat für Monat verliert die Partei Mitglieder, in einem Jahr beinahe 20 000. Die Wahlergebnisse bestätigen das trübe Bild. In diese Wunde hat das sogenannte Löwenthal-Papier geschlagen. Löwenthal, stellvertretender Vorsitzender der Grundwerte-Kommission der SPD, hatte von der Partei eine stärkere Abgrenzung gegenüber den ›Aussteigern‹ und den ›Randgruppen‹ gefordert. Der Essay von Glotz antwortet darauf. Sein Thema ist die »Zange«, in der sich die Partei befinde: zwischen dem Staat (der Regierungsverantwortung) und den neuen sozialen Bewegungen. Einerseits hemmt die Regierungsverantwortung das mögliche Spektrum von Reaktionen, andererseits kommt eine Partei wie die SPD nicht ohne solche Reaktionen auf die Veränderungen in der Gesellschaft aus. Konservativ sind die Menschen von Natur; sie zu einer Partei wie der SPD zu ziehen, das heißt (in Deutschland): Angebote machen, Flexibilität entwikkeln, ›Identitäten‹ herstellen, die die konservative Grundstimmung übertönen und zum Wanken bringen. Über die CDU redet kaum ein Mensch, nach den neuesten Umfragen hat diese Partei beinahe problemlos 50% der Stimmen sicher. Die SPD – das ist klar – kann sich diese Stimmen nur durch Angebote und Rücksichten erwerben.

Daher kann also Glotz eine erste Zange konstatieren: die zwischen Staat und sozialen Randgruppen/Bewegungen. Diese wäre nicht beachtenswert, wenn sie sich nicht in der Partei selbst wiederfinden ließe, konkret, deutlich. Glotz erweitert das Zangenproblem: es handle sich um einen Konflikt zwischen den »(kleiner werdenden) Kerntruppen des Industrialismus einerseits und den (wachsenden) nachindustriellen neuen Mittelschichten auf der anderen Seite«. Dieser Fingerzeig ist deutlich. Noch herrscht ja in der Partei das alte Leitbild vor. Glotz skizziert es. Es ist das Leitbild des aktiven, wissenshungrigen, disziplinierten, aufstiegswilligen und realistischen Facharbeiters der Schlüsselindustrien. Andererseits sei die SPD nicht mehr die Partei im alten Sinne, nicht mehr eine relativ homogene Interessenpartei, sondern eine gemischte, die auf die neuen Wählerschichten reagieren müsse. Diese driften zu den sozialen Bewegungen (Friedensbewegung, Frauenbewegung etc.) ab. Gehört diesen Bewegungen auch die Sympathie des Moderators, er muß sie in einem Atemzug als »ungeeignet« für langwierige Machtauseinandersetzungen qualifizieren. Auch zu einer anderen Partei darf niemand (Hansen, Coppik) ausbrechen. Was bleibt? Der Appell, eine *Partei* zu sein, kontrovers diskutierend, aber insgesamt stark und zusammengehörig.

So etwa resümiert Glotz Ende 1981. Natürlich ist dieser Appell eine Utopie, *seine* Utopie. Die Partei ist nicht solidarisch, sie kann es nicht sein. Um dieses hohe Ziel zu erreichen, müßten besondere Anstrengungen gemacht werden. Helmut

Schmidt hat die beiden Ziele für das kommende Jahr 1982 selbst formuliert: »Eine Wende zum Realismus und eine Erneuerung der Solidarität – dies beides ist 1982 notwendig.« Aber: die Partei soll diese Wenden als Regierungspartei machen. Jede Zuckung nimmt ihr Prozente der Wählerschaft. Eine Regierungspartei will der Wähler entweder optimistisch oder relativ geschlossen erleben. Eine *Erneuerung* einer Partei *als* Regierungspartei wird sich ohne den Verlust von Wählerstimmen nicht durchführen lassen. Glotz ist Parteifunktionär, kein Regierungsmitglied. Seine Arbeit als Bundesgeschäftsführer muß langfristig angelegt sein. Daher kritisiert er das Löwenthal-Papier. Es mag ihm vorgestrig erschienen sein. Denn er selbst gehört ja zu jenen neuen Mittelschichten, die in die SPD drängten und jetzt verloren zu gehen scheinen. Er kann sich selbst nur halten, wenn er auf Löwenthals Kritik am Integrationskurs erwidert. Innerhalb der SPD rückt er dadurch in die Nähe des Vorsitzenden Brandt. Das ist konsequent. Glotz wird zum Sprecher der Partei. Noch formuliert er das Integrationsziel als Utopie der Vereinigung einander ausschließender Momente. Die SPD soll »den Staat nicht aus den Händen lassen und gleichzeitig die verpuppten Wünsche aus der Gesellschaft aufnehmen«. Doch diese Utopie enthält zwei Lösungen: entweder das eine oder das andere zu tun.
Das Löwenthal-Papier spricht also genau *die* Nahtstelle zwischen der Partei alten Stils und ihrer neuen Mitgliederschaft an, die Peter Glotz moderierend flicken will. Gelänge ihm das, wäre seine eigene Gespaltenheit, sein widersprüchlicher Standort zwischen Bürgertum und Arbeiterschaft, zwischen Machterhaltung und Reformismus gleichsam in einem Zuge mit aufgehoben.

1979 hatte Glotz noch einen Stimmungswandel innerhalb der Linken konstatiert. Aus den ehemaligen Revolutionären waren resignierte Einzelgänger geworden. Um seinen eigenen Standort zu beschreiben, hatte er eine merkwürdige Wendung gebraucht. Er hatte geschrieben:

> Ich habe 1968 die Hoffnungen der linken Bewegung nicht gehabt. Jetzt verteidige ich mich gegen ihre Hoffnungslosigkeit.

Richtig, 1968 gehörte Glotz nicht ins linke Spektrum der Partei. Er promovierte, er arbeitete sich ein. Die Phase spontanen Elans hat er übersprungen. Später hat er oft zurückgeschaut, und während die ehemaligen Gegner ihre Lebensgeschichten immer mehr zuspitzten, versuchte er, die eigene zu entschärfen. Damals, 1979, war der Zeitpunkt gekommen, »sich zu *verteidigen*«.

Merkwürdig an dieser Beschreibung des eigenen Zustandes ist, daß Glotz nicht deutlich zu erkennen gibt, was sich verändert hat. Denn in Wahrheit ist ja etwas geschehen: 1968 war Glotz ein Skeptiker, ein »vorweggenommener«, wie man sagen könnte, der den revolutionären Idealen nicht traute. 1979 aber reichte Skeptizismus nicht mehr aus, im Gegenteil, er geriet in die Nähe der Hoffnungslosigkeit. Die Korrektur, die Glotz aus dieser unwillkommenen Annäherung ziehen muße, wird in der sonderbaren Formulierung deutlich. Er verteidigt ja nicht »etwas«, nein, er fühlt sich provoziert durch die Hoffnungslosigkeit der Linken. Wer hat ihn angegriffen? Niemand, ein Nichts. Sein eigener Standpunkt ist in Gefahr. Deshalb verteidigt er sich erst *»jetzt«*. Das »Jetzt« setzt die unmerkliche Pointe in diesem Satz. Es verrät zweierlei: was ich *früher* war, darf ich *jetzt* nicht mehr sein; was ich früher *nicht* war, das muß ich *jetzt* endgültig einzuholen versuchen.

Daher weiß Glotz 1979, daß nun gleichsam der Zeitpunkt gekommen ist, die von ihm übersprungene Zeit zu fassen, »das eigene Leben, das einem wegzulaufen droht, festzuhalten«. Der Satz ist wahrer als Glotz gedacht haben mag. Es geht ihm ja wirklich darum, seine eigene Biographie in den Griff zu bekommen, das Karrieretempo umzukuppeln in eine Geschichte, die in sich selbst gerechtfertigt wäre. Ich vermute, daß er nur aus diesem (ihm vielleicht selbst verborgenen Grund) mit dem Tagebuch begonnen hat. Es stellt ihn vor allem im wichtigen Jahr 1977 als Senator in Berlin in den Mittelpunkt der Auseinandersetzungen mit der Linken. Die Göttinger »Mescaleros« hatten damals den Buback-Nachruf präsentiert, Professoren hatten ihn publiziert. Das Tagebuch erörtert diese Vorgänge sehr ausführlich, und es geht dabei dem schwierigen Weg nach, den Glotz zu bewahren versucht: der Linken keine Gelegenheit zu geben, sich zu profilieren, und gleichzeitig deren Gefühlskultur durch subjektive Reaktionen zu beantworten. Das ließ sich in der Öffentlichkeit nicht machen, deshalb griff Glotz zum Tagebuch. Darin heißt es verräterisch:

> Es ist vielleicht gut, daß (später einmal) eine Version existiert, die nicht aus der Perspektive der direkt Betroffenen stammt – obwohl auch meine höchst subjektiv ist.[3]

Was will er sagen? Nicht nur die »Betroffenen« sollen reden dürfen, nicht nur die Linke soll Reaktionen zeigen, auch *er* muß auf diese Herausforderung antworten, subjektiv. Also nicht *obwohl* seine Perspektive subjektiv ist, ist sie eine Version der Sache, sondern *weil* sie subjektiv ist, ist sie erst eine angemessene Reaktion des Geprüften.

Das Tagebuch ist der Versuch, den Weg der Linken einzuholen, gegen ihre letzten mobilen Anhänger anzuschreiben. Im tieferen Sinn setzt Glotz sich jedoch in ihm mit seiner eigenen Vergangenheit auseinander. Die leitende Frage dabei ist:

Warum stehe ich nicht heute auf der anderen Seite? Habe ich etwas versäumt? Habe ich mir etwas vorzuwerfen? (Man erinnere sich: »*nichts, absolut nichts*« hat er sich vorzuwerfen.)
Nur an der Oberfläche dokumentiert hier ein Autor den politischen Alltag, in Wahrheit ist das Buch eine Auseinandersetzung im Untergrund. Nirgendwo läßt sich das besser zeigen und verstehen als dort, wo Glotz sich mit Bernward Vespers Buch *Die Reise* beschäftigt. Gegen diesen autobiographischen Text hat Glotz – wie ich hier nur einmal vorläufig andeuten will – den eigenen autobiographischen konzipiert; vielleicht hat er auch das, ohne es zu ahnen, getan. Aber ich will zumindest einige Winke geben.
Glotz und Vesper waren ungefähr gleichaltrig, Vesper 1938, Glotz 1939 geboren. Vespers »Romanessay« erschien sechs Jahre nach seinem Selbstmord, im Jahr 1977, demselben Jahr, in dem Glotz sich als Senator in Berlin mit der Linken auseinandersetzte.
Glotz mag sofort gespürt haben, daß dieses autobiographische Buch eines Gescheiterten die intensivste Herausforderung bedeutete. Das lag wohl nicht nur daran, daß *Die Reise* ein großer Erfolg wurde, in der Kritik, den Medien, im Verkauf. Es steckte mehr hinter diesem Erfolg. Der Kritiker Uwe Schweikert hatte in einer Rezension in der *Frankfurter Rundschau* angedeutet, um was es ging. Vespers individuelles Scheitern, so hatte er notiert, spiegele das kollektive Scheitern jener Generation, die Mitte der sechziger Jahre aufbrach, die versteinerte Gesellschaft zu verändern, und die jetzt mit leeren Händen dastehe. Andere Kritiker gaben Schweikert recht. Auch sie empfanden *Die Reise* als exemplarisch, als, wie man im *Spiegel* schrieb, »das schlechthin gültige Buch über Bewußtsein und Entwicklung der Nachkriegsjugend«.
Ein solches Buch mußte den Funktionär Glotz irritieren. Warum hatte seine Lebensgeschichte an diesen exemplari-

schen Momenten keinen Anteil? Warum stand er nicht mit leeren Händen da, sondern als Senator? Glotz verteidigte sich gegen die Hoffnungslosigkeit Vespers, er schrieb selbst ein Tagebuch. Die Passagen, in denen er in diesem Buch auf die Herausforderung antwortet, wären bis ins Detail zu deuten. Man könnte daraus die ungeheure Spannung in der deutschen Nachkriegsgeneration zwischen Revolte und Anpassung belegen. Keine Frage, diese Auseinandersetzung würde auf höchstem Niveau geführt.

Glotz hatte sich zunächst überlegt, wie diese Auseinandersetzung zu führen wäre. Könnte er nicht an den Toten einen Brief schreiben? Er versucht es, und dieser erste Versuch belegt die Intensität seiner Reaktion auf dieses Buch:

> Ich gebe zu, daß ich (das Buch) fasziniert von Anfang bis zu Ende gelesen habe ... Ich gratuliere Dir zu Deinem peinigenden Erinnerungsvermögen, das alle Verletzungen aus zwanzig Jahren gespeichert hat.

So könnte Glotz fortfahren, aber es wird ihm bewußt geworden sein, wieviel er schon mit diesen Sätzen verraten hatte. Er »gibt zu«, daß das Buch ihn fasziniert hat. Ja, er muß etwas *eingestehen*. In Vespers Buch sind genau die Erinnerungen »gespeichert« (!), die er, Peter Glotz, auf seinem Weg beiseite gedrängt hat. Wie reagiert er? Beinahe unglaublich: wie ein Schulkamerad, der dem Nachbarn für einen besseren Aufsatz, eine bessere Note »gratuliert«. Es macht die Passage besonders pikant, daß Glotz da quasi zu einem Erinnerungsvermögen gratuliert, das in den selbst gewählten Tod geführt hat.

Ich denke mir, Glotz wird diese »falschen Zungenschläge« bemerkt haben. Ja, er gibt sogar zu, wohin er sich verirrt hatte.

> Aber diese Vertraulichkeit wäre unangemessen. In *seinem* Ton kann ich mich nicht mit ihm auseinandersetzen.

Nein, Vertraulichkeit wäre wahrhaftig unangemessen. Denn hier könnten zwar zwei Schulkameraden dasselbe Thema abhandeln (beide haben denselben Abiturjahrgang), freundschaftlich miteinander verkehren, sich gar gratulieren könnten sie nicht. Glotz erkennt vielmehr, daß sich dieses Buch gegen ihn richtet, er bezieht es in all seiner Konsequenz und Aggressivität auf sich selbst. Und da, an dieser entscheidenden Stelle, bricht es aus ihm heraus, und das eigene, stillgelegte Erinnerungsvermögen beginnt zu arbeiten:

> Er (Vesper) richtet sich übrigens genau auf Leute wie mich. Ich war schon gegen ihre Revolte, als von Morden noch nicht einmal geredet wurde. Ich, der gleiche Abiturjahrgang wie Vesper, saß schon 1967, damals seit vier Jahren Assistent, seit sechs Jahren Sozialdemokrat, also »Establishment«, im Keller unseres besetzten Institutes (»das erste befreite Institut der Universität München«) und telephonierte mit dem sozialdemokratischen Polizeipräsidenten. Morgens um drei trugen sie unsere »Besetzer« raus – keine Verletzungen oder gar Tote. Also schon damals ein »Denunziant«, ein »Hilfsbulle«, ein »Kretin«. Ich bin kein objektiver Kritiker dieses Buches.[4]

Glotz ist kein objektiver Kritiker, er ist ein subjektiver, daher schreibt er selbst ein Tagebuch, daher muß er es schreiben, um seine eigene angegriffene Geschichte zu einer Subjektivität, einer Haltung, einem Gefühl, zusammenzunähen. Sein Trauma ist die deutsche Geschichte zwischen 1967 und 1977, in der die einen das Institut besetzten, das er, der Gleichaltrige, gegen sie verteidigen mußte, und in der die Besetzer später starben, als er, Glotz, ihnen als Senator hätte gegenübertreten können. Daher schreckt ihn Vespers Buch auf. Erinnert es ihn an eine Schuld, daran, etwas falsch gemacht zu haben, zu früh immer nur vorwärtsgelaufen zu sein? Solche Fragen sind schwer zu entscheiden, ich vermute, man kann sie bejahen.

Denn Glotz führt seine Auseinandersetzung noch um einen entscheidenden Schritt weiter. Er will seine Gefühle »dem allen gegenüber nicht verstecken«, wie er schreibt. So hält er fest, daß sich seine Erschütterung während der Lektüre »immer mehr zu eisiger Ablehnung einer exaltierten, ichbesessenen Gefühligkeit« verwandelt habe. Damit erst hat er den Punkt seiner Kritik an Vespers Buch gefunden. Er, Peter Glotz, distanziert sich (»eisig«, eben reflexiv, Stufe für Stufe, argumentativ) und rückt sich damit wieder an seinen alten, unerschütterten Platz: einen Platz, auf dem man von Gefühlen (erst recht von exaltierten, ichbesessenen) so absehen muß, daß Ichbesessenheit ganz in der politischen Aufgabe und Rolle aufgeht. Nur so kann aus einem Ichbesessenen ein Funktionär werden, der eine Leitersprosse der Karriere nach der anderen nimmt.

Jetzt weiß Glotz, was er »den Vespers« (er neigt häufig zu diesen unangemessenen Pluralbildungen), »dieser ganzen Sippe von Anarcho-Spontis, die aus bürgerlichen Elternhäusern herausgestolpert kommen«, vorwerfen kann (und sich selbst nicht vorwerfen muß): den »blinden Glauben an das Ich«.

Ja, der Glaube an das Ich ist blind, wenn er so auftritt wie im Falle Vespers. Nach der Meinung von Glotz ist er geheilt, wenn er sich in die private Allgemeinheit von Institutionen und Parteien einschmiegt.

Von hierher wird die bereits früher zitierte Tagebuchpassage noch deutlicher. Die Wut, die Glotz auf die Anarcho-Spontis hat, die ihn bei einer Veranstaltung nicht zu Wort kommen ließen und die er durch Herstellung einer Art Überkompetenz musikalisch verarbeitete, hat ihre Ursachen in ungeklärten Momenten seiner eigenen Biographie. Gerade daß er sich *»nichts, absolut nichts«* vorzuwerfen hat, muß er sich vorwerfen.

Hält man das, was ich gerade als Glotz-Syndrom beschrieben habe, gegen das Zangen-Konzept, das Glotz Ende 1981 analysierte und vorstellte, so wird einiges klar. Gerade dieser Politiker, dessen rasende Eile und Hast einen dauernden Vorwärtsdrang (ohne zurückzuschauen) entwickelt, will *die* Randgruppen und ›Aussteiger‹ an die Partei binden, die man im übertragenen Sinne gleichsam als seine Kritiker, seine Gegner, seine »Vespers« bezeichnen könnte. Er arbeitet an der Extremstelle seiner stumm bleibenden Innerlichkeit, indem er diese lebenden Vorwürfe überzeugt, einreiht, zumindest anspricht. Hat er diesen Zusammenhang selbst erkannt? Ich frage mich das, aber er hat ihn in seinem Tagebuch zumindest da angedeutet, wo er auf Vesper explizit (und nicht verdrängt) antwortet. Da schreibt er:

> Wenn einer *politisch* handeln will, darf er nicht auf seiner Empörung sitzen bleiben. Er muß aus seiner Empörung Schlüsse ziehen und Vorschläge machen.

Genau diese Vorschläge hat Glotz Ende 1981 in seinem Zangen-Konzept gemacht. Die Zerstrittenen sollen sich wieder solidarisch als Partei definieren; jeder soll mit jedem reden, aber alle sollen zusammenstehen. Es soll gestritten, und es soll doch gemeinsam gekämpft werden. Die Widersprüche in diesen Schlüssen reichen tief bis in die Glotzsche Subjektivität. Andererseits geben sie ihm ohne Zweifel jene Intensität und Konzentration, die ihn in jedem Moment als entschlossenen, zukunftsorientierten Politiker ausweist. Dadurch wiederum ist er der Partei nützlich, sonst hätten ihn entweder die Linken oder die Rechten längst fallengelassen. Wie angedeutet: Glotz markiert die Repräsentanz einer Vision, auf die die Partei nicht verzichten kann.

Freilich ist sein eigener Weg bis in den alltäglichen Ablauf hinein durch diese visionäre Repräsentanz strapaziert. Seine eigentliche Arbeit ist die diffizile Herstellung einer Dauer-Balance, zwischen den Flügeln in der SPD einerseits, zwischen Partei und den sozialen Bewegungen andererseits. Deshalb muß er seine Worte nach allen Seiten wenden. Wenn er dem einen ein Angebot macht, erschreckt er den anderen. Wenn er den einen verteidigt, greift er den anderen an.
Genau dieses Problem hat ihn 1982 beschäftigt. Er hat es nicht gelöst, es hat sich von selbst gelöst, wie man noch zeigen kann. Aber er hat das Kunststück fertiggebracht, den Eindruck zu erwecken, daß er selbst an dieser Lösung nicht unbeteiligt war. Und genau das hat ihn (innerhalb der Partei) wieder ein kleines Stück vorwärts gebracht.
So etwas ein Jahr lang zu beobachten, in Fernsehberichten, Zeitungsausschnitten, mit Hilfe des Autoradios, das ist manchmal amüsant. Es macht aus dem Gegenstand der Beobachtung mit der Zeit eine Art Vertrauten. »Ah, dort ist er ja wieder!« – so sagt man manchmal, und man ahnt dann meistens schon, was man von ihm hören wird. Für einen an der Sache nicht Beteiligten erscheint das wie Geheimdiplomatie. Das ist es auch. Der Beobachter wird zum Spion, er handelt mit den Wortgeheimnissen. Aber er hat nach einer Weile den Code «geknackt«. Dies geschieht genau in dem Moment, in dem die scheinbar austauschbaren Worthülsen, die der Beobachtete Woche für Woche auswirft (und an denen einem Unbeteiligten *»nichts, absolut nichts«* auffällt, denn er vergißt sie sofort wieder), plötzlich Informationen über ihren inhaltlichen Gehalt hinaus abgeben: dadurch, in welcher Reihenfolge diese Sätze artikuliert werden, dadurch, *wo* sie vorgetragen werden, dadurch, *wem* sie etwas zu erkennen geben sollen.
Ich habe daher während dieses Jahres meiner ›Spionage‹ fest-

gestellt, daß ein normaler Fernsehzuschauer viele Berichte nicht verstehen, sondern sie einfach übergehen wird. Er wird anscheinend mit Wiederholungen gefüttert, er kann sie schon nicht mehr ertragen; in Wahrheit markiert die Struktur dieser scheinbaren Wiederholungen Politik. Was ist aber dann Politik? Nein, kein starkes, langsames Bohren von harten Brettern, eher ein schwaches, anhaltendes Säuseln vor eingeschalteten Mikrophonen.

Erste Resultate der Zangengeburt (Phase I)

Erst 1981 waren einige bedeutsame soziale Entwicklungen und Veränderungen deutlich zutage getreten. Glotz hatte sie – zukunftsorientiert – schon früher wahrgenommen. Er ahnte, wohin die Jugend abzudriften begann, zu den neuen Zirkeln und Kreisen, den Bewegungen und Organisationen, die nach der Hoffnungslosigkeit der geschlagenen Linken zwar keine Hoffnung, wohl aber Strategien erfanden. Das hatte sich deutlich vorbereitet, gerade Glotz hatte frühzeitig darauf reagiert. Seine Strategie knüpfte er an den »Dialog«. Seit dem Sommer 1977 (dem Erscheinungsdatum von Vespers *Die Reise*) hatte er auf großen Foren die Initiative ergriffen.

> Aber es ist nicht nutzlos, den Versuch zu machen, »Establishment« und »Fundamentalopposition« miteinander zum Streiten zu bringen. Auf beiden Seiten nimmt die Gesprächsfähigkeit wieder schrittweise zu.[5]

Die auf diesen Foren behandelten Themen deckten das Spektrum jener Zukunftsfragen ab, um die sich die Unruhe bald drehen würde: Frauenfrage, Weltwirtschaft, Staat und Bürger, Abrüstung. Diese Unruhe akkumulierte sich. 1981 machte sie sich auf drei großen Demonstrationen Luft: in Brokdorf, in Bonn, in Wiesbaden. Nun hatte Glotz die Gelegenheit erhalten, seine »Dialogstrategie« als wirksames Mittel zu empfehlen. Was zuvor noch wie ein harmloses Gespräch, eine Art gemeinsame Therapie der Vernünftigen und Unvernünftigen im selben »Sprechsaal«, ausgesehen hatte, das konnte er jetzt als Technik vorstellen. Gleichzeitig mußte er sich mit dieser Technik gegen die Vorwürfe aus den rechten Kreisen der SPD behaupten, die Partei vernachlässige ihre Stammwähler und orientiere sich zu weit nach außen. Genau das hatte Löwenthal vorgeworfen.

Glotz erkannte schnell, daß er seine Position nur voll zur Geltung bringen konnte, wenn er für eine wahre Inflation des Begriffes der »Dialogstrategie« sorgte. Niemand sollte dem Dialog noch entgehen können, der Dialog war die einzige Chance, alle an irgendetwas (an was eigentlich?) zu binden, sie gegenseitig auf sich zu verpflichten. (Übrigens erhielt diese Thematik 1982 ihre bisher vollständigste Hermeneutik; ich betrachte es ganz und gar nicht als Zufall, daß in diesem Jahr Habermas' zweibändige *Theorie des kommunikativen Handelns* erschien, im engeren Sinn eine Glotz-Fibel, im weiteren die Rekonstruktion des Anspruchs der Aufklärung gegenüber den neu einbrechenden Irrationalismen von rechts und links.)

Bald hatte der Begriff sich derart verselbständigt, daß er in ironischer Zuspitzung schon auf seinen ersten Befürworter zurückfiel: man nannte ihn *»Diaglotz«*. Nichts konnte ihm lieber sein. Denn dieser Begriff besaß ideale Maße: einerseits verzögerte er jede politische Entscheidung und Festlegung. Andererseits bannte er alle Gegner an den Platz des guten Willens. Auch Löwenthal konnte nicht ernsthaft dem widersprechen, der einen »Dialog« forderte.

Einen Dialog »fordern« – das bedeutete also für Glotz: alle

Seiten in das Netz seiner Strategie, seines Selbst, seiner Initiative zu spannen. Die Kritik Löwenthals an diesem Kurs beantwortete er schlagfertig damit, daß er Löwenthal zum Dialog aufforderte. Dieser Dialog wurde zunächst in der Fraktion geführt, Anfang Januar aber ausgedehnt. Da zeigte sich Glotz bereits zuversichtlich, daß es auch mit der FDP zu einem Dialog, einer Verständigung etwa über ein neues Beschäftigungsprogramm, kommen werde. Mitte Januar erweiterte er auf einem Kreisparteitag der SPD in Eschweiler (bei Aachen) seinen Vorschlag für ein solches Programm. Man müsse die Steuern erhöhen, um Geld freizumachen, über diese Themen aber möglichst bald in einen Dialog treten.

Ende Januar schließt sich der Kreis. Zusammen mit Brandt stellt Glotz den »sicherheitspolitischen Leitantrag« auf einer Pressekonferenz vor. Dieser sieht vor, daß die Partei erst 1983 über den Nato-Doppelbeschluß entscheiden werde (also noch nicht auf dem bevorstehenden Münchener Parteitag). Vorher werde man mit den Großmächten im Dialog bleiben und überhaupt nichts unversucht lassen, diese in einen Dialog zu bringen (und dies nicht »einseitig«, sondern möglichst »gegenseitig« oder auch »wechselseitig«, also unendlich).

Anfang Februar 82 ist auf diese Weise bereits einiges ausgerichtet, obwohl es von außen nicht so aussehen mag.

Zum ersten sind die innerparteilichen Kritiker von links gebremst (Coppik-Ausschluß, der von Glotz mit aller Energie betrieben wird), zum zweiten sind Reibungsflächen zwischen den Flügeln geglättet und sprengende kontroverse Punkte entschärft (»Leitantrag«, der für eine Verschiebung der notwendigen Entscheidung sorgt), zum dritten sind dadurch Möglichkeiten geschaffen, linkes und rechtes Lager der Partei aufeinander zuzubewegen.

Dies ist Glotz am 3. 2. 1982 gelungen. An diesem Tag präsentieren Erhard Eppler und Richard Löwenthal ein sogenanntes

»Konsens-Papier« der Grundwerte-Kommission, an dem auch Glotz beteiligt ist. Eppler führt aus, daß der Text mit einer Aufforderung zum Dialog ende und damit die Position von Herrn Glotz unterstütze. Eppler will der Partei eine breitere Basis geben, Löwenthal kritisiert noch immer die unverantwortlich selbstbezogene, manchmal sogar unsoziale Haltung der Aussteiger, die vom Staat alles erwarteten.
Man sieht: Glotz könnte sich hinter beide Lager stellen. Mit Eppler wird er in Zukunft eine breitere Basis fordern, mit Löwenthal die selbstbezogene Haltung (»den blinden Glauben«) der Aussteiger kritisieren. Dadurch ist Glotz eminent dialogfähig. Die beiden Kontrahenten reiben sich gleichsam gegenseitig an dem Entschärfungsbegriff auf, den Glotz ihnen angeboten hat. Auf diese Weise ist ein Problem vorläufig zur Ruhe gebracht (natürlich wird es immer wieder aufflackern). Gestärkt ist nur eine Position, die von Glotz.
Auch die FDP beweist Anfang Februar, indem sie zusammen mit der SPD dem Kanzler das Vertrauen ausspricht (269 Stimmen für die Koalition), daß eine Dialogfähigkeit vorläufig erhalten ist. Die Brennpunkte der Auseinandersetzung entfalten sich hier vor allem im wirtschaftspolitischen Bereich. Graf Lambsdorff hatte noch im Januar von der Förderung der Investitionen gesprochen, Strauß hatte erklärt, der Staat müsse nun handeln. An diesem Handeln ist man vorläufig noch einmal vorbeigekommen, man hat sich statt dessen die Dialogfähigkeit bewiesen.
Am 8. 2. 82 beginnt eine weitere Probe auf dieses Exempel. Glotz eröffnet den niedersächsischen Landtagswahlkampf in Göttingen. Nach dieser ersten Phase der Konfliktregulierung, aus der er erfolgreich hervorgegangen war, reizte es mich. Ich fuhr nach Göttingen.

Auf den Plakaten der Litfaßsäulen, die die Parteiveranstaltung mit Glotz ankündigten, stand ein merkwürdiges Thema: »Angst als Parteiprogramm?«
Als ich diese Frage, die so etwas wie eine rhetorische, provozierende Frage sein sollte, zum ersten Mal las, wußte ich, daß Glotz, gerade Glotz, sie nicht als so harmlos und rhetorisch begreifen konnte. Ich war mir sicher, er würde sich zur Wehr setzen gegen dieses Thema. Aber warum hatte er überhaupt zugelassen, daß er unter einem solchen Titel als Referent aufgeführt wurde? Fiel dadurch nicht ein mattes Licht auf die (verborgene) innere Beziehung, die zwischen seiner Angst und den Parteigeschäften besteht?
Ich täuschte mich nicht. Nach der Begrüßung korrigierte Glotz als erstes das Thema. *Dieses* Thema habe er nicht vorgeschlagen, dieses Thema *könne* er nicht vorgeschlagen haben. Er habe an ein anderes gedacht, an das Thema »Partei oder Kreuzzug?« nämlich. Die Formel, daß die SPD eine Partei und kein Kreuzzug sei, hatte er bereits in seinem *Spiegel*-Essay verwendet und in einem Interview in der *Zeit* aufgegriffen. In ihrer nichtssagenden Blässe (es handelt sich um eine Umkehrung eines Satzes von Shirley Williams) stand sie exakt für den Glotzschen Kurs. Ich erlebte, wie er ihn abzugrenzen verstand. Es war ein musterhafter Abend. Konnte ihn jemand unter den etwa 300 Zuhörern so genießen wie ich?
1. Thema: Friedenspolitik. Glotz führte den Dialogstandpunkt ein. Wie vermeidet man, daß dessen Unattraktivität niemandem auffällt? Indem man ihn als Leistung ausgibt. Der Dialog – so Glotz – dürfe nicht zu einem »Atom-Stammtisch« entarten, an dem man in aller Naivität Gutachten austausche; andererseits dürfe der Dialog nicht zu einer Politik führen, die »große Worte« mache. So leuchtete der Glotzsche Vorschlag in der

Mitte auf: man müsse eine »zurückhaltende Politik« betreiben. 2. Thema: Friedensbewegung. Glotz führte den Dialogstandpunkt ein. Man dürfe die Hunderttausende nicht *»allein lassen«* (ein Spannungsmoment seiner Angst). Die Friedensbewegung sei eine soziale Bewegung (eine Seite), sie sei eine unabhängige Bewegung (andere Seite), man dürfe sie nicht als Alternative zur SPD betrachten (Glotzsche Seite).

Ich könnte diese Technik noch an vielen anderen Beispielen vorführen. Das Prinzip ist klar. Man entwickelt Antithesen, die in ihrer Übertreibung so einseitig ausfallen, daß ein mittlerer Weg (der oft genug zur Entscheidungslosigkeit führt) wie ein leuchtender Ausweg erscheint.

So läuft am Ende alles auf die entscheidenden Sätze hinaus, die die Pointe wie das Ziel der Glotzschen Strategie beinhalten. Den uneingeweihten Zuhörern mögen sie wie ein Ergebnis langer Reflexion erschienen sein. Er, Glotz, habe den Eindruck, daß man in der BRD in der Gefährdung lebe, jegliche Kompromißfähigkeit zu verlieren. Überall werde der Ruf nach Führung, das Bedürfnis nach Wahrheit und Klarheit geweckt. Darin liege eine große Gefahr. Und – mit einem unnachahmlichen Schwenk: es gehe ja nicht nur um Kompromißfähigkeit, es gehe nicht um Opportunismus, sondern es gehe um *»komplizierte Kompromisse«*.

Man muß sich diesen Begriff auf der Zunge zergehen lassen. Er war an diesem 8. 2. 82 das synthetische Endprodukt einer Strategie, die schon längst verwechselt hatte, wovon sie sprach: von den anderen oder von sich selbst. Um diesen Begriff attraktiv zu erhalten, mußten an den Rändern rechts und links die Gefahren fixiert werden. So konnte Glotz schon an diesem Februartag keine Garantie mehr geben, kein »Versprechen«, daß die Partei bis 1984 im Amt bleibe. Seit dem Sommer habe die Koalition zweimal »vor dem Platzen« gestanden.

Klar, der scheinbare Lösungsvorschlag des »komplizierten Kompromisses« hält alles offen: Peter Glotz gibt er die Gelegenheit, seinen Standort zu festigen, der Partei die Möglichkeit, Angebote zu machen, dem Wähler die Chance, einen so unattraktiven Begriff als Parole der achtziger Jahre zu erkennen.

Weitere Resultate der Zangengeburt (Phase II)

Der Weg war bereit, geöffnet, nun mußte man ihn mit Vorsicht sichern. Schon am 14. 2. betont Glotz, daß die SPD mit besonderer Aufmerksamkeit auf die Meinung der Gewerkschaft eingehe und gerade um die genaue Kenntnis dieser Meinung bemüht sei. So vorbereitet, kann er Tage später ergänzen: auf dem Münchener Parteitag werde der Nato-Doppelbeschluß nicht gefährdet sein. Die Partei werde entschieden für den »Leitantrag« eintreten. Er erwarte eine Mehrheit von 80 Prozent. Darauf aufbauend, kann er auf dem Landesparteitag der Berliner SPD am 20. 2. seine Unsicherheit darüber bekräftigen, ob die Regierungskoalition in diesem Jahr noch im Amt bleibe. Ja, die Partei wolle an der Regierung bleiben, aber kein Sozialdemokrat dürfe an ihrem Sturz mitarbeiten. Dieser Stillhalteappell unterstützt seine offen geäußerte Sorge, die Partei könne – um des Regierens willen – ihre »Identität« verlieren.
Auf diese Weise hat Glotz leichte Zugeständnisse an die rechte Flanke gemacht. Er zeigt sich gewerkschaftsfreundlich, er will die »Identität« der Arbeiterpartei nicht aufgeben. Innerhalb der SPD hat sich inzwischen ein neuer Kreis konstituiert, der die Anregungen der »Konsens-Papiere« von Eppler und Löwenthal (endlich miteinander in den Dialog zu kommen) aufgreifen will. Es ist einer der ersten Kreise, der sich diese Vermittlertätigkeit zutraut. Weil so manches Vorstandsmit-

glied sich nicht berücksichtigt findet, bricht eine heftige Kontroverse in der Partei aus. Der Kanzler übt Kritik an der »Kreiselei«, Brandt und Glotz, die die neue Konzeption anfangs befürwortet hatten, ziehen sich langsam zurück. Am Ende nimmt Glotz nicht an den Treffen dieses Kreises teil. Die Nuance, die er hier aufgegeben hat, hat er an anderer Stelle eingebracht, an der Seite der Gewerkschaften.
Niemand also wird ihm im März einen Vorwurf gemacht haben, als die SPD bei den Kommunalwahlen in Schleswig-Holstein erneut hoch verlor. Stimmenverluste waren nämlich vor allem in den Arbeitervierteln zu verzeichnen. Glotz hatte es ja noch vor wenigen Tagen gesagt: man müsse sich mehr um die Gewerkschaften kümmern. Bei einer Sitzung des Präsidiums fehlte der Kanzler. War am Ende doch das Regieren an allem schuld? Verlor die Partei ihre »Identität«? Oder verlor Glotz seine »Identität«?
Glotz wußte, wie die zu erhalten und zu erreichen war. In einem Buch mit dem Titel *Die Beweglichkeit des Tankers. Die Sozialdemokratie zwischen Staat und neuen sozialen Bewegungen* hatte er sich dazu geäußert:

> Es geht also um die »Einheit einer unverwechselbaren Lebensgeschichte« – und die ist in unserer Gesellschaft nur unter Aufbietung aller Kräfte, in schwerem Konkurrenzkampf zu erjagen.

Auch um diese »Einheit« seiner Geschichte zu erhalten, hat Glotz dieses Buch gerade im Frühjahr 82 vorgelegt. Die ersten Besprechungen erscheinen vor dem Beginn des Parteitags, geschickt suggeriert der Titel, die Partei (der »Tanker«) sei schwer beweglich; um diese Beweglichkeit zu erhalten, müsse ein beweglicher Tankwart her. Solche mittelmäßigen Pointen tun im Tagesgerede große Wirkung, sie helfen, die Unentbehrlichkeit eines Politikers zu bestätigen. Im *Spiegel* wird Günther Nenning, der das Buch rezensiert, in die gestellte Falle

laufen und schreiben: »Er (Glotz) füllt Super in alle ihm zugänglichen Löcher des braven alten Fahrzeugs.«
Diese Komplimente bauen am Ruf. Noch im März – knapp vor den Landtagswahlen in Niedersachsen – meldet Glotz nacheinander seine Kandidatur zum Präsidium und zum Vorstand der SPD an. Er könnte sich eine Kandidatur ersparen, er sitzt kraft seines Amtes sowieso in diesen Gremien. Aber er kandidiert, denn er weiß, daß ein Verzicht als Schwäche ausgelegt werden könnte. Nachdem er den Kontakt zu den Gewerkschaften wieder aufgenommen hat, läßt er durchblikken, daß seine Rede auf dem Münchener Parteitag sich besonders mit dem Kontakt zu den Gewerkschaften beschäftigen wird.
Bei den Wahlen in Niedersachsen verliert die SPD inzwischen 55 000 Stimmen an die CDU, 50 000 Stimmen an die Grünen, ca. 47 000 Stimmen an die FDP, 36 000 frühere SPD-Wähler gehen nicht wieder zur Wahl. Der Schock ist beträchtlich, und Glotz korrigiert erneut. Nachdem er den Kontakt zu den Gewerkschaften wiederhergestellt hat, stellt er nun den zur FDP wieder her. Gelegenheit bietet ihm eine Sendung der »Bonner Runde« (25. 3. 82), an der er zusammen mit Stoiber, Biedenkopf und Verheugen teilnimmt. Glotz betont, man müsse die Anstöße der Grünen aufnehmen, sich aber mit ihnen auseinandersetzen, das Gerede in der Koalition müsse aufhören, man müsse klarer miteinander reden. Er wiederholt seine (inzwischen bekannte) Strategiesynthese: die etablierte Politik sei noch nicht in der Lage, die komplizierten Probleme der Menschen zu lösen. *»Komplizierte Kompromisse«* will er herstellen – das hat er auf der Rückseite seines Buches in großen Lettern vermerken lassen, von nun an soll dieser Begriff seine Wirkung tun.
Er tut seine Wirkung. Schon kurz nach der Sendung der »Bonner Runde« konstatieren Journalisten »einen interessanten

öffentlichen Gedankenaustausch zwischen Verheugen und Glotz«. Glotz – so wird bestätigt – habe zu erkennen gegeben, »daß die großen sozialen Sicherungssysteme angesichts eines geringeren wirtschaftlichen Wachstums möglicherweise weiter konsolidiert werden müßten«.

So hat er wieder einen kleinen notwendigen Schritt gemacht, ein Stück weg von den Gewerkschaften (denen seine Parteitagsrede gelten soll), ein Stück hin zur Dialogfähigkeit der Koalition. Er ist damit auf den Parteitag in beinahe idealer Weise vorbereitet.

Wer hat das bemerkt? Ich vermute, so schnell niemand. Denn Glotz steht ja noch nicht im ersten Glied der Partei. Übertriebene Medienaufmerksamkeit gilt ihm keineswegs. Drei Tage vor Beginn des Parteitages erscheint jedoch in der *Zeit* eine Rezension seines neuen Buches von Gunter Hoffmann. Dort findet sich ein – wie ich damals glaubte – völlig unerwarteter, mich überraschender Satz. Hoffmann fragt: »Es fällt nicht immer leicht zu unterscheiden, was den nervösen, hellwachen Glotz eigentlich umtreibt: Das brennende Interesse daran, die SPD regierungsfähig zu halten, oder auch die Absicht, eine bestimmte Politik durchzusetzen?«

Die Frage trifft. Welche Politik will Glotz durchsetzen? Seine (charakteristische) Antwort würde lauten: eine Politik der »komplizierten Kompromisse«, eine Politik des Dialogs. Nur wenige werden sich gefragt haben, ob das noch eine Politik ist. Peter Glotz aber wußte, wo er sich auf dem Münchener Parteitag einzuordnen hatte: nicht in der Arbeitsgruppe Wirtschafts- und Beschäftigungspolitik, auch nicht in der Arbeitsgruppe Friedens- und Sicherheitspolitik, sondern in der dritten, in der Arbeitsgruppe »Organisationspolitik«. Einige Tage, bevor alles begann, hatte er laut darüber nachgedacht, ob man den Arbeitern in der Partei nicht wieder mehr Stimme und Gewicht geben solle.

Seit langem hat Glotz auf diesen Parteitag hingearbeitet; auf ihm wird es schließlich zu Vorstandswahlen kommen, die über seine Stellung in der Partei einiges aussagen werden. In der Arbeitsgruppe III muß er zugeben, daß der Mitgliederschwund noch größer ist als angenommen. Arbeiter stellen jedoch noch immer den größten Anteil an der Mitgliederschaft. Glotz schlägt eine Wiederbelebung der Arbeit der Ortsvereine vor. Insgesamt macht er klar: die SPD sei keine Schutztruppe für Regierungen und Verwaltungen. Wenn sie ihre Identität behalten wolle, müsse sie sich als Partei der Arbeit und der Arbeiter konturieren. Daher tritt die Partei nun (deutlich abgesetzt vom Koalitionspartner) für ein mittelfristiges staatliches Investitions- und Vollbeschäftigungsprogramm ein, das durch eine zeitlich befristete Ergänzungsabgabe, eine allgemeine Arbeitsmarktabgabe und über weitere Steuererhöhungen finanziert werden soll. So etwas hatte Glotz schon sehr früh angeregt. Mit der deutlichen Betonung, die Arbeiter (die Stammwähler) wiederzugewinnen, stellt er sich an die Spitze der Kritik am Koalitionspartner, indem er sich an die Spitze der Kritik am unentschiedenen Kurs seiner Partei stellt. Plötzlich sieht es so aus, als interessierte sich kaum noch einer für die sozialen Bewegungen, die »Vespers«, die Anarcho-Spontis. Es muß Glotz klar gewesen sein, daß man über die auf einem Parteitag nicht sprechen konnte.
Bei der Wahl zum Vorstand erlebt er den bisher größten Erfolg seiner Karriere. Er erhält 368 Stimmen, eine Stimme mehr als Rau, 3 Stimmen mehr als Schmidt, 20 Stimmen weniger als Brandt – jedoch insgesamt das fünftbeste Ergebnis. In der Führungsschicht hat sich einiges getan. Rau ist ganz nach oben gerückt, Vogel hat mit seinem Wahlergebnis Brandt noch übertroffen – und Glotz steht nun endlich da, wo er hin-

drängte, in der ersten Linie der Partei. Die Wahlen profilieren ihn im inneren Zirkel der Macht. Er ist das jüngste der Vorstandsmitglieder, die mit einer hohen Stimmenzahl gewählt wurden.

Intensivierung der Krise

Mit dem Münchener Parteitag hat die SPD einen entscheidenden Schritt getan, dem Ziel einer neuen Solidarität näherzukommen. Die letzten Photos demonstrieren keine Einigkeit, sie beweisen eine Annäherung der Vorstandsmitglieder in dem Willen, diese Solidarität zu einer gefestigten ›Identität‹ zusammenfließen zu lassen. Wie konnte Glotz diese Veränderung begreifen?

Schon in seinem Tagebuch hatte er ein neues »Organisationsethos« für die Partei gefordert. Das Wort war geschickt gewählt. Ein Ethos sollte her, das sich auf die *Organisation* gründete, jene Mitte der Partei, in der er selbst arbeitete. Gelänge es der SPD, dieses Ethos zu gewinnen, so »hätte sie eine Chance, von der ›Privatsubjektivität‹ ihrer Mitglieder nicht zerredet zu werden«. Ja, jeder Blick auf die ›Privatsubjektivität‹ konnte Glotz nicht willkommen sein, schon aus persönlichen Motiven nicht. ›Privatsubjektiv‹ ist man in der von ihm kultivierten Weise nur, wenn man sich organisiert; falsch ›privatsubjektiv‹ (mit dem »blinden Glauben an das Ich« ausgestattet) sind dagegen jene, die egozentrische oder egoistische Motive in das Parteileben einpflanzen wollen. Die einen »reden« (dialogisieren), die anderen »zerreden«. Solidarität konnte Glotz also willkommen sein, man mußte sie nur als »Prinzip«, als Taktik begreifen, die innerhalb der Partei ihre Wirkung tun sollte. Um so notwendiger war es aber nun, auf *die* zu deuten, die dazu nicht fähig (nicht »dialogfähig«) waren.

Ende Mai (Glotz war inzwischen in die USA gereist, nachdem Reagans Verhandlungsvorschläge zum Abbau der interkontinentalen Atomwaffen bekannt geworden waren, die Glotz als Reaktionen auf die Friedensbewegung gewürdigt hatte, um sofort Kontakt zu Mitgliedern dieser Bewegung aufzunehmen) – Ende Mai also war der Parteivorstand zum ersten Mal nach dem Parteitag zusammengekommen. Auf Vorschlag von Glotz werden drei »Ad-hoc-Gruppen« eingesetzt, die »*Handlungs*vorschläge« ausarbeiten sollen. Weiterhin sollen noch in diesem Jahr zwei Foren in der Parteizentrale zu wichtigen »Fragen« veranstaltet werden. Die neuen Gruppen, die Foren – sie geben die Gelegenheit, das »Prinzip« Solidarität im Dialog einzuführen, es andererseits von aller Sterilität fernzuhalten, indem man an einem verästelten Bild von Gruppen und Kommissionen festhält. Glotz ist Vorsitzender der Kommission Organisationspolitik, weiterhin gehört er der Kommission Medienpolitik an. Doch nun müssen dringend die Abgrenzungen nach innen und außen erfolgen.

Dies geschieht in drei Schritten. Die Hamburger Bürgerschaftswahl Anfang Juni profiliert den ersten. Glotz kritisiert die Grünen, indem er ihnen »Politikunfähigkeit« vorwirft. Damit öffnet er der SPD nach der Wahlniederlage die Möglichkeit, Kontakte zu den Grünen zu knüpfen, die auf einen solchen Vorwurf auch sofort reagieren und bald in Vorverhandlungen treten. Der Jusokongreß in Lahnstein gibt Glotz dann Gelegenheit, die Abgrenzung nach innen vorzunehmen. Er tritt dort als Redner auf. Die gellenden Pfiffe, die er zu hören bekommt, veranlassen seine bekannte Reaktion. Nach einem Bericht der *Frankfurter Allgemeinen Zeitung* verläßt er »wutschnaubend ob der illoyalen Kritik« den Saal. Die Dialogforderung tut zwar anscheinend keine Wirkung, andererseits zeigt die massive Kritik der Jusos an seinem Kurs den anderen Parteiflügeln, daß er, Glotz, noch immer nicht links, sondern in der Mitte (organisierend) steht. Den dritten Abgrenzungsschritt löst die Entscheidung der hessischen FDP, mit der CDU zu koalieren, aus. Sie läßt Glotz zu einer »Doppelstrategie« greifen: in Bonn will man »sozialliberale Ideen« erhalten, in Hessen offensiv angreifen.

Diese drei Schritte haben einen quasi-dialektischen Zuschnitt. Sie gehen immer nach demselben Prinzip vor: den Gegner anzugreifen, ihn fortzudrängen, um dadurch Druck auf ihn auszuüben, der erst im Dialog entweichen kann. In Hamburg wird daher mit den Grünen verhandelt, die Jusos werden ins Gespräch gezogen und die FDP zu Entschlüssen in der Verhandlungsrunde Ende Juni getrieben. Gleichzeitig wahrt diese Strategie dreier Schritte das »Prinzip« Solidarität, ja sie bringt es sogar besonders zum Tragen. Daher ist sich Glotz sicherer als andere Beobachter, daß die SPD »entschlossen und geschlossen« in die entscheidenden Verhandlungsrunden gehe. Am 21. Juni versammeln sich die Verhandlungsführer der SPD um 13 Uhr beim Kanzler. Glotz gehört als Vertreter der Parteiführung dazu.

In diesen Verhandlungen bewährt sich die seit dem Parteitag eingeschlagene Strategie. Sie sichern das »Prinzip« Solidarität, indem sie bis zum möglichen Ende der Koalition geführt werden. Am 30. Juni (19.30 Uhr) scheint dieses Ende besiegelt. Die Partei hätte ihre »Identität« unter schwersten Opfern wiedergefunden. Um 20.30 Uhr hat man sich – nach einem letzten Klärungsgespräch zwischen Schmidt und Genscher – doch noch geeinigt. Damit hat man – unter Betonung der »Identität« – die Dialogfähigkeit erhalten. Der erste Anlauf zur Auflösung der Koalition ist getan. Diese Auflösung erst wird der Partei beide Elemente der Strategie in vollem Sinne zurückgeben. Sie wird ihre Identität (für Momente) durch Solidarität wiederherstellen (ein »neues Organisationsethos« schaffen, wie Glotz sagen würde), *und* sie wird die Dialogfähigkeit in nur *eine* Richtung ausdehnen, hin zu den sozialen Bewegungen, den Grünen, den Alternativen.

Ich habe schon früher deutlich gemacht: die Dialogfähigkeit in der Koalition mußte in Stufen geschwächt, die Regierungsverantwortung in maßvoller (unabsichtlicher) Zügelung aus der Hand gegeben, die Erneuerung der Partei mußte betrieben werden. Das alles aber sollte gleichzeitig geschehen. Am Ende konnte nur die Abgabe der Regierungsverantwortung stehen. Erst diese gab der gesamten Partei ihre ›Wende‹: sie sammelte sie unter neuen Ansprüchen, neuen Zielen, neuen Führern (wie Vogel, dem sich Glotz bald zugesellen würde). Ein doppelter Dialog (in Richtung Koalition *und* in Richtung der Alternativen) konnte jedoch auf die Dauer nur zu einem völligen Stillstand politischen Handelns führen, einem Stillstand, der höchstens noch mit dem Begriff des »komplizierten Kompromisses« attraktiv zu machen war (was wahltaktisch natürlich nicht gelingen konnte).

Man erkennt nun deutlich, wohin die Reise geht. Es erscheint paradox, aber Glotz steht am Ende dieses langen Prozesses, der sich nun bis zum 1. Oktober hinschleppen würde, als erfolgreicher Parteitaktiker da. Erst nach der Aufgabe der Regierungstätigkeit wird sich die Partei sein Konzept des Dialoges in ganz wirksamer Weise zu eigen machen können. Vorher aber mag es ihr eher geschadet haben. Jedenfalls hat es Entschlüsse verzögert, Taktik an die Stelle von Politik gesetzt. Daß dies alles aber niemanden daran denken ließ, Glotz zu kritisieren, belegt die Souveränität seiner Praxis, jener anhaltenden Flucht von links nach rechts, von rechts nach links. Man hätte genauer hinhören sollen. Hatte er nicht davon gesprochen, daß man die Regierungsfähigkeit »*nachweisen*« und sich gleichwohl »dem Wandel *öffnen*« müsse? Hatte er

nicht auf dem Jusokongreß davon abgeraten, einen »unheimlich starken Abgang« zu suchen und damit den Jusos, die strikt eine Erneuerung der SPD in der Opposition forderten (was – taktisch gesehen – unmöglich zuzugeben war), nahegelegt, nach einem solchen »unheimlich starken Abgang« zu suchen, anstatt dummdreist einen freiwilligen Verzicht anzumelden? Daher wird Glotz wahrhaftig empört gewesen sein, als Politiker wie Lafontaine und Gaus diesen Verzicht ebenfalls forderten. Sie kompromittierten sich durch diese Forderung, sie erwiesen sich als schlechte Taktiker, nicht als »dialogfähig«. Die Devise mußte lauten: solange wie möglich zu dialogisieren, im rechten Augenblick aber die entscheidenden neuen Dialogformationen zu bilden. Daß die FDP diesen Augenblick verpaßte, brachte ihr die Spaltung, daß die SPD ihn traf, brachte ihr jenes nur durch besondere Stimmungen, besondere »Angebote« herstellbare große Wählerpotential wieder ein. Es war das Wählerpotential, das Glotz an die Partei binden wollte. Eben deshalb war es nicht unangemessen, am Anfang dieses Aufsatzes davon zu sprechen, daß nicht Peter Glotz das Problem dieser Partei lösen, sondern daß es sich beinah von selbst lösen werde – freilich muß man hinzufügen, daß diese Lösung ihm gleichsam erst seine »Wiedergeburt« schenkte, jenem »Dialogiker« also, der in den solidarischen Reihen der Linken wie der Rechten stand und nun endlich mit allen (geeinten) Kräften beginnen konnte, die »sozialen Bewegungen« auf die SPD zurückzuführen. Deshalb ist er in diesem Jahr einen großen Schritt vorwärtsgekommen.
Ich werde am Ende noch skizzieren, wie er die letzte Phase dieses Schritts miterlebte und nichts aus den Händen gab. Vorerst ließen die heißen Sommerwochen ja etwas Zeit zum Urlaub. Glotz wechselte sich mit Rau in der Parteizentrale ab (die Umfragen fixierten die SPD noch bei 30%), dann brach auch er auf und fuhr nach Malta. Vielleicht plante er auch

zusammen mit seiner Frau den Umbau eines Einödhofes im bayerischen Landkreis Freising. Der CSU-Landrat Ludwig Schrittenloher jedenfalls schritt dagegen ein. Drei morsche Mauern waren abgerissen worden, was in seinen Augen aus einem genehmigten Umbau einen Neubau gemacht hatte. (Man könnte – ironisch – einmal sagen, daß er mit dieser »Neubauthese« im übertragenen, einem metaphorischen Sinn recht gehabt hatte. Zwischen Umbau und Neubau ist im Falle von Peter Glotz immer schwer zu entscheiden.)

Die »Wiedergeburt«

Das Tempo beschleunigt sich. Nach den Sommerferien meldet sich Glotz Mitte August mit einer Fülle neuer Forderungen und Ansätze, die in der Presse großes Aufsehen machen. Er legt der SPD eine veränderte Theorie des Wohlfahrtsstaates nahe, er strebt eine Art universaler Analyse an, ja er scheut sich nicht, seiner Partei den guten Rat zu geben, die Gründung von Freizeitclubs ähnlich denen der Labour-Party auf Malta, die er gerade kennengelernt hatte, »weiterzuverfolgen«. All diese Auftritte dienen dem Ziel, nach den Ferien so schnell wie möglich Reaktionen herauszufordern, die Arbeit der Partei wieder in Gang zu setzen. Bis zu den hessischen Wahlen ist es nicht mehr weit. Sie markieren einen entscheidenden Punkt, Glotz weiß, daß von ihnen alles abhängt. Ende August eröffnet die SPD den Wahlkampf mit einer Großkundgebung in Wiesbaden, zu der 30 000 Zuhörer kommen. Bis zu den Wahlen muß die Strategie festgelegt sein, die über die nächsten zwei Jahre entscheidet. Noch im August kritisieren FDP-Politiker die Verhandlungsbeschlüsse, Lambsdorf geht davon aus, man müsse Anfang Oktober neue Daten für den Haushalt vorlegen. Dieses Datum setzt ein Signal. Anfang Oktober – das meint: nach der Hessen-Wahl, die Lambsdorff als eine Art Probewahl für die Koalition von CDU und FDP empfindet. Ein Parteitag der FDP könnte später die Zustimmung für einen Wechsel erreichen. Daher ist die Formulierung Helmut Schmidts, die nach den Sommerferien einsetzende Kritik der Verhandlungsbeschlüsse durch FDP-Politiker beeinträchtige den »Handlungsspielraum« der Regierung, leicht zu verstehen. Wahrhaftig wird der Kanzler gedrängt, sich bis zur Hessen-Wahl endgültig festzulegen, um den rechten Zeitpunkt nicht zu verfehlen. Von nun an werden die Prozesse, die zuvor dem größten Teil der Bevölkerung wenig bedeutet haben werden, öffentlich. Jeder Tag bringt eine Zuspitzung. Das schwache, anhaltende Säuseln vor eingeschalteten Mikrophonen wird stärker, die Besuchertribünen im Bundestag füllen sich. Die offene Lage muß geklärt werden. Von dieser Notwendigkeit sind alle folgenden Aktionen geleitet, bei denen der Kanzler mit einzigartiger Klarheit die Kontrolle übernimmt. Den Gegner herausfordern! Ihn festlegen! Lambsdorffs wirtschaftspolitische Thesen geben den gewünschten Anlaß, die Herausforderung aufzunehmen. Von nun an steht fest: man wird die FDP in die Ecke drängen. Der Weg kann nur noch geradeaus verlaufen. Am 15. 9. 82 trifft sich der innerste Zirkel der Partei im »Frankfurter Hof«, um dort zu dinieren. Am Nachmittag desselben Tages erlebe ich Peter Glotz bei einer Tagung der Friedrich-Ebert-Stiftung. Er »moderiert« ein Forum, zur Debatte steht eines seiner Lieblingsthemen, der »Neokonservatismus«. Er hat es geschafft, daß dieses Thema ernst genommen wird. Jürgen Habermas hält das Hauptreferat, und es wird ein typisches Habermasreferat: kompetent, informiert, eine Genealogie des »Neokonservatismus«, wie Alexander Kluge dann lobend sagen wird. (Man könnte über dieses Thema eine eigene Studie skizzieren; seine

Aktualisierung ist schon ein Teil einer Strategie, die über das Ende der Regierungskoalition hinausgreift. Der Begriff des »Neokonservatismus« sammelt die Vorwürfe gegen die Unionsparteien zu einem universalen Schreckbild hoffnungsloser Veraltetheit. Massiv erhoben, sollen diese Vorwürfe später einmal Reformfähigkeiten frei machen usw.) Zwei Tage später ist es soweit, die Minister der FDP treten zurück.

Einen Tag darauf kommentiert Peter Glotz das Ereignis bei einem Bürgerfest der SPD in Nierstein am Rhein. Es sind nicht viele Zuhörer gekommen, der Kreis ist intim. Hier wird er Entscheidendes sagen. Der Bundeskanzler – wird er sagen – habe dem Taktieren von Genscher ein Ende gesetzt. Das trifft tiefer. Die Zeit des Taktierens ist zu Ende, das will er sagen. Man biete den freidemokratischen Freunden eine »Heimat«. Mit diesem Angebot eröffnet er den sozialliberalen Zustrom zur SPD, der neue Parteibildungen verhindern und das ehemalig gemeinsame Wählerpotential sammeln soll. Drittens – die SPD trete nun in die »Periode der Regeneration«, die größten Chancen bestünden für das Ende der achtziger Jahre. Man sieht: Glotz selbst hat die »Wiedergeburt«, die nicht zuletzt die Wiedergeburt seiner ganzen Möglichkeiten ist, die nicht mehr durch Rücksichten gebremst sind, begriffen. Ende der achtziger Jahre wird er eine führende Stellung in der Partei einnehmen.

Die Hessen-Wahl macht die Probe auf diese Erneuerung. Glotz kann es sich nicht verkneifen, er reist nach Wiesbaden, er will am Ort selbst sein, und er tritt am Abend, als die völlig überraschenden Wahlergebnisse bekannt werden, die der SPD einige Hoffnung machen, als einer der ersten Politiker im Fernsehen auf. »Was führt Sie denn hierher?« fragt der erschrockene Interviewer. Nein, er konnte nicht wissen, was Peter Glotz nach Wiesbaden führte: die Bestätigung des Tri-

umphes, die richtige Taktik zur rechten Zeit als *seine* Taktik erkennen zu können.
Von nun an dient alles der Einstimmung auf die neue »Periode«. Die SPD suche – so erklärt Glotz – das »Bündnis mit den grünen Wählern«. Er warnt wiederholt vor »faulen Kompromissen« (gewiß, es müssen »komplizierte« sein). In den neuen Bundestag will Peter Glotz nun auch als Abgeordneter einziehen. Niemand weiß allerdings so recht, wo ihm das gelingen soll. Einerseits könnte er einen Platz auf der Berliner Landesliste finden, aber die Berliner drängen ihn, es in Bayern zu versuchen, während die Bayern es lieber hätten, er würde es in Berlin schaffen. Er legt sich nicht fest. Die Grünen – so argumentiert er nach deren Hagener Parteitag – seien noch nicht »regierungsfähig«. Exakt – sie brauchen es im kommenden Jahr der Wahl auch noch nicht zu sein. Das wäre verfrüht. Aber »dialogfähig« – das müssen sie werden. Petra Kelly hat Willy Brandt einen offenen Brief geschrieben. »Keine faulen Kompromisse« wiederholt Glotz, lieber »ernsthafte Abreden«. Ende November zieht er sein abschließendes Resümee: zum ersten Mal zeigt er so etwas wie gefühlvolle Überwältigung. Die »schöne große SPD« habe in diesem Jahr eine gewaltige *»Verarbeitungskapazität«* bewiesen. Wahrhaftig: diese Partei hat verarbeitet, was kaum einer von ihr erwarten konnte. In einem Jahr die Führung auszutauschen, die Erneuerung in der Opposition einzuleiten, von beinahe 30% auf über 40% der Wählerstimmen zu kommen.
Peter Glotz konstatiert: dieses Jahr legte den Grundstein für den anzustrebenden Erfolg der Sozialdemokraten, die davonlaufenden Wählerschichten, die Bewegungen und Zirkel, die »Vespers« und Spontis, wieder an die Partei zu binden. Er stöhnt auf. In der Nr. 45 des *Spiegel* vom 8. November 1982 leitet Glotz den Blick auf die Zukunft ein. Das Magazin beginnt mit dem Vorabdruck seiner Studie *Student heute*. Es ist

eine soziologische Studie – scheinbar. Das Thema aber ist (im verborgenen) das Thema des Peter Glotz. Denn er will wissen, »was sich in den Köpfen der Kopfarbeiter in den letzten zwei Jahrzehnten verändert hat«. Ja, man weiß nun, was ihn interessiert, was ihn quält, was ihn nicht zur Ruhe kommen läßt.

Rück- und Ausblick

1919 hatte der Soziologe Max Weber seinen berühmten Vortrag *Der Beruf zur Politik* gehalten. Darin hatte er sich gleich im ersten Satz gefragt, was denn die Politik als Beruf an inneren Freuden biete und welche persönlichen Vorbedingungen sie bei dem voraussetze, der sich ihr zuwende. Max Weber hatte damals festgehalten, daß die Politik vor allem ein bestimmtes Machtgefühl gewähre. Sie verschaffe dem Politiker das Bewußtsein, einen Einfluß auf Menschen nehmen zu können. Um diesen Einfluß positiv zu gestalten, müsse sich der Politiker an drei Qualitäten orientieren: er müsse Leidenschaft (im Sinne von Sachlichkeit) entwickeln, er müsse von einem starken Verantwortungsgefühl geprägt sein, er müsse Augenmaß (als Distanz zu Dingen und Menschen) besitzen. All diese Qualitäten müßten sich im idealen Falle zu jenem *Dienst an der Sache* verbinden, der das eigentliche Ziel politischen Wirkens ausmache. Max Weber faßte zusammen:

> Es ist durchaus wahr und eine – jetzt hier nicht näher zu begründende – Grundtatsache aller Geschichte, daß das schließliche Resultat politischen Handelns oft, nein: geradezu regelmäßig, in völlig unadäquatem, oft in geradezu paradoxem Verhältnis zu seinem ursprünglichen Sinn steht. Aber deshalb darf dieser Sinn: der Dienst an einer *Sache*, doch nicht etwa fehlen, wenn anders

> das Handeln inneren Halt haben soll. *Wie* die Sache auszusehen hat, in deren Dienst der Politiker Macht erstrebt und Macht verwendet, ist Glaubenssache. Er kann nationalen oder menschheitlichen, sozialen und ethischen oder kulturlichen, innerweltlichen oder religiösen Zielen dienen, er kann getragen sein von starkem Glauben an den »Fortschritt« – gleichviel in welchem Sinn – oder aber diese Art von Glauben kühl ablehnen, kann im Dienst einer »Idee« zu stehen beanspruchen oder unter prinzipieller Ablehnung dieses Anspruchs dienen wollen – immer muß irgendein Glaube *da* sein. Sonst lastet in der Tat – das ist völlig richtig – der Fluch kreatürlicher Nichtigkeit auch auf den äußerlich stärksten politischen Erfolgen.[6]

Ich habe die Anstrengungen des Politikers Glotz auch deshalb so ausdauernd verfolgt, weil ich zeigen wollte, wie sich Politik heute im Gegensatz zu jenen idealen Maßstäben genauer beschreiben läßt, die Max Weber 1919 aufstellte. Deutlich wurde dabei, daß eine derartige Politik von anderen Voraussetzungen getragen wird: die *Sache*, der sie dienen könnte, tritt nicht mehr eindeutig in Erscheinung. Im Falle des Peter Glotz hat sie sich zu einem unauflösbaren Amalgam aus privaten Antrieben und öffentlichen Wirkungen, zu einer *Taktik des Dialogs*, verdichtet.

So konnte ich zeigen, wie diese Dialogstrategie 1981/82 dazu diente, die Flügel der Partei aufeinander zu beziehen, Verbindungen nach außen (den Alternativen und Grünen) zu knüpfen und drittens die Regierungsfähigkeit der Partei möglichst lange zu beweisen. Gerade diese angestrebte Gleichzeitigkeit der drei Momente überforderte jedoch die Möglichkeiten der Strategie. In der Praxis führte sie mit der Zeit zum Auseinanderdriften der Dialogstränge bis hin zum Ende der Koalition, das die Flügel der Partei für einen historisch entscheidenden Moment wieder zusammenbrachte und ihre volle Dialogfähigkeit wiederherstellte. So führte dieser taktische Weg inner-

halb der SPD zu einer vorübergehenden Wiedergeburt des Prinzips »Solidarität«.
Die künftigen Konstellationen deuten sich daher bereits in diesen entscheidenden Jahren an. Die innere Balance der Partei war regeneriert worden; auf dem Kölner Parteitag des Jahres 1983 konnte sie sich neu- und umorientieren. Daß dies ohne den Verlust eines großen Wählerpotentials möglich war, konnte als ein Verdienst der Glotzschen Strategie erkennbar werden.
Die Politik aber, die Glotz in so souveräner Weise betreibt, löst gegenwärtig immer mehr die Politik alten Stils, wie sie Max Weber noch beschrieb, ab. Der strategische Politiker neuen Typs ist nicht mehr an unveränderliche Sachen gebunden. Diese spielen im politischen Geschäft eine immer geringere Rolle. Sollen die drei noch immer lebensnotwendigen Qualitäten (Leidenschaft, Verantwortungsgefühl, Augenmaß) vielmehr vollständig in Erscheinung treten, so müssen sie jetzt einem *Dienst an den Begriffen* geopfert werden. Die komplexe Mediengesellschaft verführt dazu, politische Themen begriffsgewandt, zugespitzt, ›dialogergiebig‹ *aufzugreifen* und zu *verwerten.* Sie verlangt von ihren jungen, aufstrebenden Politikern (zu deren geistiger Physiognomie Peter Glotz gewiß mehr beigetragen hat als jeder andere) statt eines deutlicheren, von der Sache geprägten Profils den Elan unüberbietbarer Kompetenz. Nur hat diese Kompetenz ihr Gebiet verloren; sie stochert im Leeren herum, sie macht den, der sie auszuüben versucht, zu einem Atemlosen, einem Gehetzten, der den Mangel an früher einmal geforderten Stabilitäten durch einen lebenslangen Übereifer auszugleichen versuchen wird. Man könnte Peter Glotz als einen solchen Politiker der ›Neuen Sachlichkeit‹ bezeichnen. Ihm verhalfen seine unbestrittenen Fähigkeiten, Zusammenhänge schnell zu durchschauen, das Wesentliche schlagwortartig immer wieder zu erinnern, zu ei-

ner Position, die ihm in beinahe einzigartiger Weise angemessen war. Freilich drängten viele (innere) Momente seines Erlebens aus dieser Position heraus. Sie lassen ihn dann zugeben, daß er des Managements überdrüssig sei, daß er sich lieber auf die Stelle eines Generalsekretärs zurückziehen würde, der ausschließlich damit beschäftigt wäre, politische Entwürfe zu liefern. In solchem Überdruß flackert gleichsam die Sehnsucht nach den Sachen wieder auf. Die Diskrepanz zwischen innerem Erleben und politischer Biographie konnte jedoch als Ausdruck einer Lebensgeschichte verständlich werden. Wenn Glotz über die »Beweglichkeit des Tankers«, wenn er über eine neue politische Kultur der Sozialdemokratie nachdachte, so formulierte dieses Nachdenken indirekt nur die Selbstreflexion eines Mannes, der aufgrund von psychischer Disposition, Herkunft und Entwicklung keine Möglichkeit mehr finden konnte, in einer Partei zur Ruhe zu kommen.

So ist es gewiß kein Zufall, daß die Bilder, die dieser Politiker von sich entwirft, nicht zur Deckung kommen. Die *Schatten*, die ihnen nachhängen, resultieren daraus, daß jedes dieser Bilder (des »Primaners«, des Intellektuellen, des Moderators, des Strategen, des Karrieristen) Fragen (*Köder*) aufwirft, die die anderen Bilder nie werden beantworten können. Zur *Beute* des politischen Handwerks wird dabei die Einheit eines Charakters: dieser verliert sich in anhaltender Unruhe, in unaufhebbarer Nervosität, in dauernder Selbstsuche.

Kaum anderthalb Jahre nach dem Verlust der Regierungsverantwortung der SPD mußte Peter Glotz daher ein neues Buch vorlegen, das seine Geschichte fortschreibt: *Die Arbeit der Zuspitzung*.

IV
Suchbewegungen der Lebensklugheit

Die Asketen wissen allein, was Wollüste sind. (Nietzsche)

Ein Kriegsheimkehrer

1946 kehrt Eugen Rapp aus amerikanischer Kriegsgefangenschaft in seinen Heimatort Stuttgart zurück. Die Schutthalden vor dem zerstörten Bahnhof sind da schon beiseite geräumt. Sogar die Straßenbahn der Linie Zehn, die Rapp zu seinem Elternhaus bringen soll, fährt wieder. Erstaunt steigt der ehemalige Soldat ein; die kontinuierliche Bewegung der Bahn überrascht ihn. Seit langem war er daran gewöhnt, zu verweilen, sich einem endlosen Warten zu ergeben. Nun verläuft die Heimfahrt beinahe zu schnell – draußen eilt alles vorüber, unaufhörlich, ein fließender Strom, wo in den Jahren des Krieges nur eine Wand aus Fremdheit war.

Doch Rapp ist vorsichtig; ein Glücksgefühl will trotz der während des Krieges kaum noch erhofften Heimkehr nicht aufkommen. Er hat weder eine Nachricht von den Eltern noch eine von der Freundin (Treutlein, Hanni); unklar ist ferner, ob das Elternhaus überhaupt noch steht, oben, in der Birkenwaldstraße. Die Lebensumstände, in denen Rapp groß wurde, haben sich völlig verändert, daher drängt ihm seine Vorsicht alle Zurückhaltung auf, so daß er sich nur widerstrebend von einer Straßenbahn, die es plötzlich eilig zu haben scheint, hinauffahren läßt. Auch als er ganz unerwartet Mutter und Schwester auf dem nahen Trottoir entlanggehen sieht, beruhigt er sich noch nicht; er wartet, bis er angekommen ist und den ersten Blick auf das Elternhaus werfen kann. ›Wahrhaftig‹ – da steht es beinahe unzerstört vor ihm. Erst jetzt, als er erschöpft vor den herbeigeeilten Eltern steht und sich von einem Abschnitt seines Lebens in einen gänzlich anderen versetzt sieht, schlägt es ihn beinahe um.

Doch der Schriftsteller Hermann Lenz, der die Heimkehr Eugen Rapps in seinem *Tagebuch vom Überleben und Leben* beschreibt, geht soweit nicht. Der Glücksmoment wird nur kurz festgehalten, als käme Rapp keinerlei Emphase zu. Eugen setzt sich auf die Treppe des Elternhauses, »jetzt fast ein bißchen schwindelig«, wie es heißt, »des Glückes wegen«.

Später erweist sich dieses Glück der Heimkehr dann als ein besonderes und vereinzeltes. Es wächst sich aus, es wird dem ehemaligen Frontsoldaten, der früher schon damit gerechnet hatte, das Leben zu verlieren, wie eine Gnade zuteil. Nicht nur das Elternhaus steht noch, nicht nur die nächsten Verwandten sind noch am Leben, auch die Freundin (Treutlein, Hanni), deren Schicksal als Halbjüdin während des Dritten Reiches schon beinahe besiegelt schien, hat den Krieg überlebt. Rapp erfährt, daß er sie bald in München wird treffen können.

Nach seiner Heimkehr deutet ein unscheinbares Detail schon an, warum diese Freundin fähig ist, Einfluß auf sein Leben zu nehmen, es mit zu gestalten. Denn als Eugen noch glückstrunken auf der Treppe des Hauses sitzt, fragt ihn der Vater, ob er schon »droben«, in seiner Stube gewesen sei. Rapp geht hinauf, und er erlebt, daß hinter der Dachbodentüre »der andere Bezirk« beginnt, sein eigener Lebensraum, den er beinahe alterslos wiederfindet: die Kommode des Großvaters, der alte

Schrank, der Schreibtisch, die Bilder. Auf dem Schreibtisch liegt eine Zeichnung, die Hanni Treutlein angefertigt hat. Auf ihr hat sie vermerkt, wo Eugen Rapp seine Bücher suchen muß. Während des Krieges waren sie im Keller geborgen worden, später jedoch hatte sie Hanni Treutlein wieder hinaufgeschafft und in einer provisorischen Ordnung im Zimmer untergebracht. Anhand ihrer Skizze erkennt Eugen nun genau, wo er das Notwendigste wiederfindet, »also beispielsweise Mörike und Grillparzer und Stifter, Schnitzler, Hofmannsthal und Thomas Mann«.

Die erneute Lektüre dieser Schriftsteller – das ahnt Eugen Rapp sofort – wird ihn wieder näher an etwas heranführen, das sich im geheimen vor dem Ausbruch des Krieges in seinem Inneren aufgebaut hatte. Daß die Bücher dieser Schriftsteller hier wieder stehen, hier, wohin sie gehörten, wo sie gewissermaßen eine Zuflucht, aber auch eine Phalanx bildeten, das macht den ehemaligen Soldaten schon etwas sicherer. Die Ordnung, die sich in diesem kleinen Raum wiederherstellen soll, ist die Ordnung seiner eigenen Lebensformen, seiner Lebenskultur. Denn so mag man es schon nennen: diese Rückkehr, dieses Wiederfinden – ein Wiederfinden einer längst verloren geglaubten Kultur. Es ist nun freilich die Frage, ob Rapp an diese Kultur mühelos wird anknüpfen können. Im Augenblick steht sie höchstens in Gestalt der Bücher unversehrt, bewahrt vor ihm und deutet auf die Existenz *des* Menschen hin, der während des Krieges soviel Sorgfalt aufbrachte, sich um sie zu kümmern: auf die Existenz von Hanni Treutlein nämlich, die inmitten all des Durcheinanders der Fliegerangriffe und Zerstörungen noch Aufmerksamkeit genug für die Ordnung dieser Bücher fand, ja diese sogar nach Kriegsende anhand eines Lageplans für den Heimgekehrten wiederherstellte, so daß er sie jetzt gleichsam ›abrufen‹ kann, um zu sehen, ob diese Ordnung noch etwas taugt.

Es ist also kein Wunder, daß ein Gedanke für Eugen Rapp immer mehr Gewicht und Nachdruck erhält: er muß an etwas anknüpfen, was einmal war, was hier – in der Abgelegenheit der Dachstube – einmal stattfand. Was dies Seltene oder Seltsame aber gewesen wäre, das vermag Rapp im Augenblick noch nicht deutlich zu sagen. Sicher ist vorläufig nur, daß es mit Hanni Treutlein und mit den Büchern, mit diesen Lebensordnungen privater Natur, zu tun hatte.

Von diesen unbestimmten Empfindungen empfängt Rapp zweierlei Anstöße. Zum einen nimmt er sich vor, berufslos zu bleiben und sich jetzt nicht ans ›Geldverdienen‹ zu machen. Zum anderen denkt er an die Heirat. Beide Überlegungen haben etwas miteinander zu tun, sie entspringen einer gemeinsamen Wurzel: diesem Blick auf die Ordnungen der Dachstube, in der Eugen Rapp ein neues ›Zuhause‹ gründen will. Rapp sucht die Beständigkeit. Nach einem durch den Kriegsbeginn abgebrochenen Studium, nach langen Jahren in Frankreich und Rußland will er nun zum ersten Male etwas zu Ende bringen. An die unterbrochenen Lebensphasen will er nicht mehr anknüpfen, jetzt will er ganz *das* sein, was er schon immer zu sein wünschte: ein Schriftsteller. Daher will er es sich nun ›leisten‹, für sich zu bleiben und zu schreiben: »Als ob du eine Last, die in deinem Kopf steckt, nur durch Schreiben leichter machen könntest.«

Obwohl ihm der Vater und ein befreundeter älterer Schriftsteller abraten, hält Rapp an dieser Idee, an die er wie durch einen Zwang gebunden ist, fest. Sie ist die leitende, zentrale Idee, die er aus seinen Lebensstationen gleichsam ›herauspräpariert‹ hat. Nie konnte er in der Vergangenheit dem nachgehen, was ihn beschäftigte, interessierte und ganz beanspruchte. Gerade jetzt, als alle beginnen, am ›Wiederaufbau‹ zu arbeiten, entschließt Rapp sich zu einer Verweigerung, die für ihn einen ›Wiederaufbau‹ eigener Art zur Folge hat: den seines Inneren nämlich, das während der letzten Jahrzehnte verschüttet zu werden drohte. Die abgelegene Dachstube ist der Bezirk *seiner* Arbeit, seines Schreibens, das er nun früh am Morgen aufnehmen wird. Er bleibt in dieser Stube nicht lange allein. Nach der Heirat mit Hanni Treutlein bewohnt das Paar gemeinsam diesen oberen Bezirk.

So haben sich die beiden Momente unauffällig miteinander verbunden: der Bereich der Bücher (des Schreibens) und der Hanni Treutleins (der Ordnungen erhaltenden Freundin) sind nun so eng miteinander verwachsen, wie es kein Wunschtraum während des Krieges hätte ausmalen können.

Ich werde später zeigen, wie es Eugen Rapp möglich war, seinen Lebensentwurf zu verfolgen und im Auge zu behalten; ich werde zeigen, wie er ihn während des Studiums entwikkelte und ihn während des Krieges als inneren Schutz benötigte. Dadurch könnten die politischen Umrisse dieses scheinbar nur privaten Lebensplanes sichtbar werden.

Bevor ich jedoch dazu übergehe, will ich versuchen, Rapps Leben im ›inneren Bezirk‹ mit einem philosophischen Gedanken von Lebensklugheit zu kontrastieren. Ich werde zeigen, unter welchen Voraussetzungen sich dieser Gedanke zum ersten Male deutlich herausbildete.

Im Garten Epikurs

Im Jahre 306 v. Chr. siedelte sich der Philosoph Epikur mit seinen Schülern in Athen an. Er hatte dort – wahrscheinlich von dem Vermögen, das seine Schüler zusammengebracht hatten – ein Grundstück mit einigen Gebäuden und einem bald bekannten Garten erworben. In diesem Bezirk entwickelte und vertiefte er in den folgenden Jahrzehnten seine Lehre. Er

sammelte einen immer größeren Kreis von Schülern um sich, die »Philosophie des Gartens (Kepos)« wurde berühmt und verbreitete sich bald in ganz Griechenland.
Schon in seiner Jugend hatte Epikur die Bedeutung und den Reiz philosophischen Fragens entdeckt. Allerdings war er nicht in Athen, sondern auf der ionischen Insel Samos groß geworden. So hatte ihn zunächst sein Vater unterrichten müssen; seit dem vierzehnten Lebensjahr hatte er auch Unterricht von anderen Lehrern erhalten.
Sechs Jahre vor seiner Geburt war Platon gestorben; die platonischen Lehren wurden in Athen zwar noch in den Akademien wachgehalten. Auch die aristotelische Lehre erfreute sich immer größerer Anerkennung. Dennoch scheint Epikur in den großen, systematischen Entwürfen dieser Philosophen nicht mehr so etwas wie eine geistige Heimat gefunden zu haben. Vielmehr glaubte er, daß das Philosophieren sich in einer so unruhigen, kriegerischen Zeit erneuern, daß es sich gleichsam ›konzentrieren‹ müsse.
Epikur hatte den Zusammenbruch der athenischen Polis selbst noch erlebt; sein Vater hatte im Verlauf der kriegerischen Auseinandersetzungen der Diadochenzeit seinen Landsitz verloren. Er war später nach Kolophon, einer ionischen Stadt in Kleinasien ausgewandert.
Epikur hat das philosophische Fragen als Fragen nach dem Lebensglück verstanden; ein solches Fragen wurde von den Erfahrungen der Kriegszeit, in der die Bedeutung Athens beinahe völlig geschwunden war und die Zukunft der Stadt von der Großmachtpolitik fremder Herrscher abhing, geprägt. Auch die wirtschaftliche Blütezeit Athens war ja längst vorüber; die Kriegsumstände hatten vielmehr viele Bürger gezwungen, sich auf ein bescheideneres Leben einzustellen.
Historisch gesehen, griff Epikur auf einfache Fragen zurück, die durch die Systeme der großen Philosophen in den Hinter-

grund geraten waren. Damit antwortete er auf den Zusammenbruch der Polis; er wollte den gewandelten Bedürfnissen der verunsicherten Menschen entgegenkommen. Besitz und Eigentum waren nicht mehr frei verfügbar, die alte Geborgenheit der Kleinstaaten war durch kriegerische Auseinandersetzungen längst gesprengt worden. Daher entwickelte sich in den philosophischen Schulen ein wachsendes Interesse für die ›Lehre vom Leben‹, für ›Lebensregeln‹, für eine durch die neuen Erfahrungen geprägte Philosophie, von der man die weitgespannten Entwürfe der platonischen und aristotelischen Konzeptionen nicht einmal erwartete.
Epikurs Lehre fand schnell viele Anhänger, in ihr konnte sich der furchtsame, von Zweifeln gepackte Einzelne wiedererkennen. In Epikur hatte die hellenistische Philosophie ihren entscheidenden Anreger. Zu seinem Widerpart wurde die stoische Schule, die der auf Zypern geborene Zenon ebenfalls in Athen gegründet hatte. Die Gruppe der Kyniker bildete eine dritte, wirkungsvolle Richtung hellenistischen Philosophierens. All diese Schulen rückten die ethischen Fragen in den Vordergrund; sie fragten danach, was der Einzelne zu tun habe, um Empfinden, Denken und Handeln im Chaos der Veränderungen in Übereinstimmung zu halten.
Die zentralen Momente, auf die eine solche Philosophie der Lebensklugheit antwortet, lassen sich leicht feststellen: Angst vor der Zukunft, Furcht vor sich überstürzenden Ereignissen (vor allem solchen des Krieges), Zweifel an der Dauerhaftigkeit alles geistigen und materiellen Besitzes. Dadurch wurden die Fragen nach dem Stabilen, dem Endgültigen, dem Unwandelbaren herausgefordert. Darauf bezogen sich die Lösungsversuche Epikurs ebenso wie die der Stoa; beide vermitteln ihre Antworten häufig durch eine Auseinandersetzung mit der extremeren kynischen Lehre.
So ging es auch Epikur darum, das menschliche Empfinden

und Denken von allem bloß Vordergründigen fernzuhalten und zu befreien. Der einzelne sollte lernen, sich auf sich selbst zu konzentrieren; im Kreise der Freunde sollte er seine Kenntnisse erweitern. Um alle überzogenen Empfindungen (Schmerz, Haß, Feindschaft) abzulegen, bedurfte es einer gewissen Festigkeit und Ausgeglichenheit. Man mußte dem Anprall der äußeren Gewalt von innen her widerstehen. Dem diente die Abgeschlossenheit des philosophischen Bezirks, des Kepos, der eine ruhige, konzentrierte Lebensführung ermöglichte. Das Ziel dieser Lebensgestaltung war die äußerste Wachheit, ein Fernhalten der exklusiven, sinnlichen und übersteigerten Sensationen zugunsten einer Freude, die sich von einem ruhigen Gleichmaß der Empfindungen nährte.
Klarheit des Denkens, Klarheit des Empfindens, Selbstbestimmung des Inneren – diese Gebote standen für Epikur an erster Stelle. Seinen Schülern wollte er sie nicht aufzwingen, jeder sollte selbst einen Weg finden, sie zu verwirklichen. Er selbst, der ›Weise‹, lebte ihnen das erforderliche Maß von Selbstbeschränkung bereits vor. An ihm hatten die Schüler in den kriegerischen Zeiten einen festen Halt; sie notierten seine Äußerungen, sie lebten immer mehr in der inneren Bereitschaft, seinen Anweisungen zu folgen.
So veränderte sich die Qualität der Zeit. Sie war nicht mehr etwas Bedrohliches, ein reißender Strom flüchtender Augenblicke, in denen das Ich zu versinken drohte. Die Zeit erhielt eine Struktur, sie wurde zu einem »ewigen Heute«. Das Heute war der andauernde Tag, und jeder Tag sollte wie der vorhergehende sein. So konnte man nicht mehr zwischen dem unruhigen Gestern und dem bedrohlichen Morgen unterscheiden. Die Umgebung des ›Kepos‹ bot dafür einen gewissen Schutz. Man brauchte den ›Kepos‹ nicht zu verlassen, in ihm fand man eine Ausgeglichenheit, mit der man das, was einem dann ›draußen‹, außerhalb des ›Kepos‹ widerfuhr, bestehen konnte. Es war ja

keineswegs verboten, den ›Kepos‹ zu verlassen. Im Gegenteil, wer die angestrebte innere Ruhe, die innere Freude gefunden hatte, der mochte sich auch in der ›anderen Welt‹ bewähren.
Für diese philosophische Konzentration war es nie zu spät. Junge und Ältere schlossen sich Epikur an und standen unter seinem Einfluß. Dabei forderte er von ihnen keine blinde Hingabe, passive, meditative Versenkung lehnte er ab. Vielmehr sollte die Selbstbeobachtung aufs äußerste geschärft werden. Eine innere Aufmerksamkeit sollte über die aufkommenden Leidenschaften, die mächtigen Triebregungen, die aufwallenden Gefühlsausbrüche wachen. ›Was dient, was hilft mir, glücklich zu sein und zu bleiben?‹ – so sollte es sich der Denkende immer wieder fragen, um die innere Ruhe zu finden. Schmerzlosigkeit – das war eines der angestrebten Ziele, und da jeder heftige Kontakt mit der Außenwelt immer wieder im Schmerz (der Liebe, der Konflikte, der Freundschaften) endete, riet Epikur den Schülern, ein Leben im Verborgenen zu führen. Er drängte sie nicht, auf öffentliche Ämter, Politik, Geschäfte zu verzichten. Aber er zeigte ihnen, daß mit all diesen Anstrengungen ein Leben verbunden war, das zu einer Ausgeglichenheit im strengen Sinne nicht führen konnte.
Zu diesen Warnungen trug Epikurs Einschätzung der Masse bei. Die Menschenmasse – sie war eine nicht zu bändigende, launische, von heute auf morgen umzustimmende Ansammlung, die imstande war, großen Druck auf den einzelnen auszuüben, ihn in den Bann zu ziehen und gegen seinen Willen umzustimmen. Was die Masse empfand, beschloß, wovon sie sich leiten ließ – das mußte immerzu erst geprüft, von seiner Heftigkeit befreit, geläutert werden. Die Aktionen der Masse ließen sich nicht steuern; die Masse sparte nicht mit Lob für diesen oder jenen, um es ihm am nächsten Tag schon wieder zu entziehen. Die Masse – das war eine Art launisches Vieh, dem man besser nicht zu nahe kam. Auch aus diesem Grund

war es gut, den Bezirk des ›Kepos‹ als den der kontrollierten, selbständigen Erfahrung zu betrachten. Die Philosophie Epikurs gedieh nur in dieser Zurückgezogenheit, die von einer gewissen Strenge und Schlichtheit geprägt wurde (erst spätere Schulen, die sich seines Namens bedienten, sorgten für jene fatale Umwandlung des Begriffs des ›Epikureischen‹, der den Schülern ein hedonistisches, lustvolles Leben vorgaukeln sollte). Der Lehrer lebte diese Schlichtheit vor. Nietzsche hielt später fest: »Ein Gärtchen, Feigen, kleine Käse und dazu drei oder vier gute Freunde, – das war die Üppigkeit Epikurs.«[1]
Auch im mündlichen und schriftlichen Ausdruck sollte sich diese Schlichtheit bewähren. Epikur stand den führenden rhetorischen Schulen seiner Zeit mit äußerster Skepsis gegenüber. Die Rhetorik bezeichnete er als ein Gift, das den angemessenen Umgang mit Gedanken und Worten nur verhindern könne. Als Methode der öffentlichen Redekunst diente sie in seinen Augen dazu, kurzfristige Wirkungen zu erzielen. All dies war Epikur fremd. Einfach, klar, beherrscht, nicht den Moden dienlich sollte der sprachliche Ausdruck sein. In seiner Sprache sollte sich der Sprechende als unverwechselbare Gestalt wiedererkennen. Daher mußte er vermeiden, den anderen zu imponieren, ihre Anerkennung listig zu erschleichen. Der sprachliche Ausdruck galt nichts anderem als der Gestaltung des sorgfältig Bedachten, er galt dem Festhalten, dem Erkennen.
So erschien es Epikur nicht notwendig, sich an großen Lehrern zu orientieren. Er hatte seinen Schülern bereits einen Lebensweg vorgezeichnet, der ohne Vorbilder auskam. Auch er selbst galt als Autodidakt, nie war er bei den großen, bekannten Lehrern in die Schule gegangen. Philosophieren – das hieß nicht: zu neuen Systemen vordringen, sich im Denken übersteigern. Vielmehr war die philosophisch leitende Frage, die Frage nach den Bedingungen des menschlichen Glücks und

der Fähigkeiten, es zu erwerben, an einfache, sich aufeinander beziehende Erfahrungen und Erkenntnisse gebunden. So heißt es im *Brief an Menoikeus:*

> Darum behaupte ich, daß die Freude das A und O des glückselig gestalteten Lebens ist. Sie kennen wir als unser erstes angeborenes Gut, von ihr lassen wir uns bei unserem Streben und Meiden leiten und nach ihr richten wir uns, alles andere Gut mit ihrem Maßstab messend. Und gerade weil sie unser allererstes, naturgegebenes Gut ist, darum streben wir auch nicht nach jeder Freude, sondern übergehen bisweilen viele, wenn uns von ihnen nur ein desto größeres Unbehagen droht.[2]

Wie aber gelangt der Mensch zu diesem ersehnten Glück? Woraus setzt es sich zusammen und wodurch wird es verhindert?

Epikur ging von der Heftigkeit der menschlichen Sinnesempfindungen aus. Die angenehmen oder unangenehmen Empfindungen sind gleichsam die erste Basis, von der aus alles weitere Empfinden und Denken bestimmt werden muß; ohne die Empfindungen, die die fünf Sinne in uns wecken, wäre gar nichts anzutreffen. Soll das menschliche Dasein sich des höchsten Gutes vergewissern, so kann es dies nur, indem es sich über den Inbegriff des Angenehmen – über die Lust, die Freude, das Glück – sicher ist. Eine solche Erörterung ist auf eine Analyse der menschlichen Sinneseindrücke angewiesen.

Epikur unterscheidet dabei zwischen ›statischer‹ und ›kinetischer‹ Lust. Die ›statische‹ läßt sich in eine körperliche (Schmerzfreiheit) und eine seelische (Unerschütterbarkeit) zerlegen. Um diese Momente höchster Selbstvergewisserung zu erreichen, darf sich der Mensch nicht mit Affekten belasten, die seine Empfindungen verzerren, aufheizen oder ablenken. Hat er einmal erkannt, daß er vom Streben nach der Lust und von der Abwehr des Schmerzes geleitet wird, so muß er danach trachten, alle Widerstände, die diesen ›ersten Empfindungen‹ im Wege stehen, beiseite zu räumen. Der Mensch setzt sich in diesem Sinn gegen die Zumutungen der Welt zur Wehr; er geht auf ihre zufälligen, lästigen Angebote nicht ein, er läßt sich von ihnen jedenfalls nicht bestimmen. Das Denken igelt sich im Besitz der primären Empfindungen ein, es wird vorsichtig, dient der Pflege jener unerschütterlichen Ausgeglichenheit, die alle objektbezogenen Verhaltensweisen maßregelt, körperliche Ekstasen verabscheut, sich auf ein beschränktes Maß des Angenehmen zurückzieht. Dabei kann der zentrale Begriff der Glückseligkeit noch weiter unterschieden werden. Seine untere Grenze ist die einfache Genügsamkeit, seine obere die Fülle des selbstgewissen Philosophierens, das sich im Freundeskreis verwirklicht.

Die ›Freude‹, die im Mittelpunkt der Philosophie Epikurs steht, ist also nicht mit einem einfachen Genießen zu vergleichen. Andererseits hat sie auch mit der selbstgenügsamen Haltung der Kyniker nichts gemein. Der *Brief an Menoikeus* hält ausdrücklich fest, daß es dem Menschen nicht unter allen Umständen darauf ankommen könne, am wenigen sein Genügen zu finden. Die schlichten Genüsse, in rechter Weise eingesetzt, vermehrt, bewußt empfunden, können vielmehr ebensoviel Vergnügen bereiten wie der größte Luxus.

Ein Philosophieren, das derart streng und bescheiden von den unmittelbaren Sinnesempfindungen ausging, ließ die Fragen nach den wirkenden Mächten der Götter oder nach der Bedeutung des Todes unberührt. Epikurs Ansatz vermied das metaphysische Streben, das Sich-Erheben über das Gegebene, Empfindbare. Die Furcht vor dem Tod wurde als Furcht vor etwas Ungewissem beiseite gestellt; das Ungewisse galt als etwas, dem man im Leben keine allzu große Bedeutung zumessen dürfe. Auch gegenüber derartigen Fragen zeigte sich Epikur als der Gelassene, der vermeiden wollte, in den Bereich von Spekulationen zu geraten.

Gerade diese Momente seiner Philosophie verschafften ihm zahlreiche Feinde. Epikur hatte gegen viele Regeln verstoßen; man warf ihm asoziales, egoistisches Verhalten, man warf ihm Amoralität vor, man beschimpfte ihn – seiner Herkunft wegen – als Fremden, der es versäumt habe, sich eine gewisse Urbanität zu erwerben, man hielt ihm sein autodidaktisches Studium vor, das ihn in Athen zum Außenseiter machte.
Dennoch setzte sich die Philosophie des ›Kepos‹ durch.

Erneuter Blick auf Eugen Rapp: 1946

Ich habe die Dachstube, in der sich Eugen Rapp nach Rückkehr aus amerikanischer Kriegsgefangenschaft einrichtete, als eine Art von ›Kepos‹ verstanden. Auch für Rapp kam es darauf an, sich nach den langen Kriegsjahren, in denen er nicht zu sich selbst hatte finden können, zu konzentrieren, alle Fähigkeiten zu einer ›Innenerforschung‹ zu sammeln. Wenn er die Tür seiner Stube am Morgen schließt, möchte Rapp daher nichts anderes als schreiben. Er holt die alte Stahlfeder hervor und beginnt; daß er gerade zu einem so überholten Schreibwerkzeug greift, hat andere als nostalgische Gründe. Die Schreibarbeit, die von der Feder verrichtet wird, ist von aller Hektik entfernt: das Schreiben ist eine Art Kritzeln, ein unendlich geduldiges Setzen und Ausziehen kleiner Buchstaben, Seite für Seite, eine Tätigkeit äußerster Geduld und Überlegung. Erst mit dieser Schreibarbeit findet Rapp allmählich jene Ausgeglichenheit wieder, die er lebensnotwendig braucht. Hinter seinem Schreiben soll alles andere zurückstehen. So wird er in einer Zeit, in der man in seiner Umgebung mit dem ›Wiederaufbau‹ beginnt, zu einem Außenseiter.
Die Parallelen zu Epikurs Philosophie des ›Kepos‹ lassen sich

jedoch noch weiter ausziehen. Auch Eugen Rapp hat nämlich während seines bisherigen Lebens gelernt, der Masse zu mißtrauen. Dies brauchte ihm freilich nicht erst ein Lehrer oder ein philosophischer Prediger einzutrichtern. Schon in seiner Studentenzeit hatte Rapp seine instinktiven Abneigungen gegenüber dem Nationalsozialismus derart geschärft, daß er in offenen Widerspruch zur vorgeschriebenen Geisteslage geraten war. Damals war er – nach einem kurzen Jahr der Mitgliedschaft im SA-Studentenbund, dem er seit 1933 angehört hatte – wieder aus der Organisation ausgetreten. Er hatte seine innere Freiheit, sein Vorstellungsvermögen, sein ganzes Denken und Empfinden nicht mit den Aktionen dieser immer mehr Anhänger anziehenden Gruppe in Einklang bringen können.

In der Nachkriegszeit kommt Rapp diese Festigkeit früherer Jahre zugute. Der Vater, der den Nationalsozialisten keineswegs so streng und entschlossen entgegengetreten war, bezeichnet ihn stolz als einen ›Antifaschisten‹. Auch dieser Begriff gefällt indessen Rapp nicht recht. Er hatte sich ja keineswegs im offenen Kampf gegen Hitler verzehrt, er hatte den Nationalsozialisten nur in einer überaus starken inneren Reserve gegenübergestanden und alles vermieden, was ihren Aktionen hätte dienlich sein können. Andererseits kommt ihm die Zuordnung zu den ›Antifaschisten‹ recht; sie erlaubt ihm, gerade jenes Maß von Unabhängigkeit und Freiheit für sich zu beanspruchen, das auch der Philosoph Epikur im hellenistischen Athen für sich beansprucht hatte. Mochten die anderen ›da draußen‹ tun, was sie wollten, für ihn zählte nun nichts anderes als dieser Bezirk seiner Arbeit, ein Bezirk, der durch Hanni Treutlein mit der Außenwelt vermittelt und von der im Erdgeschoß wohnenden elterlichen Familie mit getragen wurde.

Die Parallelen, die ich eröffnet habe, reichen aber noch weiter.

Auch Eugen Rapp hat sich bei seinem Schreiben nicht von Vorbildern bestimmen lassen; sicher, er hatte unter den Schriftstellern der Vergangenheit besondere Vorlieben, aber er hatte es doch vermieden, sich deren Stil anzueignen. Rapp hatte auf seiner Selbständigkeit bestanden. Er hatte sie nie mit Genialität verwechselt, im Gegenteil; was er schrieb, erschien ihm selbst gering genug, er setzte das Geschriebene oft genug herab, mäkelte an ihm herum und stellte sich vor, daß es niemanden sonst interessierte.

Lehrer im eigentlichen Sinne hatte Rapp also entbehren müssen. Wie war er dann aber zum Schreiben gekommen? Man muß sich verdeutlichen, was das Schreiben für ihn bedeutet. Es ist für ihn keine Tätigkeit unter anderen, sondern eine Art der Selbstverständigung. Wenn er schreibt, betreibt er jene Unterhaltung mit sich selbst, die ihm das Leben sonst nicht gestattet. Er spricht sich zu, er befreit sich von dem lästigen Druck, der auf ihm lastet, er gewinnt ein eigenes Terrain der Phantasie, das er mit jenen Gestalten bevölkern kann, denen er den Zugang zu diesem Terrain erlaubt.

Andererseits würde das Schreiben viel von seiner Wirkung verlieren, wenn Rapp es mit der Erfindung merkwürdiger, kurioser oder eigenwilliger Geschichten bewenden ließe. In Rapps Verständnis ist das Schreiben ja nicht nur eine Flucht, sondern auch eine Zuflucht zu einem Bezirk, wo es leichter fällt, die Veränderungen des Lebens zu überblicken und zu kontrollieren. Einerseits will er sich von dem, was ›draußen‹ geschieht, trennen; andererseits will er es aber auch durchdringen, um sich vorzubereiten auf das, was ihn erwartet.

Das Mittel, um beide Seiten des Schreibens miteinander zu verbinden, ist das der Beobachtung. Rapp notiert unablässig, was er beobachtet hat, er studiert die Menschen, hält fest, wie sie reden, er seziert sie und phantasiert sich in sie hinein. Diese scharfen und detailreichen Beobachtungen, die einen großen

Teil seiner Schreibarbeiten ausmachen, gehen in seine realitätsfernen Geschichten mit ein; nebenbei werden sie auch in Tagebüchern festgehalten. Manchmal hat man sogar kaum eine Gelegenheit, genau zu unterscheiden, woran Eugen Rapp gerade arbeitet: an einer ›erfundenen‹ Geschichte oder an seinen Tagebuchnotizen.

Damals, 1946, werden es jedoch vor allem die ›erfundenen‹ Geschichten gewesen sein, die Eugen Rapp beschäftigten, Geschichten, die noch im neunzehnten Jahrhundert, in Wien oder anderswo spielten, ›verborgene‹ Studien, die im literarischen Leben der Nachkriegszeit seltsam genug wirken mußten. Anscheinend wagte es Eugen Rapp noch nicht, seine eigene Zeit, die unmittelbare Nachkriegszeit, in seinen Erzählungen und Romanen einzufangen. Warum er es nicht wagte, warum er daran vielleicht nicht einmal dachte, kann man verstehen: gerade aus der Kriegsgefangenschaft entlassen, gerade dem Krieg entkommen, war ihm die zurückliegende Zeit nur widerwärtig. Er benötigte diese fremden und herbeizitierten erfundenen Geschichten als einen Schutz, um überhaupt überleben zu können (später werde ich zeigen, wie es Rapp gelang, diese Perspektive zu durchbrechen).

Rapps Beobachtungsgabe verhalf ihm mit der Zeit zu jenem Reichtum von Eindrücken und Empfindungen, die aufgezeichnet werden sollten. Dabei wollte Rapp es vermeiden, Menschen zu verurteilen; er zeichnete nach, wie sie miteinander umgingen, er skizzierte ihre Charaktere, er beließ es bei diesem intensiven Blick auf seine Umgebung. Auch in Eugen Rapp kamen also gerade jenen Momente zum Vorschein, die man vor langer Zeit einmal dem Philosophen Epikur vorgeworfen hatte: Momente der Bescheidenheit, der antimetaphysischen Skepsis, der geschärften Wahrnehmung.

Es könnte nun leicht so erscheinen, als habe Epikur seinen Schülern zur Askese geraten, dazu also, sich Regeln der Beschränkung zu unterwerfen, dazu, rigoros gegen die nach außen drängenden Empfindungen vorzugehen. Ich möchte seine Lehre daher noch etwas verdeutlichen, indem ich zeige, wie sie sich von einer Form der Askese, durch die der Mensch sich gegen sich selbst wendet, unterscheidet. Dabei möchte ich auf Nietzsches Kritik an der falschen Askese zurückgreifen, die in den berühmten Abschnitten *Über das religiöse Leben* in seinem Buch *Menschliches, Allzumenschliches* die Ideen der religiösen Askese in psychologischer Absicht seziert hat.

Nietzsche erkennt hinter den asketischen Idealen den Selbstbetrug einer Willkür des Ich, das alle Kraft gegen sich selbst einsetzt und verwendet. Ein solches Ich will sich strafen, es begehrt gegen sich auf. Hellsichtig heißt es:

> Es giebt einen Trotz gegen sich selbst, zu dessen sublimirtesten Aeusserungen manche Formen der Askese gehören. Gewisse Menschen haben nämlich ein so hohes Bedürfniss, ihre Gewalt und Herrschsucht auszuüben, dass sie, in Ermangelung anderer Objecte, oder, weil es ihnen sonst immer misslungen ist, endlich darauf verfallen, gewisse Theile ihres eigenen Wesens, gleichsam Ausschnitte oder Stufen ihrer selbst, zu tyrannisiren.[3]

Die Askese, die Nietzsche hier verdammt, bringt keineswegs die guten, gemäßigten oder gezügelten Kräfte des Menschen zum Vorschein. Sie ist eine Form der extremen Kasteiung. Einer solchen Selbstbestrafung liegt das Gegenteil von dem zugrunde, was nach außen hin erscheint: nicht der Friede mit sich selbst, nicht die ruhige Selbstgewißheit, sondern die Herrschsucht. Diese hat keine Objekte gefunden, sich darzustellen und zu beweisen; »in Ermangelung anderer Objecte« wütet sie gegen sich selbst.

Wichtig erscheint mir vor allem aber der zweite mögliche Grund für das asketische Verhalten, auf den Nietzsche hinweist. Es könnte dem Asketen im Verlauf seiner Lebensgeschichte einmal oder mehrmals mißlungen sein, seine Herrschsucht gegen andere auszuüben. Das Ich könnte unverhofft oder mit Gewalt in seinem Herrscheranspruch gebremst, ja es könnte bestraft worden sein. Auch das wäre ein ausreichender Grund für die Flucht in die Askese. Diese Flucht wäre in diesem Sinn eine Hinwendung zur einzigen noch möglichen, dauerhaften Tyrannei des Ich: der gegen sich selbst. Aus solchen Rückzügen werden, wie Nietzsche betont, Götter des Selbst geboren. Sie täuschen nur vor, die eigenen Ansprüche herabzuschrauben, in Wahrheit triumphiert ihre Geltungssucht.

Eine asketische Moral solcher Art kommt nicht ohne die Gestalt des Bösen aus, gegen die sie vorzugehen angibt. Das Böse – das mag eine dämonische Kraft oder Gewalt sein, die die Welt in ihre Fänge bringen will; es mag aber auch eine Macht anderer Art sein, eine, die tief im Menschen verborgen ist. Zur ›bösen‹ Gewalt, die besiegt werden soll, muß der asketisch Handelnde sie erst erklären. Er muß den Feind in seinem Inneren plazieren, um dann gegen ihn vorgehen zu können. Nietzsche hält fest:

> Der Mensch hat eine wahre Wollust darin, sich durch übertriebene Ansprüche zu vergewaltigen und dieses tyrannisch fordernde Etwas in seiner Seele nachher zu vergöttern. In jeder asketischen Moral betet der Mensch einen Theil von sich selbst als Gott an und hat dazu nöthig, den übrigen Theil zu diabolisiren.[4]

Von solchen Momenten des asketischen Trotzes ist nun die Philosophie Epikurs frei. Sie zwingt den einzelnen nicht in starre Regeln, sie gibt ihm Empfehlungen an die Hand. Die Selbstbeherrschung soll sich nicht als Akt der Willkür auswirken, sie soll den Denkenden, Handelnden, Empfindenden in ein Höchstmaß sinnlich-intellektuellen Vergnügens versetzen. Epikurs Schüler haben enthusiastisch vom Unterricht ihres Lehrers berichtet, davon, wie er es verstand, seine Zuhörer zu begeistern. In den *Lehrbriefen* ist noch viel von dieser Frische lebendig:

> Darum tue, was ich dir ständig anempfohlen habe, und übe Dich darin und sei gewiß, daß es die Grundbedingungen für ein wahrhaft schönes Dasein sind.[5]

So spricht kein Asket, so spricht der Freund, der seine Erkenntnisse zur Prüfung vorlegt.

Eugen Rapps Lebensgeschichte

Ich habe Epikurs Lebensentwurf mit dem einer asketischen Moral kontrastiert, um die dadurch erhaltenen Unterscheidungen zum besseren Verständnis Eugen Rapps zu nutzen. Man könnte denken, Rapp habe sich nach dem Weltkrieg in einer Stube der Abgeschiedenheit verkrochen, er sei zum Asketen geworden, da es ihm verleidet worden sei, Macht gegen andere, eine Herrschaft irgendeiner Art auszuüben. Eugen Rapp wäre dann eine Art Büßer. Er hätte eingesehen, daß sein Lebensentwurf bisher mißlungen war, er hätte sich vorgenommen, von nun an auf einen Lebensanspruch zu verzichten, der die Verwirklichung von Wünschen und Träumen in der Außenwelt erwartete. ›Askese‹ wäre dann das Programm eines resignierten Deutschen nach dem Zusammenbruch der Nazi-Herrschaft, eine Art ›Politik‹ im Kleinen, um die ehemals so ausgedehnten und übertriebenen Machtansprüche zu begraben. Freilich würden diese verdrängten Ansprüche – nach Nietzsches Einsicht – weiter nach Geltung streben: sie wären ja gerade dadurch zu erkennen, daß Eugen Rapp mit stummer Wut gegen sich selbst vorgehen würde. Auch diese Form der literarisch-politischen Askese hat es in Deutschland nach 1945 gegeben, und es wäre interessant, ihre verborgenen Anteile in der Literatur, die man später verkürzt als ›Literatur des Kahlschlags‹ bezeichnete, herauszuarbeiten. Bleiben wir jedoch bei Eugen Rapp. Fragen wir genauer nach seiner Lebensgeschichte.

Hermann Lenz hat diese Lebensgeschichte seines Alter ego bisher in fünf eng miteinander verbundenen Romanen dargestellt: *Verlassene Zimmer* (erschienen 1966), *Andere Tage* (1968), *Neue Zeit* (1975), *Tagebuch vom Überleben und Leben* (1978), *Ein Fremdling* (1983) – dies sind die Titel für einen autobiographischen Stoff, der vom Ende des vergangenen Jahrhunderts bis in die Gegenwart reicht.

Gehen wir dem epikureischen Lebensmodell Eugen Rapps noch ein wenig nach, um es besser zu verstehen. Denn Rapp sitzt nach dem Krieg ja keineswegs verzweifelt und asketisch in seiner Klause. Er verbietet sich keine Wünsche und Träume, er skizziert sie vielmehr unablässig auf das Papier. Auch hat sein Dasein nichts von jener freudlosen Selbstzüchtigung, die man dem Asketen zuschreibt. Im Kleinen, im Bescheidenen entfaltet es durchaus so etwas wie Vergnügen, Heiterkeit, Gelassenheit. Es wäre auch übertrieben zu behaupten, Rapp schließe sich vollständig gegen die Außenwelt ab. Sein Instinkt sagt ihm vielmehr nur genau, daß er ohne diese tägliche Abgeschiedenheit von einigen Stunden, die er für das Schreiben verwendet, nicht leben kann. Vom Reichtum dieser Stunden kann er zehren. Rapp knüpft Kontakte zu Zeitungsredaktionen und Schriftstellerkollegen; er nimmt am Leben um ihn herum durchaus teil, obwohl sich diese Teilnahme in engen Grenzen bewegt. Er taucht immer wieder in der Masse der anderen unter, läßt sich eine Weile treiben, verläßt dann die gewohnte Umgebung, träumt sich aus ihr heraus. So bestehen die Tage aus einer unablässig geknüpften Kette von Wiederholungen, die um die zentrale Schreibtätigkeit kreisen: man begibt sich am frühen Morgen in den ›inneren Bezirk‹ der Arbeit, man vertieft sich in sie, man mischt sich ins Leben, man zieht sich wieder zurück. Erst in diesem Kreislauf erneuert sich das Lebensmodell:

> Und so gemütlich, wie die andern dachten, daß es sei, das tägliche Sitzen am Schreibtisch, war es dann auch wieder nicht; weil du doch denkst, vielleicht taugt es nichts, was du da machst ... Obwohl du es tun mußt, nicht wahr? Als ob hinter ihm einer stünde und ihn vorwärts triebe mit dem Ochsenziemer.[6]

Solche Passagen des Sinnierens findet man häufig. In einer merkwürdigen Mischung von Selbstzweifeln, Selbstbestätigungen und Fragen stellt sich ein Gleichgewicht her, das dem Gefühl, alles um einen herum befinde sich im Schwanken, abgetrotzt wird.

Schon der junge Student Eugen Rapp kann sich dieses Gefühls kaum erwehren. Seine Notizen im Tagebuch dienen der Aufgabe, die Erinnerungen zu klären, »als werde Schlieriges von einer sauberen Substanz gereinigt und gefestigt, also dauerhaft«[7]. Der Student der Kunstgeschichte kommt mit seinen Kommilitonen in Heidelberg nicht zurecht. Die meisten gehören sowieso einer anderen Welt an, sie folgen den Zeichen des Nationalsozialismus und verkörpern für ihn etwas, das beinahe unaufhaltsam im Vormarsch ist. So schließt sich Rapp vorsichtig denen an, mit denen noch Gespräche über Literatur möglich sind. Auch im Studium kommt Rapp nicht schnell vorwärts. Einerseits fällt es ihm schwer, sich den Regeln des

wissenschaftlichen Ausdrucks anzupassen, andererseits vermutet er, daß ihm die politischen Veränderungen sowieso keine Möglichkeit lassen werden, das Studium in Ruhe zu beenden. Zurückgezogen beobachtet er die Umbrüche in seiner Umgebung, Kontakte zu Professoren nimmt er nur da auf, wo er sicher ist, daß die Lehrer nicht zum Umkreis des Nationalsozialismus gehören.
Es fällt Rapp schwer, sich in diesem Studentenleben wohlzufühlen. Nichts nimmt einen leichten Fortgang, alles stockt, manchmal ist er sich in seiner eigenbrötlerischen Lebensweise selbst zuwider. Seine innere Haltung bildet sich dabei jedoch unmerklich immer deutlicher heraus: er wahrt Abstand von den anderen, er widmet sich seinen kleinen Erzählungen, Träumen und Tagebuchnotizen. Alles andere gehört nach seinem Verständnis einer Welt an, die sich immer mehr verfinstert.
Später wechselt er dann den Studienort: in München macht er die Bekanntschaft von Hanni Treutlein. Erst diese Bekanntschaft (mit einer Halbjüdin), die nicht ungefährlich ist, bindet ihn zum ersten Mal enger an einen Menschen. Wahrhaftig gibt Rapp auch Teile seiner sonstigen Reserve auf. Er nimmt das Angebot Hanni Treutleins, im Haus ihrer Eltern ein Zimmer zu beziehen, an. So belebt sich Rapps Dasein in den wenigen Monaten vor Beginn des Krieges, ohne sich doch eigentlich stark zu verändern. Er hat jetzt nur einen Menschen in seiner Nähe, der ähnlich denkt und fühlt wie er selbst. Dies verschafft ihm eine gewisse Erleichterung. Sein Ehrgeiz bleibt jedoch weiterhin wenig entwickelt; er sehnt sich nicht danach, etwas zu werden, der Gedanke an einen bestimmten Brotberuf ist ihm zuwider. »Hinter deiner Haut liegt ein Bezirk, der dir allein gehört; davor dehnt sich die Fremde«[8] – so denkt er noch immer. Er will die Fremde der Außenwelt abwehren, ihre Schärfe begrenzen, ihre Macht eindämmen. Dazu jedoch

muß er sie immer im Blick haben; keine Veränderung darf ihm entgehen, er muß wach dafür sein, was in der Fremde geschieht. Denn Rapp weiß sehr wohl, daß ihn die drohenden Ereignisse mitziehen und verändern werden. Nur will er sich den Machenschaften nicht anpassen, er will den Raum des Inneren – diesen Beobachtungsstand, diesen Schutz – so lange erhalten, wie es nur möglich ist. Seine auch von den Freunden festgestellte Distanz zur Welt ist also paradoxer Natur: je mehr sich Eugen Rapp von der Fremde entfernt, desto klarer muß er sie ins Auge fassen, muß er sie zu durchdringen versuchen, um vor ihren Angriffen gewappnet zu sein. Auf diese Weise entsteht in seinem Erleben ein dauernder Wechsel von Rückzug und Beobachtungsbereitschaft. Alles, was man gefühlt, gesehen und durchdrungen hat, wird dabei im Tagebuch festgehalten. Es ist der geklärte Bodensatz der Tageserlebnisse. Daneben entstehen Erzählungen, deren Niederschrift ganz den inneren Fluchtbewegungen vor der Katastrophe dient. Rapp träumt sich ins vergangene Jahrhundert zurück, er wählt andere als deutsche Schauplätze (Wien, Österreich – die Kriegsferne), er reserviert diesen räumlich und zeitlich fernen Kosmos ganz für Stimmungen und Empfindungen, deren Überholtheit ihm jeder neue Tag schmerzlich bewußt macht.
Hier, in den Jahren zwischen 1933 und 1939, liegen die Wurzeln für Eugen Rapps Haltung. Er wird sie nie mehr entscheidend korrigieren, er wird versuchen, sie gegenüber den Veränderungen der Geschichte durchzusetzen und zu bewahren. Wir beobachteten ihn ja bereits im Jahre 1946 bei der Erneuerung dieser Bemühungen. Was uns da vielleicht noch als seltsame Marotte eines Kriegsheimkehrers erschien, entwickelt sich nun – aus der Perspekte einer Lebensgeschichte – zu einer Lebenshaltung, die auf eigentümliche, indirekte Weise von den Veränderungen der deutschen Geschichte geprägt

wurde. Das epikureische Leben im ›Kepos‹ – die auf Selbstprüfung, Beobachtungsschärfe und innere Ruhe gründende Unerschütterbarkeit des Inneren – dient Eugen Rapp zum Überleben. Ohne die Bewahrung dieser Haltung wäre er – der Vorsichtige, Zögernde, Genaue – längst zu einem Mitläufer geworden, wäre er, unidentifizierbar, einer unter vielen, längst in der Masse der Marschierer verschwunden.
Dabei hat Rapp es nicht nötig, erst nach Konzepten zu suchen. Er entwickelt seine Haltung seit seiner Jugend beinahe instinktiv, in einer aufmerksamen, geduldigen Auseinandersetzung mit der ›Fremde‹ da draußen. Die einzige Grundlage für die Bewertung des Richtigen oder Falschen ist am ehesten das unbestimmte ›Gefühl‹. Man muß die Menschen im Blick behalten, man muß ihre Gesten und Bewegungen studieren, man muß prüfen, wie sie miteinander umgehen; auf die Ausschläge des Gefühls kann man sich dabei verlassen. Das Gefühl enttäuscht nie; es gibt Rapp ein, wie er sich zu verhalten und wie er den anderen zu begegnen hat. Es warnt und treibt ihn. Manchmal erscheint es sogar so, als habe das Gefühl eine eigene Stimme; diese rät Eugen Rapp dann, so zu tun, »als ob nix wär«, sich nicht in den Vordergrund zu drängen, gerade in diesen Zeiten keinerlei Ansprüche zu stellen, die ihn von seiner Haltung abbringen könnten.
Eugen Rapp ist daher ein seltener, merkwürdiger Deutscher. Viele Momente dieses mißtrauischen, aufmerksamen Deutschtums sind regional, schwäbisch gefärbt. Wann immer Rapp sich etwas in seinem schwäbischen Dialekt vorflüstert, verwandelt sich dieser in eine Art Geheimsprache, in die Sprache der Vorsicht. Eng an die Heimat, an die Familie und ihren Schutz gebunden, beharrt Rapp auf den Zügen dieser Herkunft, ohne sie je pathetisch zu feiern, ja selbst ohne sie einmal zu loben. Dies Heimatliche, Eigene, Gegebene – es ist eben so, wie es ist; mehr würde Rapp kaum dazu sagen. Er hält an ihm

ja auch nur mit solcher Beharrlichkeit fest, weil sich um ihn herum alles mit unverhohlener Dreistigkeit im übertriebenen Tempo entwickelt und in eine falsche Richtung fortbewegt.

Die epikureische Haltung ist daher für Rapp nicht die des bodenständigen Einheimischen, der an die Geschichte seines Landes unbeirrt anknüpfen kann. Rapp entwirft sich seine eigene Geschichte; im Schwäbischen sind ihre Zeugen etwa der vielbeschworene Mörike oder der Dichter Christian Wagner aus Maulbronn. Doch wirken auch diese Namen, gegen die Geschichte des nationalsozialistischen Deutschland gehalten, fremd; sie bezeichnen Rapps Geschichts- und Menschenverständnis. Draußen, in der ›Fremde‹ jedoch gelten sie nichts mehr. Darüber täuscht sich auch Eugen Rapp nicht hinweg.

Wenn ich seine Lebensgeschichte hier so ausführlich ergründe, will ich vor allem verstehen, warum sich dieser Schriftsteller nie täuschen ließ. Rapp ist keinem der üblichen Lager zuzuordnen. Er ist weder ein konservativer Heimatdichter noch ein Schriftsteller, der sich in die Traumgebilde einer ›Inneren Emigration‹ flüchtet. Seine Wachsamkeit verhindert die Zuordnung. Mag Rapp auch noch so viel träumen, entweichen, sich zurückziehen, immer wieder macht er sich bewußt, *warum* er dies tut. Die ausgebreitete Selbstreflexion verhindert jegliche Anpassung, sowohl die an die Machthaber als auch die an die weltabgewandten Träumer. Rapps Haltung wird vom Verlauf der deutschen Geschichte herausgefordert; es gelingt ihr nicht, ihn ganz zu prägen. Der Rest, der aus diesem Konflikt hervorgeht, ist Rapps Lebenselement; dieses verteidigt er um den Preis des Außenseitertums.

War diese Haltung für Rapp während der Vorkriegszeit noch eine Art Schutz, ergab sie sich für ihn damals noch unwillkürlich, als gehöre sie unfehlbar zu seinem Charakter und dessen Möglichkeiten, so wird sie während des Krieges zu einer Lebensnotwendigkeit. Als Soldat in Frankreich und Rußland paßt Rapp sich die Haltung des aufmerksamen Beobachters, der sorgfältig auf der Hut ist und zwischen Innen und Außen peinlich genau unterscheidet, ganz an. Erst der Krieg läßt ihn erkennen, ob und wie sein Verhalten dem gegenüber, was ›draußen‹ geschieht, angemessen ist. Jetzt kommt er nicht mehr dazu, zu überlegen, abzuwägen; vom ersten Tag an wird er in eine absolute ›Fremde‹ hineinpostiert. Gerade darauf ist er jedoch auf eigentümliche Weise vorbereitet.
Er pflegt keinerlei Illusionen, er hat dies alles schon erwartet. Es überrascht ihn nicht, es läßt ihn höchstens immer konzentrierter und wacher werden. So gibt der Krieg in gewisser Weise seiner Lebenshaltung erst die eigentliche Schärfe und Berechtigung. Als Soldat ist er auf seine Vorsicht und seine Beobachtungsgabe angewiesen. Er studiert seine Umwelt, er reiht sich widerwillig, aber ohne aufzumucken, unter die anderen. Die Kritzelei in die Tagebücher wird nun zu einer Beschäftigung, der er sich in den wenigen Minuten des Alleinseins mit besonderer Sorgfalt hingibt, um überhaupt ertragen zu können, was er erlebt und gesehen hat:

> Eugen aber blieb noch gern alleine wach und kritzelte mit Bleistift ins Notizbuch. Sitzen. Kritzeln. Zigaretten rauchen und allein sein. Beim Postenstehen bist du auch allein; und reden tust du mit dir selber ...[9]

Das früher höchstens kauzig erscheinende Mit-sich-selber-Reden kann Rapp im Krieg als Ausdruck seiner inneren Notwehr verstehen. Es bietet ihm eine lebenswichtige Hilfe, um der Ausdruckslosigkeit zu entgehen, die in diesen sich einander ähnelnden, nur noch ertragenen Tagen um sich greift: »Das Mit-sich-selber-Reden war vernünftig, weil sonst nichts übrigblieb in diesem abgedichteten und seltsam wattehaften Fortgeschobenwerden.«[10]

Von Anfang an weiß Rapp ja, daß der Krieg nichts als Zerstörung bringen wird. Er selbst will an ihr keinen Anteil haben. Er tut daher alles, sich von ihr fernzuhalten; dennoch gesteht er sich, daß er sich nicht ausnehmen kann: »Mehr merkst du nicht; was hast du schon von Rußland anderes gesehen als Sumpfwälder und Zerstörung. An der Zerstörung aber bist auch du schuldig geworden, gleichgültig, ob du in Rußland etwas oder nichts zerstört hast.«[11]

Die Zerstörung zu begrenzen – das bedeutet für Rapp dann höchstens: sich nicht nach vorne zu drängen. Im Umgang mit den anderen Soldaten wirkt er scheu und verschlossen; nie läßt er sich dazu verleiten, mehr sein zu wollen als der einfache Soldat unter vielen. Als ihm besondere Aufgaben übertragen werden, ist ihm dies eher unangenehm. Er möchte um keinen Preis auffallen. Er drängt sich nie in Bereiche vor, in denen er seine Verantwortung nicht mehr einschätzen oder übersehen könnte. Die Abneigung gegen alles Arrogante, Prahlende, Aufschneiderische ist ja von vornherein vorhanden. Während des Krieges erweitert sie sich zu einer besonderen Vorsicht: »Es gehört dazu, daß du dich flach machst. Diese Zeit war eine flach machende Zeit, und sonderbar sah jeder aus, der sich in einer solchen reckte, groß hinstellte.«[12]

Rapp wird mitgezogen, aber er gibt sich nirgendwo auf. Der beschränkte Lebensumkreis erscheint ihm vor allem im Krieg als ein Bereich, den man in keiner Weise übertreten darf. Lebensgefährlich ist schon aller Wagemut. Selbst nach seiner Versetzung zum Divisionsstab, wo er kleinere Aufgaben zu übernehmen hat, läßt ihn die Vorsicht nicht los. Gerade sie verhindert, daß er über das alltägliche Geschehen allzu weit hinausblickt, daß er unaufmerksam wird. Es gibt – das weiß er mit jedem Tag genauer – in diesem Krieg nichts zu deuten, zu erkennen, mit irgendeinem Sinn auszustatten. Sätze *über* den Krieg halten den Ereignissen nicht stand: »Krieg war eine trübe Sache, und zu Hause war es auch oft trüb und schweißig; zwischendurch auch blutig, manchmal; weshalb es vielleicht darauf angekommen wäre, alles Trübe durchscheinend zu machen oder zu durchleuchten; doch um ihn zu durchleuchten, dafür erwies sich dieser Krieg als zu kompakt.«[13] Statt den Krieg mit Hilfe von Theorien, Philosophien zu durchleuchten, markiert Rapp immer wieder – wie unter einem unabänderlichen Zwang – seine Grenzen. Diese umreißt er in einem fortlaufenden Selbstgespräch:

> Alles sehen, alles hören, alles spüren, alles riechen, was sich dir hier zeigt. Laß es in dich eindringen, nimm daran teil, dann wird es dir klar. Du bist jetzt hier hineingestellt; ausweichen kannst du nicht mehr. Freilich, mehr, als daß du es erträgst, bleibt dir nicht übrig.[14]

Wider eine Philosophie des Krieges

Mitten im Krieg erhält Rapp einen Brief eines Heidelberger Studienfreundes. Wieland hatte in der Vorkriegszeit die Seminare des Philosophen Karl Jaspers besucht. Er war von dessen Auftreten und von seiner Philosophie besonders beeindruckt gewesen. Nun teilt er Rapp mit, daß er soeben Unteroffizier geworden sei und in einem Korpslazarett an einem Aufsatz über Jaspers arbeite; in diesem Aufsatz wolle er gleichsam seine Situation – diese »Grenzsituation« – ergründen.

Als Rapp diesen Brief liest, fällt ihm auf, daß er selbst nichts zu einer Theorie oder Philosophie des Krieges beitragen könnte:

> Das machte der sicherlich ganz wunderbar, für Eugen aber war so etwas überflüssig, weil er sich durchwuzzeln mußte ohne einen Philosophen, und es ging auch so.[15]

Der Brief des fernen Freundes spricht jene Lücken an, die Rapp bereitwillig bestehen läßt. Denn in diesem Brief kommen Mitteilungen zusammen, die Rapps Distanz zu seinem Freund vergrößern. Daß dieser Unteroffizier geworden ist, rückt ihn bereits den ersten Schritt in eine aufkommende Fremdheit; daß er sich sein »Soldatenleben« in einem Korpslazarett »entsprechend einrichten« will, macht die Fremdheit noch größer; daß er daneben aber auch noch einen Aufsatz »zum Geburtstag seines Philosophen Jaspers« abschließen will, das kommt Rapp vollends unverständlich vor. Im Gegensatz zu seinem Freund Wieland würde er ja den Wert solcher Tätigkeiten bezweifeln; daß man während des Krieges an einen Aufsatz zu Ehren eines bewunderten Philosophen denkt, kann Rapp erst gar nicht verstehen. Daß man diesen Aufsatz am Ende aber auch noch fertigstellt, ihn an ein Ende bringt, das widerspricht Rapps Empfinden und Denken besonders. Seiner Haltung ist das Unabgeschlossene, Unfertige, Unabgerundete immanent. Etwas Fragmentarisches haftet all seinen Bewegungen, den Selbstgesprächen und Grübeleien, an.
Dennoch läßt der Brief des Freundes Eugen Rapp nicht mehr los; er ist sich zwar sicher, in diesem Krieg die »Grenzsituationen« nicht erst deuten zu müssen (er hat sie – im Gegensatz zu Wieland – auch direkt vor sich). Er betont auch ausdrücklich, daß es »auch so« geht, eben in fragmentarischer, zurückhaltender, gebrochener Lebensweise. Aber er wird doch daran erinnert, daß auch er, Eugen Rapp, sich an einer ›Philosophie‹ beteiligt, daß er sich ihr in seinem Denken zugehörig fühlt.

Freilich gibt es darüber nicht viele Worte zu machen. Erst recht würde Rapp diesen untergründigen Zusammenhang nicht in einem Aufsatz festhalten. Der Geburtstag *des* Philosophen, an den sich Eugen Rapp erinnert, läge auch viel zu weit zurück:

> Ein bißchen Marc Aurel genügte, nur hatte Eugen seinen Marc Aurel nicht mal dabei ...[16]

Nein, hier in Rußland hat Eugen Rapp seinen Marc Aurel nicht dabei. Es erscheint fast so, als bedeute in Rußland selbst die Mitnahme eines Buches des römischen Kaisers Marc Aurel ein Zuviel. Denn wie sollte man sich sonst erklären, daß Eugen Rapp dieses Buch während des Frankreichfeldzugs noch mit sich führte? Freilich: dies erfährt der Leser nicht in diesem Zusammenhang; er erfährt es an anderer Stelle, im *Tagebuch vom Überleben und Leben*, das die Jahre zwischen 1946 und 1948 behandelt.
Schalten wir uns daher noch einmal kurz in diese Nachkriegszeit ein, machen wir uns auch klar, daß hier alles, was sich um Eugen Rapp herum bewegt, darauf aus ist, den Krieg in Vergessenheit zu bringen. Denken wir weiterhin daran, daß es Eugen nie gelingen wird, diesen Wunsch zu teilen. Der Krieg hat seine Existenz ein für allemal geprägt. Die Spannung zwischen denen, die vergessen wollen, und Eugen Rapp, in dem die Erinnerungen immer wieder nach oben wuchern (um gerade dadurch seine Lebenshaltung zu prüfen), taucht im *Tagebuch* an einer bedeutsamen Stelle auf. Dort heißt es:

> Gut, daß nun sozusagen nichts geschah, nachdem zuvor zuviel geschehen war, immer mit dem Tod im Hintergrund. Den spürte man jetzt kaum, vergaß ihn oder tat, als ob man ihn vergessen hätte, wünschte es sich friedlich oder wartete auf den nächsten Schlag, hieß es doch, Russen und Amerikaner seien einander »spinnefeind«. Das war fast so, als ob der Krieg nun bald wieder

> anfinge. Und Eugen dachte, bei ihm dauere die Beklemmung lebenslänglich.[17]

Die Passage verrät viel. Gut, sagt sich Eugen Rapp, gut, daß jetzt, in der Nachkriegszeit, nichts ›geschieht‹, gut, daß es jetzt diese Ruhe gibt. Gerade so, wie er hier denkt, könnten doch auch die anderen denken, jene, die um jeden Preis vergessen wollen. Im Gegensatz zu ihnen spürt Rapp diesem Friedenswunsch weiter nach. Daß es nämlich zu ruhig ist, das hängt für Rapp damit zusammen, daß man es sich »friedlich« wünscht. Vielleicht wartet man aber auch schon »auf den nächsten Schlag«. Wäre dann aber die Ruhe nicht nur eine scheinbare, eine vorläufige, und müßte man nicht jeden Tag mit dem Beginn eines neuen Krieges rechnen?
Indem Rapp aber so denkt, indem er die Unruhe in die trügerische Ruhe trägt, indem er sie beklemmend hervorzerrt, ist er gleichsam bei seinem eigenen Lebensgefühl angekommen. Er hat es gerade erst wieder erneuert und bestätigt, indem er die Vergangenheit des Krieges in den scheinbaren Frieden hineinprojizierte. »Und Eugen dachte, bei ihm dauere die Beklemmung lebenslänglich.«
Gerade dieser Gedanke führt nun aber zu jenen Zeugen zurück, mit deren Hilfe sich die Beklemmung bestehen ließe. So erinnert sich Rapp auch wahrhaftig sofort an seine Marc-Aurel-Lektüre, und es heißt daher weiter:

> Er las im *Marc Aurel*, erinnerte sich, auch im Krieg das Buch dabeigehabt zu haben, freilich nur in Frankreich, an der Loire und dort unten in Saint Palais; und auch dort oben an der Küste, in Dinard, ganz richtig ...[18]

Ganz richtig: in Frankreich und dort oben an der Küste hatte Eugen Rapp seinen Marc Aurel dann doch *dabei*, in Rußland freilich mußte er auf dieses Buch schon verzichten.

Die Marc-Aurel-Lektüre verbindet Rapps Anstrengungen, seiner Lebenshaltung Festigkeit zu geben, ihr ein Fortdauern zu sichern, mit den das epikureische Lebensmodell aufgreifenden Entwürfen einer philosophischen Lebensklugheit.

Elemente einer ›lebensklugen Politik‹ – Seneca

Die Lehren Epikurs, die Lehren der Stoiker, Kyniker und Skeptiker geben seit der hellenistischen Zeit die folgenreichsten Anregungen für eine Philosophie der Lebensklugheit. Diese bleibt nicht – wie im Falle Epikurs – auf einen kleinen Kreis von Lehrern und Schülern beschränkt. Sie weitet sich aus und dringt allmählich auch in das öffentliche Leben, das politische Denken und die Veränderungen des kulturellen Bestandes ein.

Gemeinsam ist all diesen Lehren die Betonung der ethisch/praktischen Seite. Die Tugenden des vernunftorientierten, selbstgewissen, unveränderbaren Charakters werden durchleuchtet und untersucht. Die ›Lebensklugheit‹ entwikkelt sich zu einem systemunabhängigen, wohl aber von Regeln, Ermahnungen, Selbstprüfungen und Zweifeln geleiteten Verhalten, dessen Erläuterung die traditionellen Zusammenhänge des philosophischen Studiums immer mehr sprengt.

Aristoteles hatte noch zwischen theoretischer und praktischer Philosophie in systematischem Sinn unterschieden; dabei blieb die praktische Philosophie auf Ethik, Ökonomie und Politik bezogen. In dieser traditionellen Einteilung war die Ethik also eng mit der Politik verknüpft; sie hatte sich an Fragen der politischen Praxis zu orientieren und diese zu durchdringen.

Schon im Denken Epikurs taucht dieser systematische Zusammenhang nicht mehr auf. Ethik war hier der oberste Bereich aller Fragestellungen, ein Bereich, der durch die Fragen nach dem Wesen der Natur (Physik) und denen nach der Gestalt des Denkens (Logik) ergänzt wurde. Dadurch wurde die Ethik aus ihren früheren Bezügen herausgetrennt, sie wurde zur ›Lebenslehre‹, der die Physik nur insofern zugeordnet war, als sie den Fragenden die Angst vor Naturerscheinungen nehmen sollte. Epikurs physikalisches Denken diente also bereits dem Ziel, das ethische Ideal der Selbstgenügsamkeit, des furchtlosen, angstfreien Blicks auf die Umwelt zu sichern. Die Naturerkenntnis hatte die Aufgabe, den Blick nach außen dem Blick nach innen einzuordnen. Epikurs ethisches Postulat, der Mensch solle der Natur der Dinge wie seiner eigenen Natur gemäß leben, faßte diese Perspektiven zusammen.

Mit der Zeit ging freilich der Zusammenhang von Ethik, Physik und Politik immer mehr verloren. Seneca, der unter den römischen Philosophen folgenreichste ›Lebenskluge‹, skizziert in seinem Versuch über die Einteilung der Philosophie noch das alte System, er erwähnt noch Politik und Ökonomie und lehnt sich damit an die Unterscheidungen des Aristoteles an. Doch haben sie für ihn selbst nur noch ferne Gültigkeit, und er hält es nicht mehr für angemessen, ihnen in seinen Schriften gerecht zu werden.

So bleibt an oberster, an vereinigender Stelle die Ethik zurück, die sich zu einer ›Lehre von Lebensarten‹ entwickelt. Die Ethik *konkretisiert* sich, ihre Elemente verfestigen sich zu einem komplizierten, ausgearbeiteten Netz von ›Lebensregeln‹, die einem ausgewählten Zuhörerkreis nahegebracht werden.

In letzter Konsequenz gestalten dann erst spätere Jahrhunderte die ›Lehre von den Lebensarten‹ zu einem ganz der Lebenspraxis dienlichen Handbuch. Gracians *Handorakel* ist dafür das herausragende Beispiel, eine späte Inspiration der

Renaissance, dem galanten Zeitalter mit auf den Weg gegeben. Hier hat sich das philosophische Element – zu den Zeiten Epikurs noch vorherrschend – ganz zu einer konkreten Lehre darüber verflüchtigt, wie man sich zu betragen, wie man ›klug‹ zu handeln, zu sprechen, sich zu gebärden habe. Eine direkte Verbindung führt dabei, wie immer wieder durch Anspielungen festzustellen ist, von Seneca, dem ›Lebensklugen‹, zu Gracian, der ja nichts anderes als die Einbindung der stoischen Lehre in eine Lehre der ›Lebenstüchtigkeit‹ versuchte.

Bleiben wir jedoch vorläufig noch im Römischen. Fragen wir genauer, wie römische Autoren die Anregungen der hellenistischen Schulen verändern und aufgreifen.

Bereits Senecas Beispiel zeigt nämlich, wie stark die Philosophie der Lebensklugheit nun in die *Biographie* eindringt; schon dadurch verliert diese Philosophie alles Feste, Systematische. So hat Seneca in seinen Schriften, die auf die Umbrüche seiner Biographie antworten, vielerlei Momente der stoischen und epikureischen Philosophie zusammengebracht. Es kam nicht mehr darauf an, an ihrer schulmäßigen Scheidung festzuhalten, wie er überhaupt nicht darauf bestand, die philosophischen Schulen nach Vorbildern zu trennen. Die ›Lehre‹ ergab sich jetzt aus den Anforderungen, die die biographische Kette der Lebensstationen stellte. Daher werden die Schriften häufig zu einem bestimmten Anlaß (dem Tod eines Freundes, dem Trost einer Zurückgelassenen, der Aufmunterung, der Unterweisung) entworfen. Es kommt darauf an, den Angesprochenen zu überzeugen, ihm zu helfen; um dies zu erreichen, kann alles aufgeboten werden, was die früheren philosophischen Schulen an Gültigem formulierten.

Da hast du denn, mein teuerster Serenus, was deine Gemütsruhe sichern, was sie wiederherstellen, was den sich einschleichenden

> Fehlern Widerstand leisten kann. Doch wisse, daß nichts von allem stark genug ist für die, welche ein schwaches Wesen beibehalten, wenn nicht gespannte und beständige Aufmerksamkeit um das leicht wankende Herz die Runde macht.[19]

Solche Ermahnungen zeichnen sich vor dem Hintergrund eines Lebens ab, das von Umbrüchen nicht frei war. Der als Sohn eines vornehmen Römers in Spanien Geborene erhielt schon früh philosophischen Unterricht. Später schlug er die politische Laufbahn ein; er war Quästor, ein in Rom hoch geschätzter, bewunderter Redner, der, bald gefürchtet und mißachtet, nach Korsika verbannt wurde. Erst nach acht Jahren erlaubten ihm die veränderten politischen Verhältnisse die Rückkehr in die Hauptstadt; unter Agrippina, der zweiten Gattin des Claudius, wurde er der Erzieher des jungen Nero. Zeitweise leitete er die Staatsgeschäfte, weil der Thronfolger noch nicht volljährig war. Als Nero aber selbst die Staatsführung übernommen hatte und seine Herrschaft immer mehr in barbarische Grausamkeit umschlug, zog sich Seneca schließlich ganz zurück.

Sein Leben wurde zu einem charakteristischen Spiegel ›lebensklugen‹ Verhaltens. Den vielfältigen Schwankungen und Veränderungen widerstand er durch ein Denken, das sich auf die Ethik des Unveränderbaren richtete. Rhetorisch, brillant, Anekdoten, Einfälle, Sentenzen zu einem unterhaltenden und belehrenden Stil verbindend, wurde er zu einem Modeschriftsteller seiner Zeit. Seine Schriften beweisen die wachsende Beliebtheit seines ›lebensklugen‹ Programms der Mitte, das von Lesern und Zuhörern keine Unterwerfung, sondern Einsicht forderte. Mehr noch als seine anderen Schriften haben daher die knappen *Briefe an Lucilius* gewirkt. Ihr sacht vermittelnder Ton, von vielen Beispielen und anschaulichen Motiven durchsetzt, diente später als Beispiel für eine Moralistik, die sich von der streng systematischen Form einer Moralphilosophie absetzen wollte. Seneca schrieb und plauderte hier über den Wert der Zeit, die zweckmäßige Art des Lesens, er riet dazu, die Aufenthaltsorte der Menge zu meiden, er spekulierte über Mittel gegen die Furcht, er unterschied natürliche und blinde Begierden, er ereiferte sich über sein Leitthema, darüber, worin eigentlich das glückselige Leben, das Leben in Freude, das Leben des ›festen Charakters‹ bestehe. Derartige Erörterungen mochten auch Laien verstehen; sie bedurften zu ihrem Verständnis keinerlei Vorkenntnisse. Seneca hielt sie dazu an, den Blick auf sich selbst zu richten, die Unwägbarkeiten des Lebens zu durchschauen, die Tagesvorkommnisse nicht zu überschätzen.

Freilich bemerkten schon seine Zeitgenossen, daß diese Aufrufe zur Selbstsicherheit einem wechselvollen Leben abgetrotzt worden waren. In Senecas Art zu denken und zu schreiben zeigt sich häufig ein innerer Kampf. Die Pointen des »vivere militare est« offenbaren sich noch im Unbewußten, im Schwankenden der Darlegung. Auf der höchsten Ebene der philosophischen Erörterung leuchten die leitenden Begriffe auf. Aber die Wege zu ihnen hinauf werden in Sprüngen, ja manchmal beinahe fluchtartig genommen. Das Tempo ist hastig, nur bei den Höhepunkten wird in einer weiteren, ruhigeren Ausschau verweilt. So werden die Gedanken gleichsam zu dieser Höhe der Ideale hinauftransportiert; man achtet nicht so recht darauf, was während dieses Transports alles verloren geht. Man ist froh, oben angekommen zu sein, man atmet durch, das scheußliche Leben der kleinen Kämpfe und Intrigen liegt tief unter einem – aber man weiß schon, daß man wieder wird hinuntergehen müssen. Um so lauter deklamiert man in der Höhe, hebt man den Zeigefinger, saugt man die dünne Luft ein. »Weshalb siehst du dich nach dem um, was dir vielleicht begegnen,

aber auch nicht begegnen kann? Ich meine den Einsturz zusammenbrechender Gebäude.«
In diesen stillen Stunden der Unterweisung gibt man sich den Ausdruck des gesammelten Charakters, um doch zu wissen, daß man diesen Ausdruck nie dauerhaft wird aufrechterhalten können. »Von dem Menschen aber droht dem Menschen tägliche Gefahr.« Um so konzentrierter gibt sich Seneca, um so verstiegener wirkt manchmal sein Ton, um so stärker brechen jene Momente aus ihm heraus, die ihn zum unbewußten Zeugen eines steten inneren Kampfes machen. »Du jedoch bedenke die Gefahr, die vom Menschen ausgeht, so, daß du zugleich bedenkest, was des Menschen Pflicht sei.«
»Sand ohne Kalk« – so brandmarkte Caligula diesen Stil. Die spätere römische Kritik warf Seneca einen übertriebenen Einsatz stilistischer Topoi vor. Dies alles schmälerte jedoch nicht seine große Wirkung auf die europäische Philosophie der ›Lebensklugheit‹. Seneca wurde einer ihrer bedeutendsten Anreger. Sein berühmter, im 4. Jahrhundert gefälschter Briefwechsel mit Paulus (den man lange für echt hielt), hatte ihn bereits dem Christentum nahegebracht und zum Vermittler christlichen Denkens im heidnischen Rom gemacht. Im Mittelalter schrieb man daher seine Werke selbst in den Klöstern ab, Petrarca orientierte sich stilistisch an ihm, in Dantes *Divina commedia* erschien er als »Seneca morale«, Erasmus veranlaßte eine Ausgabe seiner Schriften. Gracian schätzte in ihm den Lehrer praktischer Klugheit, zur Anwendung gebrachter Tugend. Noch im späten achtzehnten Jahrhundert hielt die europäische Seneca-Diskussion an. Diderot widmete ihm eines seiner Alterswerke, den breit angelegten *Essay über die Herrschaft der Kaiser Claudius und Nero sowie über das Leben und die Schriften Senecas:* »Ich hatte mir eine würdigere Aufgabe gestellt: ich wollte unvoreingenommen das Leben und die Werke Senecas prüfen, wollte einen großen Menschen

rächen, soweit er verleumdet worden war, oder seine Schwächen beklagen, soweit er mir schuldig erschien, und Nutzen aus seinen starken und weisen Lehren ziehen.«[20]
Senecas Leben, Senecas Philosophie – ihre Übereinstimmung, ihr Auseinanderklaffen waren zu einem einzigartigen Streitfall geworden. Die einen sahen in ihm den geläuterten Weltmann, den tragisch leidenden Weisen, der seine Philosophie der Welt der politischen Geschäfte entrang, ein Standbild des predigenden, tugendhaften Besonnenen, der sich dem von Nero aufgezwungenen Freitod ohne Lamentieren, ohne Furcht stellte. Andere sahen in ihm den klugen Strategen, der seine Absichten geschickt in die politischen Geschäfte einzubringen und sie durchzusetzen verstand. Allen war jedoch Seneca der antike Lehrer höfischer Lebenskunst, ein Politiker, der die Gefahren im gesellschaftlichen Umgang wie kaum ein anderer gewittert hatte, der dadurch zu Prüfung, Beobachtung und Reflexion veranlaßt worden war. Senecas Biographie hatte die Schwierigkeiten, mit denen der ›Lebenskluge‹ im politischen Alltag zu rechnen hatte, wie kaum eine andere offenbart.

Der ›lebenskluge‹ Sklave – Epiktet

Daß sich die Philosophie der ›Lebensklugheit‹ jedoch inzwischen nicht nur im hohen politischen Bereich, sondern auch im privaten der unteren Stände Eingang verschafft hatte, beweist das Beispiel Epiktets. Seine Jugend verbrachte er noch als römischer Sklave, später wurde er freigelassen. Nach Jahren des philosophischen Unterrichts bei Musonius Rufus lehrte er zunächst als Wanderprediger; erst nach seiner Verbannung durch Domitian gründete er in Nikopolis eine eigene

Schule, die – ähnlich wie die Epikurs – viele Schüler anzog. Einige dieser Schüler notierten seine Lehrsprüche; nur so ist Epiktets Denken überhaupt in schriftlicher Form erhalten geblieben.

Epiktet tritt nun geradezu als Muster der stillen, sich bescheiden und unaufdringlich artikulierenden Lehre auf. Nie hatte er den Ehrgeiz, durch eigene philosophische Überlegungen oder ein eigenes Lehrgebäude zu glänzen. Seine Überlegungen greifen den engen Themenkreis der Stoa auf, er beruft sich auf Lehrer wie Zenon, Kleanthes und Chrysipp; sogar die traditionelle Einteilung der Philosophie in Physik, Ethik und Logik behält er bei; dabei hält er jedoch die Ethik für die herausragende Disziplin. Seine scheue Zurückhaltung ist noch in den aufgezeichneten Notizen und Belehrungen spürbar: »Merke: benimm dich im Leben wie bei einem Gastmahl.«

Der Mensch ist nach Epiktets Ansicht in den Kosmos integriert; er hat die vernünftige Ordnung des Alls zu respektieren und seine eigene Natur nach dieser Ordnung auszurichten. Diese Natur aber bedarf gleichsam der Empfänglichkeit für sittliche Anstrengungen. Der Mensch muß sich über den Wert der äußeren Güter erheben, er muß deren Wirksamkeit vorsichtig beschränken. Ein zentraler Begriff der Philosophie Epiktets ist daher der Begriff der *Prüfung*. Das »wahre Ich« grenzt sich durch eine innere Schranke von der Außenwelt ab, es läßt nur einwirken, was die Gefaßtheit und die geordnete Schönheit des Inneren nicht in Bewegung bringt oder an vorübergehende Eindrücke verrät. Das Innere soll zu einem festen, ruhenden, nicht einnehmbaren einheitlichen Zentrum werden. Reinheit, Ehrlichkeit, Schamhaftigkeit – diese Tugenden helfen der philosophischen Berufung weiter. Epiktet ist einer der ersten ›Lebensklugen‹, der diese Berufung in den religiösen Bereich überführt. An einer Stelle betont er ausdrücklich die Vorteile des Zölibats. Auch sonst sind die mön-

chischen Elemente seiner Philosophie unverkennbar. Sie verhalfen seinem Denken zu einem großen Einfluß bei den Kirchenvätern und setzten sich seit dem 9. Jahrhundert auch im Mönchtum des byzantinischen Ostens durch.
Auch andere Momente rühren direkt an religiöse Themen. Epiktets Ethik sucht die Übereinstimmung mit dem ›Göttlichen‹. Das Leben ist dem Menschen wie eine Teilnahme an einem Fest gewährt; erst der Tod entbindet ihn jedoch von den Beschränkungen. So drängt Epiktets Denken ins Jenseitige; andererseits erniedrigt es das Leben nicht zu einer bloßen Vorstufe. Heiterkeit, Lauterkeit, Frohsinn – diese Tugenden soll der Mensch gerade während des Lebens verwirklichen. Intensiv dient diesen Tugenden die Betonung des einfachen Lebens:

> Die Bedürfnisse des Leibes – Essen, Trinken, Kleidung, Wohnung, Gesinde – befriedige in der einfachsten Weise. Äußeren Glanz und Luxus laß beiseite.[21]

Daraus ergibt sich eine gewisse Annäherung an die kynische Philosophie. Epiktet hat den Kyniker Diogenes besonders verehrt; die Passagen über den Kynismus reden jedoch vom Kyniker bereits wie von einem Heiland der religiösen Unterweisung. So heißt es:

> Hat sich nun der wahre Kyniker so vorbereitet, so darf er dabei nicht stille stehn, sondern er muß wissen, daß er als Gesandter Gottes zu den Menschen kommt, sie über Gut und Böse zu belehren, daß sie im Irrtum sind und das Wesen des Guten und Bösen dort suchen, wo es nicht ist, und nicht daran denken, wo es wirklich ist.[22]

So rücken die spirituellen Züge der Philosophie Epiktets den Bedürfnislosen ins Bild des Erleuchteten. Dieser hat sich vom irdischen Stolz abgewendet, er prüft sich selbst, wie er auch das Leben der anderen durchschaut. Er ist zufrieden, er hält in seinen Verrichtungen inne, er bringt sie gleichsam vor sich selbst zur Ruhe, läßt sie ermatten, um sie dann erst mit ganzer Seele auszuführen. Die Duldsamkeit, jene unendlich ausgedehnte Fähigkeit Epiktets, ist von seinen Schülern und denen, die seine Philosophie studierten, hervorgehoben worden. Noch Luther spricht von Epiktet als dem Lehrer des Meidens und der Geduld.

Nietzsches Wort, die Weisheit sei ein Gezischel des Einsamen mit sich auf vollem Markte, war auf Epiktet gemünzt. Daß Epiktet sich gleichsam vieles selbst ins Ohr gesagt, daß er es sich zugeflüstert habe, bemerkt noch der heutige Leser am Gestus seiner Philosophie. Nietzsche hat ihre Demut und Selbstgenügsamkeit in einer bedeutsamen Passage der *Morgenröthe* mit Epiktets Herkunft aus dem Sklavenstand in Verbindung gebracht. Dort heißt es: »Epiktet war ein Sclave: sein idealer Mensch ist ohne Stand und in allen Ständen möglich, vor Allem aber wird er in der tiefen, niedrigen Masse zu suchen sein, als der Stille, Sich-Selbst-Genügende innerhalb einer allgemeinen Verknechtung, der sich nach Außen hin für sich selber wehrt und fortwährend im Zustande der höchsten Tapferkeit lebt«[23].

Der ›lebenskluge‹ Kaiser – Marc Aurel

Auch der junge Marcus Annius Verus, der sich nach der Adoption durch seinen Onkel Antoninus Pius Marc Aurel nannte, lernte die Philosophie der Lebensklugheit schon recht früh kennen. In einer der vornehmsten Familien Roms aufgewachsen, hatte er noch als Jugendlicher den Vater verloren; auf den Vaterlosen war der römische Kaiser Hadrian aufmerksam geworden. Er bestimmte ihn zum späteren Thronfolger.

Marc Aurel hatte in seinem Onkel Antoninus Pius, der eine Zeitlang mit ihm zusammen das römische Imperium regierte, ein leuchtendes Vorbild. Einfach, streng gegen sich selbst, die Regierungsgeschäfte mit Vorsicht und Übersicht lenkend – so wollte auch er selbst vor der Welt bestehen. Nach dem Unterricht durch den Stoiker Iunius Rusticus studierte Marc Aurel vor allem die philosophischen Lehren Epiktets. Sie hinterlassen in seiner Lebenshaltung tiefe Spuren. Geduldig, den aufwendigen Prunk verachtend, die Geringfügigkeit menschlichen Wirkens erkennend, wird Marc Aurel zu einem Kaiser, der in den Jahren seiner alleinigen Regentschaft immer wieder gezwungen wird, das römische Imperium gegen die Angriffe einbrechender Völker zu verteidigen. Hungersnöte, Pest und Krieg lassen ihn in den letzten Jahren seines Lebens kaum noch zur Ruhe kommen. Die Kriege mit den Armeniern und Parthern, mit Markomannen, Quaden und Jazygen fordern all seine Kräfte heraus. Er übernimmt die militärische Führung selbst und lebt seit dieser Übernahme fern von Rom, eilt von einem Kriegsschauplatz zum anderen. Ungarn, der Orient, der germanische Norden – all diese Grenzgebiete des Reiches sind immer wieder im Aufruhr. Der beinahe Sechzigjährige stirbt während eines Kriegszugs in der Nähe von Wien.
Die Aufzeichnungen »An mich selbst« hat er während dieser Kriegsjahre abgefaßt. Dabei blieb kaum Zeit für weitausholende Notizen und Überlegungen. Statt dessen entstand eine Fülle ruhiger, gesammelter Betrachtungen, durch die sich der Kaiser zur Einhaltung seiner Lebensregeln erzog. In ihnen rief er sich dazu auf, den Wert des Lebens nicht zu hoch einzuschätzen, sich selbst als Teil eines Ganzen zu sehen, dessen vollständige Erfahrung dem Menschen verwehrt sei. Die Isolation im Krieg, der stete Rückzug auf das Selbst, das er auch in den Zeiten schwerwiegender Veränderungen bewahren und

schützen wollte, gaben seinen Aufzeichnungen einen besonderen Charakter. Weder für Schüler noch für Leser bestimmt, kreisen sie in einem fortwährenden Selbstgespräch um die Fragen nach dem angemessenen Leben.
Marc Aurel führt den *inneren Monolog* in die Philosophie der Lebensklugheit ein. Der vereinsamte Einzelne unterhält sich mit sich selbst, korrigiert sich im stillen, überprüft die eigenen Vorsätze und Standpunkte. So dienen die Aufzeichnungen den Momenten der Konzentration, der inneren Betrachtung. Der Krieg in der ›Fremde‹ – die innere Heimat der philosophischen Lehre: erst durch diesen Bezug erhalten die Notizen ihr Gewicht und ihre besondere Nachdenklichkeit.

> So wirf denn alles ab und behalte nur diese wenigen Sätze! Vergiß auch nie, daß jeder nur diesen gegenwärtigen Moment lebt. Die übrige Zeit hat er entweder gelebt oder sie liegt im Ungewissen. Es ist also nur eine winzige Spanne Zeit, die ein jeder lebt, winzig auch der Fleck der Erde, wo er lebt.[24]

So wie hier entsteht im ganzen Werk ein intimer Redefluß, der die eigene Selbstbefragung konkret, unparteiisch und direkt führt. Wer bin ich, wem verdanke ich mein Dasein, wie habe ich mich dargestellt? – diese Fragen werden nicht auf dem abstrakten Weg bloßer Erkenntnis, sondern anhand der eigenen Biographie beantwortet. Die Erforschung der Handlungen richtet sich vor allem auf deren Ursachen. »Willst du nun endlich, du meine Seele, gut und natürlich und eins mit dir selber sein und dich ohne jede Hülle zeigen, so daß du offener daliegst als der dich umgebende Leib?«
In den *Selbstbetrachtungen* artikuliert sich so eine Nähe des Denkenden zu den Menschen, Gegenständen und Vorgängen in seiner Umgebung wie bei kaum einem anderen der hier genannten Philosophen. Ärger, Zorn, Lust, Schmerz, Lüge, Unvernunft – all das sind Überraschungen, Überrumpelungen

für die Vernunft, die sich ihrer zu entledigen sucht. Philosophie wird zur Kunst der »inneren Leitung« und Bewährung. Schon das Nachdenken über andere Menschen soll sich in streng gesetzten Grenzen bewegen. Meinungen werden hochgehalten, geprüft, sacht verabschiedet, nie aber geleugnet, hintertrieben. Die Konzentration auf das Wesentliche kennt weder übertriebene Härte noch Reue.

Die Kunst, der (äußeren wie der inneren) Natur gemäß zu leben, beweist sich im Falle Marc Aurels in zahlreichen unendlich frei, beinahe überbewußt formulierten Sätzen. Man muß – mahnt er sich – mit allem rechnen; was kommen wird, ist schon zu ahnen, man wird mit diesem oder jenem zusammentreffen, und das Gewölbe der Wiederholungen wird sich wieder auftun. Aber die Sprache zeigt an, wie gefaßt der Denkende darauf ist. »Dies Ding hier, was ist es an sich selber, seiner eigenen Natur nach? Was ist seine Substanz und sein Stoff? Was seine Ursache? Welche Rolle spielt es im Kosmos? Wie lange Zeit währt es?«

Die einzelnen Dinge gehören so auf verflochtene Weise zusammen. Der Mensch vertieft sich in die Ordnungen, die er nie auf einmal erkennen und anschauen kann. Dennoch kann er sich den Dingen nähern, ihren Lauf hemmen, innehalten: »Denk daran, daß es ebenso töricht ist, sich darüber zu wundern, daß der Feigenbaum Feigen trägt, wie darüber, daß der Kosmos dies und jenes hervorbringt, wovon er der Erzeuger ist.«

Marc Aurels Denken kommt so mit wenigen Elementen der stoischen Philosophie aus. Neuartig ist die Verbindung dieser Elemente mit einer Fülle von Assoziationen, Bildern und Schicksalen, durchzogen von einem fortlaufenden Selbstgespräch, das nichts ungeprüft vorbeiziehen lassen will. Dabei erstaunt die Gelassenheit mancher Wendungen; das Denken vergewissert sich manchmal sogar in einem aufmerksam machenden Doppelschritt des sicher Geglaubten: »Wirf die Meinung hinaus, und du bist gerettet! Wer kann dich da hindern, sie hinauszuwerfen?«

Marc Aurel, Brüning und Eugen Rapp

Kehren wir wieder zu Eugen Rapp zurück. Vom bisher Gesagten aus betrachtet, wird nun deutlicher, warum Rapp vor allem an die Überlegungen Marc Aurels anknüpft. Dessen Leben in der Fremde und im Krieg kann er ja ohne Umschweife mit dem eigenen Leben vergleichen. Auch er, Rapp, kommt nicht ohne diese immer wieder aufgenommenen, geduldig fortgeführten ›Selbstbetrachtungen‹, ohne diesen anhaltenden inneren Monolog aus. Erst durch dieses Selbstgespräch, in dem sich Zweifel, Vorbehalte und Korrekturen mischen, stellt er den Haushalt seines Fühlens und Denkens wieder her. Weiterhin: auch Eugen Rapps Notizhefte sind nicht für Freunde oder Leser bestimmt; er hat mit ihnen nichts Größeres vor. Sein Kritzeln, Prüfen und Überwachen dient nur ihm selbst; durch diese kleinen Mühen hält er sich auf der ihm angemessenen Höhe der Ereignisse, unterscheidet er Eigenes und Fremdes, spitzt er die Beliebigkeit, die verschwimmende Gestalt des Außen auf den Ernst seines Inneren zu. Zu sich selbst reden, sich etwas vormurmeln – das wird für Eugen Rapp (wie Jahrtausende zuvor für den römischen Kaiser Marc Aurel) zu einer Notwendigkeit.
So mischen sich die ›Selbstbetrachtungen‹ des Kaisers in die Überlebensstrategien eines deutschen Soldaten. Rapp mag an ihnen eine gewisse Souveränität geschätzt, er mag die manchmal kaum verborgenen Momente von Resignation, die in den

Aufzeichnungen Marc Aurels auftauchen, gut verstanden haben. Die auf die Probe gestellte Gelassenheit – sie trat durch die Biographie des Kaisers so in Erscheinung, daß Rapp dies alles mit Momenten seiner eigenen Biographie vergleichen konnte. Daher ist es kein Zufall, daß Rapp weder zu Seneca noch zu Epiktet greift; er will auch niemanden belehren oder unterrichten. Vielmehr sucht er genau das, was auch Marc Aurel in den nächtlichen Stunden des Wachseins suchte: diesen gefaßten Blick auf die Zusammenhänge, diese innere Abwehr der aufdringlichen Welt.

Erst recht hat Rapp inzwischen nichts mehr mit einer Lebensklugheit im Sinn, die sich im politischen Bereich verwirklichen könnte. Diese Ausprägung, die Senecas Leben und Denken so eindringlich repräsentierte, ist in der Zeit des Nationalsozialismus und in der Kriegszeit völlig abhandengekommen. Ruhige Überlegung, Vernunft, Selbstprüfung – das alles kann Rapp an den politischen Führern längst nicht mehr beobachten. Schon dadurch wird er gezwungen, sich auf sich selbst zu verlassen, eine ›Politik‹ im Kleinen zu betreiben.

Wenn sich Rapp überhaupt an einen Politiker seiner Zeit erinnert, dem er diese Momente zugetraut hätte, so muß er weit zurückgehen, bis in eine Zeit, in der der Nationalsozialismus noch nicht dominierte. In einem solchen Fall erinnert sich Eugen Rapp an den früheren Reichskanzler Brüning. Noch bevor die Nationalsozialisten an die Macht gekommen waren, hatte Rapp Brüning bei einer Wahlkampfveranstaltung in Stuttgart beobachtet. Damals hatte sich Rapp besonders intensiv mit der Biographie dieses Politikers beschäftigt; zwei Bücher über ihn hatte er studiert, Artikel und Photographien in Zeitungen hatte er gesammelt. Wenn er gefragt wird, was er an Brüning entdecke, was er Besonderes an ihm finde, so kann er nur antworten, daß er Brüning für einen Mann halte, »der wisse, was er wolle; einer, der sich alles lange überlege und streng arbeite, der sich nichts schenke«[25].

Selbstprüfung, Vernunft, lange Überlegung – diese Tugenden verbinden den Politiker Brüning indirekt mit dem Studenten Rapp. Gerade diese Tugenden kann Rapp auch während der Wahlkampfveranstaltung beobachten. Dazu setzt er sich neben den Gang, durch den Brüning zum Podium geht. Wie sah Brüning denn aus? So, sagt sich Rapp, »als wären ihm das Bravorufen und das Händeklatschen arg zuwider«[26]. Brüning – das war in Eugen Rapps Augen einer, »der nachdenken und wenig reden wollte«. Wenn er sich den Politiker Brüning an einem ihm gemäßen Ort vorstellt, dann denkt er dabei auch nicht an ein Podium, nicht an einen rhetorisch-brillanten Vortrag vor der gespannt lauschenden Masse. Den Politiker Brüning kann sich Rapp vielmehr in einem Zimmer »mit brennender Schreibtischlampe und zugezogenen Gardinen« vorstellen.

Es ist klar: Eugen Rapp erkennt in Brüning einen Menschen, der Politik auf ein Fundament der Lebensklugheit bezieht. Der stille, abgeschiedene Raum, die geduldig betriebene Arbeit, das Abwägen, Sammeln, Überlegen, Studieren – in allem vermutet Rapp die Bezüge des ›Kepos‹. Vielleicht weiß er aus seinem Studium der Biographie des Politikers Brüning sogar, daß dieser ursprünglich vorhatte, mit einer philosophischen Arbeit zu promovieren, die sich an die Themen der antiken Lebensklugheit anlehnte. Doch bedurfte es dieser direkten Verbindung kaum; Rapp erkannte in Brüning auch ohne dieses spezielle Wissen einen Politiker, der in der Zeit des bedrohlich aufkommenden Nationalsozialismus eine den Zeittendenzen entgegenlaufende Haltung einnahm, die Haltung eines Skeptikers, eines Abwägenden. Damit hatte Brüning damals freilich wenig Erfolg. Es fiel Eugen Rapp nicht schwer, das zu bemerken. Brüning wurde mit anderen Maßstäben gemessen;

er galt als schlechter Redner, er machte kaum ›Eindruck‹, die Zuhörenden erkannten an ihm nicht jene Züge, die Rapp so sehr anzogen und fesselten. Dennoch behielt Rapp die Erscheinung dieses Politikers im Gedächtnis; er reihte sie in die Kette jener Menschen ein, die ihm etwas bedeuteten, weil sie den Umwälzungen nicht folgten und ihnen – auf ihre Weise – widerstanden.

Die europäische Tradition der Lebensklugheit

Der elementare Wandel, den die Ethik in den Jahrhunderten erfährt, hat auch wirkungsvolle literarisch-stilistische Konsequenzen. Indem sich nämlich die Ethik zu einer »Kunst der Lebensführung« verändert, verschwindet der systematische Zusammenhang, in dem sie früher aufgehoben war, zugunsten belehrender, an bestimmte Adressaten gerichteter Prosa. Es entstehen knappe Traktate, die Lebensregeln werden aphoristisch zusammengefaßt und überliefert. An die Stelle des traditionellen Systems tritt eine zersplitterte Fülle *einzelner* Überlegungen und Anweisungen, die sich meist direkt an die Zuhörer richten. Der Philosoph eines »Kreises« wird zum Weisen, wie ihn schon Diogenes Laertios im zehnten Buch seiner Philosophenbiographien beschrieb, das Epikur gewidmet war. Der Weise lebt fern von hinreißenden Begierden, er entwickelt seine Lehre meist im Kreis der Freunde; in seinem Leben gibt er ein strenges Leitbild ethischer Lehre, die den Anhängern in Gesprächen, Anreden, Ermahnungen und Trostsprüchen überliefert wird. Epikurs Tätigkeit in Athen galt dafür als Vorbild.

Die literarische Konsequenz aus dieser Umwandlung der Ethik in eine Lebenslehre ist der aphoristische, sentenzenhafte, zusammenfassende, oft auch dialogische Stil, der sich, wie das Beispiel Marc Aurels zeigte, auch zu einem inneren Monolog der Selbstbefragung ausweiten konnte. So schafft sich die »Ethik als Lebensklugheit« einen eigenen literarischen Ausdruck, produktiv in der verknappten Formulierung, beredsam, aber keineswegs rhetorisch.

Die zersprengte, aphoristische Darstellungsweise hat in der abendländischen Literatur weitreichende Folgen; sie entwikkelt den Anspruch einer Tradition, als deren letzter Zeuge wohl Nietzsche gelten kann, in dessen Schriften wie bei keinem anderen Philosophen der Moderne Versuche einer neuen ethischen Wertsetzung mit den Anstrengungen eines mühelos erscheinenden Stils der Gebärde, des Einwirkens, der verkürzten, präzisen Wendung übereinstimmen. In den *Nachgelassenen Fragmenten* des Jahres 1876 ist ausdrücklich von einer Unterscheidung zweier Stilarten die Rede; gemeint sind der »Stil des Intellekts« und der »Stil des Willens«. Der »Stil des Willens« gilt dabei als eine Art Vorstufe, er ist zunächst poetisch orientiert, Ausdruck eines bestimmten Individuums, und erhebt sich erst später zu jenem »schlicht-alltäglichen« Ausdruck, der dem »Vorbild des vornehmen Mannes, der einfach und gewählt spricht«[27], folgt.

Diesem späten Ideal entsprechen bereits die ersten Ansätze bei Epikur. Charakteristisch war es schon, daß er den rhetorischen Schulen seiner Zeit mit äußerster Skepsis gegenüberstand und seine Schüler anhielt, die rhetorischen Studien gering zu achten. Das Wesentliche sollte sich vielmehr in einem einfachen, aber gewählten Ausdruck, einprägsam, vermitteln. Daran hielten sich die Philosophen, die sich auf ihn bezogen. Nur in den Schriften Senecas war das rhetorische Element – Nachwirkung seiner politischen Biographie – unverkennbar. Seneca liebte die Wiederholung, das stete Kreisen um ein Thema, die Ausschweifung des Stils, der nicht zur knappen Diktion, wohl aber zur originellen Phrase drängte, um sich dann im zweifelnden Ton zu verlieren. Stärker als diese auf rhetorische Wirkung angelegten Schriften haben vor allem seine *Epistulae* Nachahmung gefunden. Ihre Kürze, ihr sacht belehrender Ton, von vielen Beispielen und anschaulichen Motiven durchsetzt, diente als Beispiel für eine *Moralistik,* die sich von der streng systematischen Form einer Moralphilosophie absetzen wollte. So lobt Gracian die *Epistulae* ausdrücklich wegen ihres unkomplizierten Brief-Tons. Dieses Lob knüpft an das an, das andere Meister der europäischen Moralistik – wie Montaigne und Bacon – Seneca bereits gezollt hatten. Hierbei wird die Hervorhebung der offenen schriftstellerischen Form der Darlegung mit einem Akzent verbunden, der das Wesen des moralischen Individuums nicht mehr allgemeinen Prinzipien unterordnen, sondern es in der Vielfalt seiner Lebensanstrengungen *beschreibend* aufsuchen will. Die Moralistik, seit Ende des 15. Jahrhunderts entwikkelt, tritt einer systematischen, strengen »philosophia moralis« gegenüber, die letztlich als Teil des Lehrgebäudes der dreigeteilten Philosophie übriggeblieben war.

So ist die Moralistik für Montaigne eine Art *Menschenkunde,* die sich nicht aus allgemeinen Erörterungen über das Wesen und die Tugenden des Menschen ableiten läßt. Was der Mensch ist, was er sein kann, wird vielmehr erst bestimmt, nachdem man ihn in seinen facettenreichen Gebärden und Zügen beschrieben hat. Die Konzeption der Moralisten führt vom Einzelnen zum Allgemeinen, die der Moralphilosophie jedoch vom Allgemeinen zum Einzelnen. Montaigne hob nicht zufällig hervor, daß er die Schriften von Historikern am liebsten lese; erst in der geschichtlichen Vielfalt lasse sich ein Bild des reichen menschlichen Charakters entdecken. Studiert werden also Sitten, Gebräuche, Handlungs- und Erlebnisformen; erst durch dieses Studium entsteht das Bild des Menschen in seiner kaum noch eingliederbaren Vieldeutigkeit. Die französischen »Moralisten« des 17. und 18. Jahrhunderts nehmen diese Tendenz auf. La Rochefoucauld, La Bruyère – sie suchen den Menschen in seinen Tätigkeiten auf, sie halten ihm einen Spiegel vor, nicht in normativer, sondern in analysierender Absicht. Ihre Darstellungen sind von der strengeren Morallehre, wie sie noch Epikur anbietet, unterschieden. Die Moralistik erfaßt den tatsächlichen, handelnden Menschen, sie seziert und prüft ihn, sie gibt ihn dem Gelächter, dem Spott und der Erkenntnis preis.[28] Die Moralphilosophie dagegen argumentiert vom Allgemeinen, von der Analyse von Tugend, Rechtschaffenheit, Glückseligkeit aus. Dennoch ist die Moralistik – wendig, pointiert, zugespitzt – jenen Momenten der Moralphilosophie verpflichtet, die sich schon in den Anfängen durchsetzen.

Die engsten Berührungspunkte finden sich bei Gracian. Sein *Handorakel* gehört in den moralistischen Umkreis, den um Bacon und Montaigne; andererseits kennt er aber auch noch die exakten Ansprüche moralischen Philosophierens und versucht, sie in die Handlungselemente seiner »klugen« Charaktere einzulassen. Um das eine mit dem anderen verbinden zu können, greift er daher auf das Vorbild der *Epistulae* Senecas zurück. In ihnen wird in der antiken Philosophie am ehesten die strenge Systematik einer »philosophia moralis« zugunsten eines freieren Tons, einer Beschreibung menschlicher Sitten, Laster und Gewohnheiten, umspielt. Senecas Briefe bereiten daher den *Essay* vor; noch Montaigne berief sich darauf, und es macht keine Mühe, diese historische Linie wiederum zu Nietzsche, dem großen Zusammenfasser, Umdeuter und europäischen Moralisten, auszuziehen, in dessen Schriften sowieso der gesamte Dialog der hier angesprochenen Themen aufzugehen, ja auszuufern scheint. Nicht ohne Grund hat er Epikur und Montaigne als eines der vier Paare bedeutsamer Schriftsteller erwähnt, mit denen er sich immer wieder auseinandersetze.

So werden, zusammengefaßt gesagt, die klassischen philosophischen Systeme (Platons, Aristoteles') zunächst in einer »philosophia moralis« (Epikur) zersetzt und gleichzeitig zu einer Summe von Lebensregeln ausgeweitet, die noch unter dem Anspruch stehen, allgemeinen Gesetzen, höchsten Prinzipien zu gehorchen. Bereits Seneca zerlegt in den *Epistulae* diese Prinzipien stärker in Hinsicht auf ihre Anwendung, den einzelnen, schillernden, jeweils individuellen Fall. Dieser Fall wird diskutiert, erörtert, einem Gegenüber vorgelegt, nach allen Seiten gewendet; die »philosophia moralis« verwandelt sich allmählich zur Moralistik.
Literarisch gesehen, erfordert dies einen neuen Ton; Seneca führt bereits einen Briefpartner ein, an den sich die Erörterungen richten. Aus diesem intimen Dialog gliedert sich in den Schriften Marc Aurels das Selbstgespräch, die gleichsam überzeitlich-autobiographische Summe aus, die, meist am Ende eines Lebens entworfen, noch einmal die Lebenserfahrungen zusammenziehen soll. Ansätze zum intimen Tagebuch sind hier verborgen.
Später befreit sich die Erörterung vom strengen philosophischen Gehäuse, sie vagabundiert gleichsam, stellt den einzelnen, konkreten Menschen in den Mittelpunkt. Historisch ist dies der Zeitpunkt, in dem Montaigne in Anlehnung an Bacon die Technik seiner Essays entwickelt. Es sind »Versuche« über den Menschen, keine zusammenhängenden Überlegungen mehr:

> Ich trage keine Glaubenssätze, sondern unverbindliche Meinungen vor, über die man nachdenken soll; ich trage vor, was ich mir mit meinem Verstand so ausdenke, nicht, was ich nach Gottes Weisung zu glauben habe; wie ich es sage, ist ganz unkirchlich, nicht theologisch, aber immer sehr fromm. Wie Kinder ihre ›Versuche‹ hinzeigen: sie wollen daran lernen, nicht andere damit belehren.[29]

So öffnet sich bei Montaigne der theologisch-philosophische Kreis des Debattierens den Formen individueller Reflexion, die zunächst keinen Anspruch stellt als den der persönlichen Wahrhaftigkeit, der Prüfung der Lebensverhältnisse, der Unterscheidung von Gut und Böse.

Die ›modernen‹ Facetten der Lebensklugheit – Gracian und Schopenhauer

Der Erbe der neuzeitlichen Veränderungen war Gracian. Sein *Handorakel* summiert die Erfahrungen der höfischen Lebenskunst und setzt sie der antiken Lehre vom Lebensweisen entgegen:

> Mehr gehört jetzt zu einem Weisen, als in alten Zeiten zu sieben, und mehr ist erfordert, um in diesen Zeiten mit einem einzigen Menschen fertig zu werden, als in den vorigen mit einem ganzen Volke.[30]

Der ›moderne‹ Weise im Sinne Gracians bleibt verborgen; er lehrt nicht mehr, er stellt sich nicht einem Kreis von Schülern und Bewunderern. ›Weisheit‹ erhält einen völlig neuen Wert; sie faßt alle Tugenden der Selbstbeherrschung zum Ausdruck des in der Verborgenheit sein Leben planenden Strategen der Lebenskunst zusammen. Der lebenskluge Höfling kennt nur die innere Intimität; nie wird er den Fehler machen, sich bloßzustellen, den anderen jenen Platz anzudeuten, den man ihm zuweist. Der ›moderne‹ Lebenskluge ist allein, aber nur aus dieser Einsamkeit heraus kann er den Kampf gegen die anderen aufnehmen. Er muß intrigieren, wissen, wann man vorwärtsdrängt, wann man sich zurückzieht. Er muß ein Experte in der Kunst, sich zu verstellen, sein.

Der Untergrund solcher Offenbarungen und Ratschläge ist das neuzeitliche Lebensgefühl, das auf die veränderte Gesellschaft reagiert. Im Kosmos des Staatsganzen erobert sich der Mensch seinen Platz nur, indem er seine Verhältnisse auszuloten weiß. Der Naive ist verloren, aus dem Weisen früherer Jahrhunderte wird der berechnende Planer.

Schon Gracian kennt das ›moderne‹ Gefühl von Komplexität, jenes dauernde Erschrecken über das scheinbar noch Unbedeutendste. Denn wie der Weise nicht mehr der naive Tugendlehrer im geschlossenen Bezirk des ›Kepos‹ sein kann, so kann er auch nicht mehr der Naivität seiner Umgebung vertrauen. In die menschlichen Beziehungen hat sich mit der Wende zur Neuzeit jenes überall wirkende Gift des Mißtrauens, der Vorsicht eingeschlichen, das keine Ruhe mehr gibt. Menschen stellen einander nach, treten gegeneinander an, das Leben ist ein unaufhörliches Verrücken von kleinen, bis in den Alltag reichenden Kämpfen, das keine Muße mehr erlaubt. Jeder Handschlag, jede Geste kann eine andere Bedeutung als die haben, die man im ersten Augenblick in ihr vermutet. »Heutzutage sind im menschlichen Umgang große Untiefen: man muß bei jedem Schritt das Senkblei gebrauchen.«

Solche Feststellungen sind zentral. Sie antworten auf die Intrigenkunst an den Höfen, auf dauernde Nachstellungen und Verdächtigungen, sie fordern vom Einzelnen das schillernde Spiel, im steten Wechsel derselbe zu bleiben. Die Grazie privater Selbstgenügsamkeit ist zur Grazie öffentlicher Darstellungskunst geworden. Das antike Gebot der leidenschaftslosen Hingabe, der Kongruenz zwischen den Regungen der äußeren und der inneren Natur, ist zur lebensnotwendigen Lüge geworden, durch die man sich dem Blick der anderen entzieht. Man arbeite im Kleinen, man ziehe die Fäden in der Verborgenheit, man schaffe sich keine Freunde, eher Abhängige, deren Gefügigkeit man berechnen kann,

man triumphiere nie! Die stille Bescheidung Epiktets wird in den Werken Gracians zur kalten Berechnung: niemals sagen, was man denkt, schon dadurch könnte man sich verraten!
So werden die alten ethischen Wertungen beinahe auf den Kopf gestellt. Seltsam nur, daß ihr antikes Vokabular noch immer wiederholt wird, nur im neuzeitlichen Sinne des Mißtrauens, des Argwohns. Der Leidenschaftslose, der Stille, der Tugendhafte, der Mann mit gezügelter Einbildungskraft – so tritt das antike Kabinett der Vorbilder auf die neuzeitliche Bühne; doch sind aus diesen Gestalten, die in der Antike Darsteller der inneren Ausgeglichenheit waren, gehetzte, ängstliche, vom Lebensumgang erschrockene Figuren geworden, die keine eigentliche Ruhe mehr kennen.
Gracian setzt Momente der antiken Ethik um in die ›modernen‹ Erfordernisse geschickten, taktischen Vernunftgebrauchs. Die Luft, in der seine Menschen noch atmen, ist dünner geworden; der Unaufmerksame verliert, andere werden über ihn triumphieren. Also muß er ihnen in all seinen Ideen und Plänen zuvorkommen. Gracian versucht diesem Taktiker ein stolzes Aussehen zu geben. Insgeheim füttert er sein Inneres mit den antiken Momenten der Bewährung, des Widerstands gegen die Menge. Er macht ihn zu einem im Verborgenen leuchtenden Juwel, das nach außen hin wechselnde Farben zeigt. Triumphiert nach außen die Taktik, so bewährt sich im Inneren der Stolz des einsamen Herrschers: »Man lerne die Kräfte seines Verstandes und seine Feinheit zu Unternehmungen kennen; man untersuche seine Tapferkeit, zum Einlassen in Händel; man ergründe seine ganze Tiefe und wäge seine sämtlichen Fähigkeiten zu allem.«
Argumentativ werden die alten Topoi benutzt. Einsamkeit, Rückzug ins Selbst, Vorsicht im Umgang mit anderen, tugendhafte Dauer – all diese Empfehlungen werden aber nun im

neuzeitlichen Lebensgefühl der Skepsis, der Angst, der Furcht vor dem Detail, dem Mitmenschen, den Dingen, der Zukunft plaziert. Mit einem Mal verändern alle Qualitäten ihre Gestalt, schillern, werden zweideutig. Dämonische Abgründigkeit entsteht aus dieser folgenreichen Umwertung. Der Charakter des ›Weisen‹ ist jetzt unauslotbar wie der seiner Mitmenschen; das Senkblei im menschlichen Umgang bewegt sich mit jedem Schritt anders.

Es ist kein Zufall, daß Schopenhauer, der radikale Pessimist des neunzehnten Jahrhunderts, an diesen dämonischen Momenten der entstehenden Moderne Gefallen fand. In den *Aphorismen zur Lebensweisheit* setzt er gewissermaßen den Schlußstein auf die Umwertungen in Gracians ethischen Gebäuden. Etwa zweihundert Jahre sind vergangen. Schopenhauer verlängert die Andeutungen, die man aus Gracians *Handorakel* über den Zustand ›moderner‹ Sittlichkeit wird ziehen können, zur absoluten Konsequenz. Noch immer bedarf der Charakter der Lenkung durch Regeln und Maximen; diese dienen aber längst nicht mehr dazu, sich einen Platz unter den Menschen zu sichern. Das Denken hat sich vor jeder Allgemeinheit, selbst vor der des gesellschaftlichen Ausdrucks verschlossen. Was außen lauert, ist schlecht, trüb, seiner selbst nicht sicher. Nur die Einsamkeit erhält eine gewisse Freiheit; spräche man viel mit anderen, beginge man eine Sünde gegen sich selbst. Gesucht wird nicht der Einklang mit dem, was die anderen erstreben; gesucht wird die Harmonie einer selbstbewußt isolierten Lebenszelle, die mit keiner anderen noch so bevorzugten tauschen möchte. Dabei triumphieren die intellektuellen Bedürfnisse. Denken, Maximen stiften – das ist die hohe, genußreiche, durch keine andere Tätigkeiten einzugrenzende Beschäftigung des einzelnen. Durch sie setzt er sich dem Philister der niederen Bedürfnisse entgegen. Erst in Schopenhauers Philosophie will der ›Asket‹ die immanente Wollust seiner ›Askese‹ nicht mehr verbergen. Er stellt sie vielmehr sogar noch systematisch dar.

So unterscheidet er zwischen Genüssen der Reproduktionskraft (Essen, Trinken etc.), Genüssen der Irritabilität (Jagd, Wandern etc.) und solchen der Sensibilität (Beschauen, Denken, Empfinden). Der Genuß, so folgert Schopenhauer, wird um so größer sein, je edler die Art der ihn bedingenden Kraft ist.

Daraus die Konsequenzen vollständig zu ziehen – das meint: zu den Trägen hinabzischen, sich im Ekel von ihnen abwenden, die Kunst des einsamen Gangs perfektionieren, dem ›modernen‹ Spiel und der ›modernen‹ Anstrengung der Lebensskepsis einen Abschied erteilen. Der Weise ist wieder allein, draußen tobt die Gesellschaft, eine Herde Losgelassener. Aber die Einsamkeit ist eine andere als die antiker Weisheit. Ihre Selbstgenügsamkeit hat Züge der Rache am Gemeinwesen, sie integriert sich nicht mehr in einer kosmisch oder kreatürlich gedachten Gemeinsamkeit mit den Dingen oder Menschen. Schopenhauers Einsamkeit ist die bittere des Furchtlosen, dem die Gesellschaft seine Furchtlosigkeit aufgezwungen hat. So enthält seine Gegenwehr Elemente der Selbstverteidigung, Züge, die in der Antike in so deutlicher Form nie ausgebreitet waren.

Schopenhauers Weiser wird zum *Konstrukteur* einer Ethik. Der ›moderne‹ Leser sitzt vor der überwältigenden Vielfalt der Quellen; ihre Lektüre wird ihn stärken, aus ihrer Fülle wird er Regeln für die eigene Lebensführung entwickeln. So wird Schopenhauers ethisches Bemühen zu einem Spiel mit Zitaten, Vergleichen, Korrespondenzen. Der ›moderne‹ Ethiker erlebt die Texte der Vergangenheit als Zeugnisse eines unveräußerlichen Daseins, als Bestätigungen seines Lebensernstes. Freilich lassen die veränderten Verhältnisse keine Wiederholungen mehr zu. Eingeschlossen in die Einsamkeit seiner Tätigkeiten,

wird sein Denken zu einer nie abzuschließenden *Beweisführung* gegen das Hemmende, das Schlechte, das Draußen. Solch ein »Lebenskünstler« im intellektuellen Sinne klagt nicht; Schopenhauer hat Klagen und Murren ausdrücklich verurteilt. Seine Gesten schließen sich vielmehr zur Selbstbeherrschung, die in einem zweiten Leben – neben dem ›gewöhnlichen‹ – ihren inneren Besitz zusammensetzt und ausspielt.
So treten in Schopenhauers *Aphorismen* die Themen und Motive abendländischer Philosophie der Lebensklugheit noch einmal zu einem einzigartigen Gemälde zusammen. Hier werden in beinahe musikalischem Sinn Motive gemischt, verkoppelt, neu intoniert; derart bereitet Schopenhauer Nietzsches Philosophieren vor, das im Kern nichts anderes vorsah als den Kontrast des ›modernen‹ Menschen mit dem unendlicher Vergangenheiten, einen rigoros ethischen Vergleich von Jahrhunderten, aus dem sichtbar werden sollte, woran sich der ›neue‹ Mensch zu bewähren habe.

Nietzsche

Von vornherein denkt Nietzsche Philosophie als eine ›Lehre vom Leben‹, als eine Demonstration von Lebensarten und Lebensglück. Sie ist ihm längst nicht mehr eine Methode oder ein System, durch das man sich der Wahrheit nähern könnte; gegen diesen ›aristotelischen‹, systematischen Strang des Philosophierens polemisiert er immer wieder energisch. Die ›ursprünglichen‹ (genuin philosophischen) Fragen leitet er vielmehr von den Vorsokratikern her; die hellenistische, epikureische Hinwendung zur Frage nach dem ›richtigen Leben‹, dem Lebensglück, komplettiert dieses anfängliche Suchen, bevor es dann in seinem Werk ganz die dominante Rolle übernehmen wird. Die Werke Epikurs, Senecas, Epiktets, Marc Aurels werden immer wieder zitiert; Bacon, Montaigne, Chamfort, Pascal, Gracian – sie alle haben in Nietzsches Sinn ›Lebensbücher‹ geschrieben und gehören daher zu den entscheidenden Anregern seines eigenen Denkens. Nietzsche kontrastiert in der Vorliebe für diese Autoren das Gedachte, Dargestellte, Resümierte mit der *physiognomischen* Gestalt der Denker. Philosophieren – das heißt für ihn immer: sich einer noch größeren Figur als der des Gedachten zu bedienen, das Leibliche, Physiologische, alles, was ›Gestalt‹ geworden ist, mit aufzunehmen. So hat die philosophische Lehre für ihn stets eine Art von Gesicht; sie ergründet die ›Lebensbücher‹ der Tradition auch nie unter dem historischen, sondern unter dem aktualisierenden Aspekt. Wie kann eine Philosophie dem ›Leben‹ dienen – so lautet Nietzsches zentrale Fragestellung. Mit ihr sind die Fragen danach, was diese Philosophie ›anrichtet‹, wie sie sich auswirkt, welche Kräfte und Momente sie mobilisiert, wie sie insgesamt mit dem Menschen verfährt, verbunden. Schon die zweite der *Unzeitgemäßen Betrachtungen* untersucht daher in charakteristischer Manier, Nutzen und Nachteil der Historie für das Leben. Die dritte, die sich monographisch dem für Nietzsche wegweisenden Lehrer der Lebensklugkeit unter dem die ›Lehre‹ reflektierenden Titel *Schopenhauer als Erzieher* zuwendet, hält bereits fest:

> Die einzige Kritik einer Philosophie, die möglich ist und die auch etwas beweist, nämlich zu versuchen, ob man nach ihr leben könne, ist nie auf Universitäten gelehrt worden: sondern immer die Kritik der Worte über Worte.[31]

Nimmt man diese Kritik ernst, so kann das Philosophieren nicht ›gelehrt‹ werden. Es ist immer nur der Ausdruck eines Gelebten, eines Lebensalters, einer Konstruktion von Stimmungen, Ideen und Wertungen. So betrieben, wirkt es auf das Leben zurück, wie andererseits das Gelebte das Philosophieren produziert und anregt. Wenn eine ›Lehre‹ niemals in ordinärem Sinn vermittelt werden kann, so entfallen auch alle Möglichkeiten, ihren Charakter festzulegen und verfügbar zu machen. Übrig bleibt höchstens die Frage nach den Bedingungen angemessenen Philosophierens:

> Damit sind einige Bedingungen genannt, unter denen der philosophische Genius in unserer Zeit trotz der schädlichen Gegenwirkungen wenigstens entstehen kann: freie Männlichkeit des Charakters, frühzeitige Menschenkenntnis, keine gelehrte Erziehung, keine patriotische Einklemmung, kein Zwang zum Brot-Erwerben, keine Beziehung zum Staate – kurz, Freiheit und immer wieder Freiheit: dasselbe wunderbare und gefährliche Element, in welchem die griechischen Philosophen aufwachsen durften.[32]

Es fällt auf, daß hier genau jene Bedingungen genannt werden, die schon Epikur für die Philosophie des ›Kepos‹ forderte: Zurückgezogenheit, Privatheit, Laienhaftigkeit, exakte Wahrnehmung. Nietzsche selbst hat seine Biographie solchen Bedingungen untergeordnet; seine Reisen, Umzüge und Aufbrüche verraten nichts anderes als die Suche nach den ›rechten‹ Bedingungen. Doch auch seine Werke orientieren sich mit der Zeit immer mehr an der Problematik einer Kritik der Lebenswerte, der Lebenshaltungen und Lebensvermögen. Schon das zweibändige »Buch für freie Geister« *Menschliches, Allzumenschliches* erörtert Themen, die teilweise in aphoristischer, sentenzenhafter, antisystematischer Zuspitzung zu einem kritischen Brevier der Lebensklugheit komponiert werden. Die Geschichte der moralischen Empfindungen, das religiöse Leben, der Blick auf den Staat, der Mensch mit sich allein – das sind charakteristische Themen der Lebensprüfung. Die abendländische Geschichte der Philosophie bietet dafür ebenso den Stoff wie alltägliche Beobachtungen, psychologische Erhellungen und biographische Hinweise. Unter die leitmotivischen Titel der »Hauptstücke« gereiht, widersetzen sich die durchnumerierten Aufzeichnungen einem durchlaufenden Erfahrungs- oder Lesestrom. Der Leser wird vielmehr gehalten, immer von neuem zu beginnen, zu unterbrechen, selbst zu prüfen; die Lektüre entwickelt sich zu einer Passion der Selbstorientierung.

Die darauf aufbauenden Arbeiten der achtziger Jahre behalten dieses Verfahren bei. Der Band *Morgenröthe* enthält »Gedanken über moralische Vorurteile«. *Die fröhliche Wissenschaft* setzt die Kritik der Versteinerung ungeprüfter Werte und Anschauungen fort, bis der *Zarathustra* zum ersten Mal so etwas wie einen positiven, lehrenden, preisenden Entwurf lebensklugen Verhaltens versucht. Mit *Jenseits von Gut und Böse* und der *Genealogie der Moral* wird das erworbene Terrain weiter gesichtet und ausgebaut. Dabei greift die dritte Abhandlung der *Genealogie* unter dem Titel *Was bedeuten asketische Ideale?* noch einmal auf die Bedingungen zurück, die dem Philosophen das Unentbehrlichste seien:

> Freiheit von Zwang, Störung, Lärm, von Geschäften, Pflichten, Sorgen; Helligkeit im Kopf; Tanz, Sprung und Flug der Gedanken; eine gute Luft, dünn, klar, frei, trocken, wie die Luft auf Höhen ist, bei der alles animalische Sein geistiger wird und Flügel bekommt; Ruhe in allen Souterrains; alle Hunde hübsch an die Kette gelegt; kein Gebell von Feindschaft und zotteliger Ranküne; keine Nagewürmer verletzten Ehrgeizes; bescheidene und unterthänige Eingeweide, fleißig wie Mühlwerke, aber fern; das Herz fremd, jenseits, zukünftig, posthum ...[33]

Hier ist die Askese längst (wie oben angedeutet) zu einem Ideal der Heiterkeit, nicht des Zwangs geworden. Die Bedingungen, die hier aufgeführt werden, setzen sich aus den alten antiken Idealen der Zurückgezogenheit und der Konzentration zusammen, enthalten aber in ihren Anspielungen auf bestimmte Gegenden, Gelegenheiten und Zustände, die der philosophischen Konzentration dienlich sind, bereits Hinweise darauf, wie schwer es in der Spätzeit des neunzehnten Jahrhunderts fallen mußte, solche Bedingungen zu erhalten. Heraklit – resümiert Nietzsche – bedurfte der Freihöfe und Säulengänge des Artemistempels, er, Nietzsche, hält sich an das Engadin oder die Schönheit eines kleinen Studierzimmers, dessen Fenster zur Piazza San Marco hinausgehen, »Frühling vorausgesetzt, insgleichen Vormittag, die Zeit zwischen 10 und 12«. Erst in der künstlich erhaltenen Atmosphäre solcher Orte kommt das Denken zu sich:

> Wir verehren das Stille, das Kalte, das Vornehme, das Ferne, das Vergangne, Jegliches überhaupt, bei dessen Aspekt die Seele sich nicht zu vertheidigen und zuzuschnüren hat, – Etwas, mit dem man reden kann, ohne *laut* zu reden.[34]

In diesen Jahren blickt Nietzsche auf sein Lebenswerk zurück. *Ecce homo*, im Herbst 1888 konzipiert, behandelt das eigene Werk unter dem triumphalen Aspekt des Sieges (»An diesem vollkommnen Tage«, »Warum ich so weise bin«, »Warum ich so klug bin«); es ist, als seien ihm nun bereits die eigenen Bücher zu ›Lebensbüchern‹ geworden, als betrachte er ihre Folge unter dem Bild eines Weges. Diesem Bild haftet die irritierende Verklärungsabsicht an. Nietzsche erkennt sich selbst den Rang eines ›Schicksals‹ zu. Nicht *er* ist sich selbst, sondern er ist *den anderen,* dem ganzen europäischen Denken, nach seiner Auffassung zum Schicksal geworden. An dieser Selbstdeutung, die nur als eine Art Übersteigerung der ihr widersprechenden asketischen Ideale verstanden werden kann – als ein Über-alles-Hinaus, als ein Um-jeden-Preis, als ein sich überschlagendes, unbedingtes, nicht mehr von der Skepsis gehaltenes Sprechen, Singen, Tönen –, hat sich später die große

Schar von Lesern, Jüngern und Bewunderern orientiert. Sie hat verhindert, daß Nietzsches Weg als Notwehr gegen den Verfall der europäischen Themen der Lebensklugheit interpretiert werden konnte.

Nietzsches Krieg

Ich will Anfang und Ende Nietzscheschen Philosophierens noch einmal unter dem gemeinsamen Thema zusammenbringen. Nietzsche selbst scheint mir an einer kaum beachteten Stelle nämlich durchaus zu erkennen zu geben, unter welchen konkreten Bedingungen das Denken für ihn seinen Anfang nahm. Indem ich diese Stelle erläutere, will ich mich wiederum einen entscheidenden Schritt der Gegenwart nähern (ich habe die Anstrengungen des Schriftstellers Eugen Rapp im Auge behalten).

1886 wendet sich Nietzsche noch einmal einer Jugendschrift, seinem ersten eigenständigen größeren philosophischen Versuch, der *Geburt der Tragödie,* zu. Er blickt zurück, und er widmet seinem Jugendwerk den *Versuch einer Selbstkritik.* Dieser Rückblick beginnt dann so:

> Was auch diesem fragwürdigen Buche zu Grunde liegen mag: es muss eine Frage ersten Ranges und Reizes gewesen sein, noch dazu eine tief persönliche Frage, – Zeugniss dafür ist die Zeit, in der es entstand, *trotz* der es entstand, die aufregende Zeit des deutsch-französischen Krieges von 1870/71. Während die Donner der Schlacht von Wörth über Europa weggiengen, sass der Grübler und Räthselfreund, dem die Vaterschaft dieses Buches zu Theil ward, irgendwo in einem Winkel der Alpen, sehr vergrübelt und verräthselt, folglich sehr bekümmert und unbekümmert zugleich, und schrieb seine Gedanken über die *Griechen* nieder, – den Kern

> des wunderlichen und schlecht zugänglichen Buches, dem diese späte Vorrede (oder Nachrede) gewidmet sein soll. Einige Wochen darauf: und er befand sich selbst unter den Mauern von Metz, immer noch nicht losgekommen von den Fragezeichen, die er zur vorgeblichen ›Heiterkeit‹ der Griechen und der griechischen Kunst gesetzt hatte; bis er endlich in jenem Monat tiefster Spannung, als man in Versailles über den Frieden berieth, auch mit sich zum Frieden kam und, langsam von einer aus dem Felde heimgebrachten Krankheit genesend, die »Geburt der Tragödie aus dem Geiste der *Musik*« letztgültig bei sich feststellte ...[35]

Für Nietzsche steht anfänglich fest: diesem Jugendwerk lag etwas Persönliches zugrunde. *So* stellt er es sich vor, er ist von der Wahrheit dieses Gedankens, daß die wahre Philosophie verborgener Ausdruck einer Lebenssituation sei, tief überzeugt. Will er sich aber an dieses Persönliche erinnern, so entgleitet ihm der scheinbar feste Grund. Was war es denn, worum ging es? Es ging, holt er aus, um eine Frage ersten Ranges und Reizes. Mehr steht vorläufig noch nicht fest. Höchstens könnte man ein Zeugnis dafür anführen; ein Zeugnis wäre die Zeit, in der das Buch entstand, die Zeit des deutsch-französischen Krieges. Merkwürdig jedoch: nicht er selbst, Nietzsche, nicht sein eigenes Denken kann den persönlichen Rang dieses Buches bezeugen. Zum Zeugnis für seinen Rang soll vielmehr die besondere Zeitsituation dienen. Kann aber eine solche Situation etwas über die persönlichen Probleme, über das Fragen und Denken dieses einzelnen aussagen?

Offensichtlich hat also dieses Jugendwerk etwas mit dem deutsch-französischen Krieg des Jahres 1870/71 zu tun. Versteckt, ohne es vielleicht selbst deutlich zu erkennen, führt Nietzsche diesen geheimen Zusammenhang aus. Ja, damals, zu Beginn des Krieges, saß er, als der Grübler und Rätselfreund, noch in irgendeinem Winkel der Alpen. Damals, so entfernt von den historisch bedeutsameren Abläufen der Geschichte, mag ihm eine Arbeit über die Griechen besonders merkwürdig vorgekommen sein. Er hebt diesen Kontrast ja deutlich hervor: der Grübler, notiert er, schrieb damals seine Gedanken über die *Griechen* nieder (der gesperrte Druck gibt sein eigenes Erstaunen wieder).

Die Griechen, der Krieg, seine eigene Person – das klaffte in Nietzsches Sicht damals, zu Beginn des Krieges, noch auseinander. Zwar hatten diese scheinbar getrennten Themen etwas miteinander zu tun, doch ließ sich nicht genau sagen, wie sie zusammenhingen. Dazu bedurfte es erst einer konkreteren Erfahrung.

Von August bis Oktober 1870 nahm Nietzsche freiwillig als Krankenpfleger am deutsch-französischen Krieg teil. Er erkrankte; Ruhr und Diphtherie sorgten dafür, daß er sich wieder zurückziehen mußte. Draußen tobte der Krieg weiter, er, Nietzsche, machte sich wieder an seine Überlegungen. Erst als man in Versailles über den Frieden beriet, kam auch er selbst mit sich zum Friedensschluß.

Anscheinend hatte er erkannt, daß diese Schrift seine Gesundung, seine Neugeburt, bewerkstelligte. Erst nachdem er sich in die Zeitläufte eingemischt, erst nachdem er an ihnen teilgenommen und von den Ereignissen gleichsam zurückgewiesen worden war, konnte er sich daran machen, die eigene Arbeit in ihrer besonderen Zielsetzung zu Ende zu führen. Er sagt es deutlich (und bezeichnend) genug: damals, zur Zeit des offiziellen Friedensschlusses in Versailles, »stellte« er die Geburt der Tragödie *»bei sich«* fest. Er selbst hatte etwas geboren, in einer heftigen, impulsiven Anstrengung gegen die Zeit.

Von hier aus sind seine widersprüchlichen Anmerkungen und Eröffnungen im *Versuch einer Selbstkritik* genauer zu verstehen. Daß dieser ›Geburt‹ etwas Persönliches zugrunde lag – das war für ihn nicht zu bestreiten. Daß dafür die historischen

Ereignisse ein Zeugnis darstellen sollten, mochte ihm schon größere Kopfschmerzen bereiten. Sieht man jedoch genauer hin, erkennt man, daß Nietzsche sich an entscheidender Stelle korrigiert. Zeugnis für das persönlich gefaßte Thema seiner Schrift ist ja nicht die Zeit, in der die Schrift entstand, sondern – wie er sagt – die Zeit, *trotz* der sie entstand.

Indirekt also bezeugte die Zeit den Rang von Nietzsches persönlichem Fragen. Erst nachdem er sich handelnd, aktiv in die Ereignisse eingeschaltet hatte, mochte er bemerken, wie sehr er selbst diesem lockenden Zeitgeschehen, das soviel Aufmerksamkeit der Welt beanspruchte, entgegengesetzt dachte und lebte. Langsam von einer aus dem Felde heimgebrachten Krankheit genesend, »stellte« er erst »bei sich« fest, um was es eigentlich ging: um den Rückzug auf das eigene Wissen, um den eigenen, mit sich selbst zu schließenden Frieden, um die vollständige Bewährung des Selbst.

Der deutsch-französische Krieg 1870/71 – so läßt sich jetzt leicht feststellen – bedeutete für Nietzsche ein ähnliches Schlüsselerlebnis wie der Zweite Weltkrieg für den Schriftsteller Eugen Rapp. Erst nachdem er an diesem Krieg teilgenommen hatte, mochte er begreifen, was es bedeutete, Frieden zu schließen. So provozierte der Krieg eine Neugeburt, die Geburt des Philosophierens, die Geburt ›lebenskluger‹ Beschränkung, die nun nicht mehr grüblerisch verdammt zu werden brauchte, sondern als Ergebnis eigener Erfahrung bestätigt werden konnte.

Eugen Rapp wird abgewiesen

Kehren wir von diesem weitausgebreiteten Horizont zu Eugen Rapp zurück. Sein scheinbar kauziges, zurückgezogenes, individuelles Dasein hat eine Fülle von Perspektiven bekommen.

Nun erscheint es nicht mehr als das Leben eines Einzelgängers, der sich vor der Welt verstecken oder im Abseits leben will. Eugen Rapp schließt vielmehr nach dem Zweiten Weltkrieg mit sich eine besondere Art von Frieden. Er reaktiviert in seiner Haltung, die sich schon während der frühen Jahre des Nationalsozialismus ausgebildet hatte, Momente einer jahrhundertealten Tradition; freilich kann er über diese nicht einfach verfügen. Er muß sie vielmehr herstellen, herzwingen, erarbeiten, vertreten; gerade dadurch aber erkannten wir seine Anstrengungen so deutlich als Haltungen, die von den historischen Umbrüchen Zeugnis ablegten. *Rapp wurde erkennbar,* ein Deutscher, der gegen seine Umwelt lebte und erst dadurch eine individuelle Prägung erhielt.
Nach dem Krieg sieht Rapp keinen Grund mehr, seine Haltung verteidigen zu müssen. Er ist sich treu geblieben, während die anderen ihre Meinungen und Überzeugungen änderten. So empfindet er eine gewisse Berechtigung für sein Tun: nein, jetzt, nach dem Krieg, will er nicht ein zweites Mal hinaus in die Ereignisse (den ›Wiederaufbau‹) gedrängt werden, jetzt möchte er nichts anderes als schreiben, ungehemmt seinen eigenen Visionen und Träumen folgen.
Wenig später bietet sich dem Schriftsteller Eugen Rapp dann die Möglichkeit einer breiteren Anerkennung. Er wird zu einer Tagung der Gruppe 47 eingeladen. Es ist ihm nicht ganz wohl bei dieser Einladung, er zögert, sie anzunehmen. Während der Tagung in der Laufenmühle trägt er dann aber doch einige Seiten aus einem neuen Manuskript vor.

> ... und hernach sagte einer, der vom Vorsteher nach seiner Meinung gefragt worden war, er habe »rein akustisch« nichts verstanden. Ein zweiter sagte, das Gelesene sei nichts, er wundere sich nur, daß zuvor all dies so groß angekündigt worden sei (der Sprecher wendete sich nach dem schönen Lektor um). Ein älterer Herr, der emigriert gewesen war, sagte, er halte es für eine groß-

artige Arbeit von genialer Simplizität. Zwei Damen tuschelten schnippisch und lachten leise . . .[36]

Natürlich – vor diesem Auditorium, das auf der Höhe der Zeit sein will, erreichen Eugen Rapps Sätze keinerlei Wirkung. Ihren sich entziehenden, kleinmachenden, beharrlich aneinandergereihten Beobachtungen entsprechen Reaktionen des Unverständnisses. Einer nimmt diese Sätze erst gar nicht wahr, schon ihre Akustik verfehlt ihn; einem anderen kommen sie gleichsam »zu klein« vor, sie entziehen sich der Verlagsankündigung. Ein dritter hat für sie nur noch Ironie übrig: ›großartig‹ sei das, von ›genialer Simplizität‹.
All diesen Zuhörern gelingt es nicht, Eugen Rapps Sätze angemessen zu verstehen. Ihnen scheinen (wie dem, der ›rein akustisch‹ nichts versteht) die Ohren verstopft zu sein. Offensichtlich erwarten diese Zuhörer etwas ganz anderes von der Literatur.

Der Hagere mit dem dichten Haar und der kurzen Nase kam zu Eugen und sagte: »Verändert sich der eigentlich? Das gibt's ja manchmal.« Er meinte eine Figur in Eugens dickem Manuskript. – »Nein, der bleibt sich gleich«, antwortete Eugen, und es kam ihm wie ein Fehltritt vor.[37]

So bleibt Rapp im Kreis der Gruppe immer ein Fremdling, einer, der sich dem Geschehen nur von außen nähert, sich schließlich still, ohne Aufhebens zu machen, entfernt. Beinahe muß es ihm ja so erscheinen, als erwachse ihm aus seiner Unveränderlichkeit, die er auf all seine Figuren überträgt, ein Vorwurf. Daß sich einer gleich geblieben war, das konnte den Zuhörern der Gruppe 47 damals nur wie ein anachronistisches Manko vorkommen. Dieses Verständnis sollte sich erst später entscheidend ändern.

1925 erschien im Gustav Kiepenheuer-Verlag ein später berühmt gewordener Almanach, der von Carl Einstein und Paul Westheim herausgegeben wurde. Der Almanach dokumentierte in den verschiedenen künstlerischen Bereichen (Malerei, Literatur, Musik, Architektur, Plastik, Bühne, Film, Mode) jene modernen Veränderungen, die das traditionelle Gebäude der europäischen Kultur erschüttert hatten. Europa – schrieb damals in einem Vorwort Hermann Kasack – Europa war zu einer Art von Jahrmarkt geworden. Niemand erkannte die alten Grenzen dieses Kontinents noch, vielen erschien es so, als wäre dieser Kontinent in sich zusammengeschrumpft, nur noch ein beliebiger Flecken auf der Landkarte neben anderen. Die alten Projektionen einer auf Dauer angelegten Lebensklugheit verblaßten, und die Forderungen nach ihrer Erneuerung erschienen nur noch als Kathederproklamationen. Was war zu tun?

> Hier! Den Jahrmarkt Europa aufgeblufft! Luftschaukeln entworfen! Die Karussels bemalt! Die Atrappe ins Schwarze getroffen! Euer Bedürfnis erwürfelt! Simultanität! Simultanität! Die Luft rauscht! Jeder ist da, seinen Luftballon in der Hand, mit Ich-Gas gefüllt – laßt sie los![38]

Wer die Zuhörer und Leser so ansprach, deutete die Lebensanstrengungen nicht mehr vor dem Horizont notwendiger Selbstprüfung. Nun kam es vielmehr darauf an, Schaustücke zu entwerfen, im Vordergrund zu agieren, etwas in aller Flüchtigkeit – spontan, lebhaft, punktuell – entstehen zu lassen.

Sind aber derartige Schaustücke zum Inhalt der Kultur geworden, so grundiert sie keinerlei Fragen nach dem dauerhaften, ›rechten‹ Lebensglück mehr. Wirkung macht jetzt der Augenblick, den man sich erfüllt, prall und ergiebig wünscht. Europa ist ein Jahrmarkt? Also hereinspaziert! ›Simultanität‹ ist das Losungswort, ein umfassender Begriff für das erhoffte rauschhafte Zugleich einander entgegengesetzter Reize, Eroberungen und Hingaben.

Die Haltung, die sich daraus abzeichnet, ist eine Haltung der Modernität. Spätestens seit Baudelaire hatte sich in Europa die Vorstellung vom ›flüchtigen, transitorischen, ephemeren‹ Charakter der Kultur durchgesetzt. Die neuen Künste der Moderne (Film, Fotografie) zielten auf die kurzfristige, überrumpelnde Überraschung, das Aufreibende, Sensationelle. Symptomatisch mochte es erscheinen, daß die Herausgeber des Europa-Almanachs die Mode zu einem besonderen Bereich künstlerischer Techniken erklärt hatten. War die Entwicklung der Kunst nicht inzwischen mit der Aufeinanderfolge und raschen Ablösung von Moden zu vergleichen? Für die Künstler kam es nicht mehr darauf an, sich an Konstanten zu orientieren, sie wollten eher mit dem allgemeinen Tempo Schritt halten. Wenn das Gebäude der Tradition als zerbrochen galt, konnte man sich höchstens noch der alten Bruchstücke annehmen. An sie jedoch konnte man sich halten. Man konnte sie ungewohnt zusammensetzen (Collage), man konnte sie mit fremden Elementen verbinden und dadurch leichter verfügbar machen (Montage), man konnte sie zu Bestandteilen eines universellen Spiels machen (Surrealismus). Der Umriß einer Kinderzeichnung neben der Skizze eines Botticelli – ergab das nicht veränderte Perspektiven und erkannte man so nicht wechselseitig im anderen das Neue? Simultanität! Die Künste gingen, die früheren Grenzen überschreitend, auf Mischformen ein, der Künstler saß gleichsam am Schaltpult, um die verschiedenen, aneinandergelöteten Schaltkreise zu unterbrechen und aufzuheben.

Die Veränderungen gegenüber der traditionellen Kunst ließen sich besonders einprägsam am Medium des Films studieren. Der Film stellte nicht den Charakter, sondern den Typ dar, er suchte nicht die sorgfältig entwickelte Handlung, sondern die zugespitzte Aktion. Erschöpft verließen die Zuschauer nach einer Vorstellung die verdunkelten Räume; für ein oder zwei Stunden Dauer hatten sie mehr gesehen und erlebt als sonst in Tagen und Wochen. Im Film überstürzten sich die Ereignisse, und es gab keine Möglichkeiten mehr, ihnen mit den alten retardierenden Momenten der Überlegung, der Befragung, der Kontrolle zu begegnen. Gerade daher rührte die Erschöpfung, die die Zuschauer später befiel! Sie hatten die rasche Bilderfolge ja keineswegs durchdrungen oder gar durchdacht, sie hatten sie höchstens vorüberziehen sehen. Das Auge wurde dabei mit der Vorführung von Posen, Gesten beschäftigt. Der Film trieb geradezu einen Kult mit der Demonstration solcher Ersatz-Haltungen. So war es längst nicht mehr wichtig, in den Charakter einer handelnden Person einzudringen, ihn zu studieren, ihn länger zu betrachten und sich in diesem Nachdenken zu verlieren. Diese Überlegungen wären den flüchtig entworfenen Szenerien auch gar nicht angemessen gewesen. Statt dessen konnte man prüfen, wie etwa eine Schauspielerin mit den Interieurs eines Raumes umging, wie sie ein Glas zum Mund führte, die Zigarettenspitze senkte, Bein und Knie zum Vorschein brachte; in einer knapp bemessenen Zeit erfuhr man anscheinend das Notwendigste über den Typus, der sich in immer neuen ›Einstellungen‹ bewies. Man sah, wie er sich bewegte, was er verheimlichte, wie er lachte, küßte, trauerte. An die Stelle einer Erforschung des Charakters war die Herrschaft des Modischen getreten. Der Regisseur mußte ein Auge für die ›Geschmacksansprüche‹ der Zuschauer haben; er mußte ein Gefühl dafür entwickeln, wie sich die Kulisse zum Vordergrund verhielt, wie eine Einstellung die andere ergänzte und brach, wie Helligkeit und Dunkel, Bewegung und Stillstand sich zu einer einzigen heftigen Wirkung verbanden.

In den zwanziger Jahren zeigten sich diese Wirkungen einer aufs Aktuelle, Rasche zielenden künstlerischen Technik, für die der Film unter der Dominanz der Mode ein Vorbild abgab, in allen Bereichen. Die geforderte ›Simultanität‹ setzte sich als bevorzugter Ausdruck von Modernität durch. Dadurch veränderte sich das Zuschauer-Dasein des einzelnen; von nun an wurde er hineingezogen in den simultanen Ablauf der Shows und Lektüren. Es ging nicht mehr darum, die Betrachtung zu intensivieren und zu verschärfen; eher mußte der zum eilenden Voyeur der ›Lebenswelt‹ gewordene frühere Betrachter jetzt lernen, sich von Moment zu Moment auf Veränderungen einzustellen, deren Ausmaß er nicht mehr begreifen oder umfassen konnte. Magazine, Journale, Zeitungen, Filme, Fotografien, Moden, Sportereignisse, Werbung – all diese die Modernität verbreitenden Momente sprengten den Rahmen der ›lebensklugen‹ Kontemplation; die Frage nach den Lebenswerten, nach dem Lebensglück konnte in den neuen Zusammenhängen nur noch als Suche nach dem rasch zu habenden momentanen Glück auftauchen.

In den philosophischen Betrachtungen lösten Kulturkritik und Zeitdiagnose die überholt erscheinenden Versuche der Moralphilosophie und Moralistik ab. So führten bedeutende Autoren (wie Walter Benjamin und Ernst Bloch) jetzt vor, wie die philosophische Analyse auf die simultane Modernität ansaugenden Veränderungen zu reagieren hatte. Inwieweit sie dabei selbst auf die alten Momente der ›Lebensklugheit‹ rekurrierten, inwieweit sie diese – bewußt oder unbewußt – in ihren Untersuchungen zur Geltung brachten, inwieweit sie sich als ›Leser‹ verstanden, die die raschen Geschwindigkeiten des Neuen mit den Tugenden kontemplativer Anschauung zu

durchdringen suchten – das will ich an dieser Stelle nicht weiter ausführen (obwohl es sich lohnen würde).
Statt dessen will ich lieber endgültig zu Eugen Rapp zurückkehren.

Zwei Heimkehrer

Daß der Schriftsteller Hermann Lenz so lange am ›lebensklugen‹ Verhalten seiner Hauptfigur Eugen Rapp festgehalten hatte – das mochte mit regionalen und biographischen Besonderheiten zu tun haben. Zum einen hatte sich die kulturelle Modernität der Weimarer Republik vor allem in den Großstädten und an erster Stelle in Berlin entwickelt; Eugen Rapp dagegen war im süddeutschen Raum, im Hohenlohischen und in Stuttgart, aufgewachsen. Zum anderen hatte der Nationalsozialismus, der an die Macht kam, als Eugen Rapp gerade zwanzig Jahre alt war, viele Momente der Modernität aufgesogen und in ihrer auf Simultanität angelegten Wirkung vollständig vernichtet. Vielmehr waren die einzelnen Techniken in dieser Zeit in den Dienst der Propaganda genommen worden; das Propagandawesen der Partei hatte zwar auf die modernen Errungenschaften dieser Techniken nicht verzichtet, doch hatte es deren hektischen, zerstreuenden, aufrührerischen Charakter ganz den stumpfen Lehren der Machthaber geopfert. Simultanität war zu einer grauen Uniformität zusammengebracht worden; gerade dagegen hatte sich das Alter ego des Schriftstellers Hermann Lenz zu wehren versucht. Eugen Rapp hatte – in dem begrenzten Rahmen seiner Biographie – die Modelle lebenskluger Selbstprüfung gegen die weitgespannten Machtansprüche der Partei verteidigt.
Es mag sein, daß man diesen Zusammenhang, den ich nun

herausgearbeitet habe, Anfang der fünfziger Jahre noch kaum übersehen konnte. Damals, zu den Zeiten der Gruppe 47, waren die Künstler ja eher darauf aus, an die während des Dritten Reiches mit Gewalt unterdrückten oder umstilisierten Momente von Modernität wieder anzuschließen. Das mag einer der Gründe dafür gewesen sein, daß man die Lebenshaltungen Eugen Rapps noch nicht verstehen konnte. Andererseits vermute ich auch, daß selbst der Schriftsteller Hermann Lenz diese Zusammenhänge Anfang der fünfziger Jahre nicht überblickte. Dies vermute ich vor allem deshalb, weil damals die Figur des Eugen Rapp in den Büchern von Hermann Lenz noch nicht auftauchte. Natürlich – Eugen Rapp existierte bereits; in der realen Gestalt des Schriftstellers Hermann Lenz war er bereits angelegt und vorhanden; aber er war doch noch verborgen. Lenz beschäftigte sich damals in seinen Werken noch nicht mit seiner eigenen Biographie. Erst als er schon weit über fünfzig Jahre alt war, ging er daran, die verborgenen Momente dieser Biographie – das Dasein des Eugen Rapp – aufzuspüren, um sich selbst in diesen Momenten zu erkennen und zu deuten.

Daher mag man es den Zuhörern der Gruppe 47 nicht vorwerfen, wenn sie Anfang der fünfziger Jahre noch ›kein Ohr‹ für das hatten, was ihnen da vorgetragen wurde. Sie saßen – mag man einmal sagen – in einem ganz anderen Raum als in dem, in dem sich Eugen Rapp, der Kriegsheimkehrer und freie Schriftsteller, damals aufhielt.

Diesen Raum möchte ich hier jetzt nicht weiter beschreiben. Es genügt, wenn man die Unterscheidung versteht. Statt dessen möchte ich einen Sprung machen, hin zu einem Leser, der Anfang der siebziger Jahre auf die Romane von Hermann Lenz aufmerksam wurde. Dieser Leser erinnerte sich damals, daß er bereits 1965 einen Roman dieses Autors, *Die Augen eines Dieners*, gelesen hatte. Er hatte die Lektüre dieses Romans sogar in einer besonders präzisen Erinnerung behalten; eine verstärkte Aufmerksamkeit für den Autor Lenz hatte sich jedoch erst viel später eingestellt – warum, darüber vermag auch dieser Leser, Peter Handke, keinerlei genaue Angaben zu machen. Jetzt, Anfang der siebziger Jahre, studiert er die Werke von Hermann Lenz erst genauer. Auch er, der Leser, ist in den Jahren seit 1965, als er *Die Augen eines Dieners* noch mit den ungeübten Augen eines Kritikers gelesen hatte, ein anderer geworden. Erst jetzt entwickelt er nämlich bei seiner Lektüre so etwas wie Gelassenheit, Ruhe, einen Überblick.

> Es war gerade eine Jahreszeit wie auf einer Eisscholle, so bodenlos dunkel ringsherum, und manchmal hatte ich Angstzustände, daß mir beim Vorübergehen an einem leeren Zimmer die Ohren stachen, aber sobald ich *Der Kutscher und der Wappenmaler* las, hörten die Gegenstände um mich herum auf, Vorzeichen des Furchtbaren zu sein, und standen unverrückbar in dem freundlichen elektrischen Licht, in das ich nun wieder aufschauen konnte. Ich bekam vom Lesen ein Kindheitsgefühl: als ob nun endlich alle Vermißten zu Hause wären. Wenn zwischendurch die nächtliche Stille wieder mit Bedeutungen drohte, las ich einfach genauer, Wort für Wort, und die Bedeutungen vergingen; das Buch lenkte mich nicht ab von ihnen, sondern es stärkte mich gegen sie; kaum jemals hatte ich mich so geborgen gefühlt.[39]

Dieser Leser nimmt – beinahe zwei Jahrzehnte nach den Zuhörern der Gruppe 47 – die Sätze von Hermann Lenz ganz anders wahr. Jeder Satz geht gleichsam in ihm auf, tut eine Wirkung. Daß dieser Leser sich zu diesen Sätzen hingezogen fühlt, das hat nicht nur mit seiner großen Empfindlichkeit zu tun. Vielmehr beschreibt er auch sehr genau, warum diese Sätze ihn erreichen konnten.

Vor der Lektüre war es »bodenlos dunkel ringsum«, Angstzustände wurden schon beim bloßen Vorbeigehen an einem leeren Zimmer geweckt, die Gegenstände erschienen dann wie

»Vorzeichen des Furchtbaren«. Was geschieht hier? – mag man fragen, was löst diese Angst, diese Furcht, dieses Sitzen wie auf einer Eisscholle, abgeschnitten, allein gelassen, aus? Nein, es ist *nicht* ein Krieg, es ist nicht der von allen wahrgenommene Schrecken. Aber es scheint doch beinahe ein Krieg zu sein, ein geheimer Krieg der Gegenstände und Zeichen, die sich in heimtückischer Form gegen diesen einzelnen Leser richten. Er erträgt die Welt nicht mehr – und deren Gegenstände ballen sich in scheinbar unaufhebbaren Katastrophen gegen ihn zusammen. Sie zeigen ihr finsterstes Gesicht, sie drohen, entsetzen, sie stechen.
Eine so kriegsähnliche Wahrnehmung geht der Lektüre voraus. Sie ist das Schreckbild, das die Lektüre aufhebt. Plötzlich verändert sich alles. Der Leser Peter Handke kann wieder aufschauen, nichts steht dem im Wege; im Gegenteil, er entwickelt sogar so etwas wie ein »Kindheitsgefühl«: »als ob nun alle Vermißten zu Hause wären«.
Blickt man auf das bisher Gedachte zurück, kann man dafür zwei Erklärungen anbieten, die sich keineswegs ausschließen. Zum einen stößt der Leser Handke allmählich immer mehr jene simultanen Wirkungen der Dinge ab, die ihrer Modernität zuzuordnen wären. Er konzentriert sich, er wird während der Lektüre zum Gesammelten, zum ›Lebensklugen‹. All das, was den modernen Zustand des Getriebenen und Vereinsamten ausmacht – Angst ohne erkennbare Ursache, Anonymität ohne die Hoffnung auf das Gespräch, Verletztheit ohne offene Wunden – all das seit seiner Kindheit in ihm hinterlassene, liegengebliebene Material der Moderne verliert plötzlich seine irritierende Wirkung, es schrumpft zusammen. Es ist daher kein Wunder, daß dieser Leser von einer Art *Kindheitsgefühl* überrascht wird. Die verstörenden Nebenerscheinungen der Dinge nehmen ab, der Verlassene nimmt wahr, daß er für die Zeit der Lektüre bei sich ist, mit sich Frieden schließt. Einsam-

keit, Angst, Furcht – diese sich wie das diffuse elektrische Licht von außen aufdrängenden Gefühle des Schmerzes (dem vergleichbar, dessen Ursachen Nietzsche anfangs nicht »bei sich« feststellen oder erkennen konnte) werden gebändigt.

Zum zweiten kann man jedoch auch leicht erkennen, daß Handke, ohne es wahrscheinlich zu ahnen, während seiner Lektüre einer bestimmten Bewegung folgt: es ist, als käme er nach einer furchtbaren Katastrophe endlich nach Hause. Natürlich, diese Katastrophe wird nicht deutlich benannt, aber sie ist doch in all ihrem erschreckenden Ausmaß vorhanden: die Düsternis, die Angst, das Furchtbare. Verstörung, Verunsicherung – dies alles deutet darauf hin, daß die Zeit hier wie eine kriegsähnliche erlebt wird. Freilich, dieser Krieg ist nicht der reale, der vor aller Augen stattfindet. So eindeutig ist er überhaupt nicht mehr einzugrenzen. Doch ist er wie ein aus der Ferne wirkender mächtiger Einfluß noch zu spüren. Man vermag allerdings nicht deutlich zu sagen, ob es ein schon vergangener Krieg ist, der hier noch bis in die Zeit der siebziger Jahre nachwirkt, oder ob es sich um einen zukünftigen Krieg handelt, dessen »Vorzeichen« hier erlebt werden. Sicher ist auch nur eines: der Leser Peter Handke wird während seiner Lektüre zu einer Art *Heimkehrer,* er findet das Haus seiner Kindheit wieder, und gerade dieses Haus gibt ihm eine gewisse Geborgenheit. So vollzieht dieser Leser also eine ähnliche Bewegung wie der Heimkehrer Eugen Rapp, der 1946 aus amerikanischer Kriegsgefangenschaft in seinen Heimatort Stuttgart zurückkehrte.

Man müßte diese überraschenden, weitreichenden Einsichten nun vertiefen, und ich habe ja bereits angedeutet, wie die deutsche Nachkriegsgeschichte als Geschichte besonderer Generationserlebnisse weiter zu entfalten wäre. Dabei wäre davon zu handeln, wie die Zeit des Nationalsozialismus von den späte-

ren Generationen verstanden, wie ihre Spätfolgen behandelt oder erkannt, wie ihre Hinterlassenschaft in die Gegenwart einbezogen oder eingearbeitet wurde.
Ich kann diesen mich seit langer Zeit beinahe unaufhörlich beschäftigenden Erkenntnissen (deren Geschichte ich in der umfangreichen Erzählung *Hecke* zu einem kleinen Teil geschrieben habe) hier nicht weiter nachgehen. Ich will es an anderer Stelle ausführlicher tun. Andeuten will ich hier nur, daß *den* Generationen, die die Zeit des Dritten Reiches und des Weltkriegs erlebten, nichts so sehr mißlang wie das *Heimkehren*. Deutlicher gesagt: Anders als Eugen Rapp gelang es ihnen nicht, Lebensformen der ›Lebensklugheit‹ zu entwickeln, zu verteidigen und zu regenerieren. Erst jüngere Generationen stellten, ohne es vielleicht selbst oft ganz zu begreifen, diesen Schwund von Erlebnisformen fest. Kein Wunder, daß diese Generationen gegenwärtig dabei sind, solche Formen unablässig zu deklamieren. In den politischen Forderungen nach Erhaltung der Umwelt, Abbau der militärischen Rüstung, Entwicklung ökologischer Denkweisen fließen sie inzwischen breit in die gesellschaftliche Diskussion ein. Die Welt als Katastrophenort voller Schrecken – diese Kulturvision hängt mit der deutschen Nachkriegsgeschichte eng zusammen; sie ist ihr Ergebnis. Was von vielen Älteren als ein verzerrtes, an die Wand gemaltes Bild aufgefaßt wird, ist das Bild eines Schreckens, der aus zweiter Hand bezogen wurde. Die Vergangenheit des Nationalsozialismus lebt in ihm als Alptraum weiter; von der politischen Geschichte dieses Landes niemals aufgehoben, entfaltet oder gar in friedenssichernder Weise gebändigt, wird er in die Zukunft übertragen und gesteigert. So entwirft sich in Deutschland jede Generation noch immer das ›Bild ihres Krieges‹; das ›Erlebnis der Kriegsheimkehrer‹ wurde durch das ›Erlebnis Vietnam‹, dieses durch das ›Erlebnis des Dritten Weltkriegs‹ abgelöst.

Ich habe den Leser Peter Handke, 1942 in Kärnten geboren, auch als Angehörigen einer Generation eingeführt, der es erst nach vielfältigen und zahlreichen Abwehrbewegungen (Suche nach Modernität, ›Protestbewegung‹) gelang, *Aufmerksamkeit* für das Leben der Kriegsteilnehmer zu entwickeln. Handke widmete Hermann Lenz' Rußland-Buch *Neue Zeit* bei seinem Erscheinen (1975) eine besonders ausführliche Rezension. Diese Rezension hatte eine vom Gesagten her leicht interpretierbare Überschrift: *Der Krieg ist nicht vorbei.* Vier Jahre später veröffentlichte Handke dann den ersten Band einer umfangreichen Tetralogie: *Langsame Heimkehr.*

(Eine Untersuchung dieser Tetralogie könnte die ›Suchbewegungen der Lebensklugheit‹ sehr ergiebig weiterführen. Handke nicht nur als Leser, ihn auch als Autor zu deuten – das hieße: das Werk der Notizhefte *(Das Gewicht der Welt, Die Geschichte des Bleistifts, Phantasien der Wiederholung)* als *Fortsetzung Nietzsches* zu erkennen. Denn ähnlich wie im Falle Nietzsches werden die ›lebensklugen‹ Wahrnehmungen dieser antisystematischen Aufzeichnungen in den Erzählungen der Tetralogie oft einem erstarrten Bild des ›Lebensglücks‹ geopfert. Pointiert, aber unfreiwillig, gibt Handke diesen Zusammenhang in einer Notiz der *Phantasien der Wiederholung* wieder. Dort wird ein Nietzsche-Zitat zum Auslöser für den Blick auf eine Verwandtschaft. Handke notiert: »›Ich will es machen wie Raffael und kein Marterbild mehr malen‹ (allmählich kann ich sagen, daß ich Nietzsches Leser bin)«[40].)

Als der Leser Peter Handke Anfang der siebziger Jahre begann, seine Aufmerksamkeit für das epische Werk von Hermann Lenz zu schulen, fiel ihm auf, daß Lenz vor dem Jahr 1964 noch anders gearbeitet hatte als danach. Vor 1964 hatte er seine Bilder »mit literarischer Technik auch absichtlich zu *Bildern* arrangiert, mit surrealistischen Methoden aus dem Erinnerungszusammenhang abstrahiert, aus dem Erinnerungsbild ein Traumbild gemacht«:

> danach aber, in den späten Büchern jetzt, werden diese arrangierten Traumbilder geduldig wieder aus den Arrangements befreit und, als ursprüngliche Erinnerungsbilder, zugleich beiläufiger und unliterarischer, sinnloser und zugleich sinnfälliger, geschichtlicher und zugleich gegenwärtiger.[41]

Die Traumbildermontagen der frühen Bücher – sie empfand Handke damals als künstlich. Die stärkere Wirkung der späten Bücher führte er auf die veränderte Technik des Autors Lenz zurück. Die Bilder, die Lenz nun erfand, machten nicht aus Erinnerungsbildern Traumbilder; sie blieben vielmehr – in Handkes Perspektive – als ursprüngliche Erinnerungsbilder bestehen. Der Autor Lenz bediente sich seit den Jahren nach 1964 seiner Erinnerung; die von ihr entwickelten Bilder schloß er ›beiläufig‹ an sie an.

Was war geschehen? 1966 hatte Hermann Lenz den ersten Band seiner autobiographischen Folge, *Verlassene Zimmer*, veröffentlicht. 1968 war darauf der Band *Andere Tage* gefolgt. Mit diesen Bänden hatte Lenz sich vorläufig von seinen Traumgeschichten getrennt; in den autobiographischen Romanen hatte er eine Figur entworfen, die seine eigenen Erfahrungen sowohl bewahrte als auch verwandelte. Handke hielt fest:

> In Hermann Lenz' erster Erzählung *Das stille Haus* wird die eigene Biographie noch übertragen in das literarische Wien von Schnitzler und Hofmannsthal ... Dreißig Schreibjahre danach, in *Andere Tage,* hat der dekadente Held sich in den erfolglosen Studenten Eugen Rapp zurückverwandelt.[42]

Erinnern auch *wir* uns zum Schluß dieser Überlegungen noch einmal. 1946 war der erfolglose Student Eugen Rapp nach Stuttgart, in sein Elternhaus, zurückgekehrt. Niemand hatte ihm in den folgenden Jahren *das Schreiben* austreiben können. Vielmehr war es ihm zu einer lebensnotwendigen Anstrengung geworden, seine ›Lebensklugheit‹ (die sich inzwischen als eine Art ›Friedensklugheit‹ herausgestellt hat) zu bewahren.

Freilich hatte er dabei streng trennen müssen: zwischen seinen *traumhaften Erzählungen* und Geschichten, die er vom frühen Morgen an in der Zelle seines ›Kepos‹ entwarf, und den *tagebuchartigen Eintragungen,* in denen er festhielt, was ihm von Tag zu Tag zustieß. Die Erzählungen und die Kette der einzelnen Notizen – das hatte sich mit der Zeit gegeneinanderbewegt. Boten die Erzählungen Möglichkeiten, dem Gegenwartsgeschehen zu entkommen, es zu spiegeln, es von vielen Seiten zu umgehen, so hielten die Tagebücher eine Diskrepanz aufrecht: sie deuteten auf *den Rest,* der zwischen Leben und Schreiben bestehen blieb, sie resümierten Mißerfolge, zitierten das kleine Leben, das neben dem entwickelten literarischen in beinahe bedrohlich wachsender Gebärde weiter bestand.

Nach 1964 ließ Hermann Lenz diese Diskrepanz nicht mehr gelten. Er *erfand* die Figur des Eugen Rapp, und plötzlich war dadurch die Möglichkeit geschaffen, die tagebuchartigen Notizen umzuschmelzen, sie literarisch zu verwenden. Werk und Leben, Biographie und Technik formierten sich – jetzt ›beiläufig‹ – zu Romanen, in denen die deutsche Geschichte zu einem

»poetischen Geschichtsunterricht« (Handke) wurde. Beinahe zwanzig Jahre hatte der Schriftsteller Hermann Lenz gebraucht, den Zwiespalt seiner Lebensentwürfe als *seine eigene Geschichte* zu erkennen. Freilich war er damit anderen Autoren noch immer weit voraus gewesen. Sicher könnte er im Nachhinein kaum begründen, warum es so lange gedauert hatte, bis er sich zur autobiographischen Form hatte entschließen können. Hätte er nach einer Begründung suchen sollen, so wäre ihm vielleicht Prousts *Recherche* in den Sinn gekommen.

> 1939 fand Lenz in ›Max Steinebachs Bücherparadies‹, München, einige verramschte Bände von Prousts *Auf der Suche nach der verlorenen Zeit,* die bis 1932 noch hatten erscheinen können. Damit tröstete er sich oft: daß auch Proust in seinen Büchern nichts *arrangiert* hat. Jedes Arrangement in der Literatur sei ihm zuwider, und das Unarrangierte habe er erst nach und nach von Proust gelernt.[43]

Gewiß: 1939 konnte Hermann Lenz die Technik Marcel Prousts noch nicht begreifen. Das Unarrangierte – betont er Peter Handke gegenüber – habe er erst später ›nach und nach‹ gelernt. Dabei taten die früher offiziell verbotenen Bücher Prousts ihre Wirkung. Nach 1964 brach sie deutlich hervor: der Autor erkannte sein eigenes, vorher vielleicht gering geschätztes Leben als *seinen Stoff.* Zwischen seine leibhaftige Existenz und diesen Stoff spannte er eine Figur, Eugen Rapp. Plötzlich wurde die Geschichte eines Einzelnen zu einem *größeren Zusammenhang:* aus den Traumbildern waren Bilder der Erinnerung geworden, das Beiläufige hatte das Arrangierte verdrängt, Stuttgart war an die Stelle Wiens getreten, das unbedeutende Detail hatte sich als ›sinnfällig‹, ›geschichtlich‹ – als ›gegenwärtig‹ erwiesen ...

Was es allerdings nun bedeutete, von Marcel Proust zu lernen, worin das Eigentümliche seiner literarischen Technik der Erinnerung bestand, wie Proust selbst diese Technik entdeckte und entwickelte – das möchte ich erst im folgenden zeigen. Darüber freilich werden sich die ›Suchbewegungen der Lebensklugheit‹ in solche der ›Lesekultur‹ verwandeln.

V
Suchbewegungen der Lesekultur

Was stehst du noch da? Weißt du, was du sahst?
(Richard Wagner, *Parsifal,* 1. Akt)

Im Palais der Guermantes hat die Matinee längst begonnen. Der Erzähler hat sich ein wenig verspätet. Als er das erste Stockwerk erreicht, führt ihn ein Diener in einen kleinen Salon, in dem die Bibliothek des Hauses untergebracht ist. Dort soll der Verspätete sich einige Zeit gedulden, bis das Stück, das gerade nebenan gespielt wird, beendet ist. Er wartet, ein anderer Diener bringt ihm etwas Gebäck und eine Orangeade, dann ist der Verspätete allein, für wie lange, weiß er am Ende selbst nicht.
Es scheint eine kleine Ewigkeit zu dauern, dieses Warten, aber in den stumm hingenommenen und erlebten Minuten entwikkelt sich ein ganzes Lebensprogramm, erstehen die vergangenen Jahre neu, leben die längst vergessen geglaubten Szenerien wieder auf, entspannt sich ein innerer Monolog, der alles Weitere erst in Bewegung setzen und dann für die Dauer eines ganzen Lebens nie mehr zur Ruhe finden wird.

Was ist geschehen? Unten – noch im Hof des Guermantesschen Palais – war ihm etwas Seltsames zugestoßen, nichts Wichtiges oder Bedeutsames. Er war einem vorbeifahrenden

Wagen ausgewichen und bei diesem Sprung auf zwei Pflastersteine geraten, von denen der eine etwas höher lag als der andere. Dieser Zufall führte einen Augenblick der (wie es genannt wird) höchsten »Beseligung« herbei, eine Art Innewerden, einen Glückszustand, den sich der darüber in Unruhe geratende Erzähler selbst am wenigsten erklären kann. Wieso kommt das Glück so plötzlich über einen? Und was geschieht in diesen seltenen Momenten?

Man kann es nur schwer erklären, der Erzähler versucht es. Unerwartet – so glaubt er – hat sich die Vergangenheit verlebendigt. Eine Erinnerung ist aus der Tiefe des Gedächtnisses aufgestiegen und auf magische Weise eins geworden mit dem Empfinden der Gegenwart. Diese Gegenwart macht auf einmal nicht mehr mutlos, sie langweilt nicht mehr, sie ist nicht mehr das Terrain unendlicher Müdigkeit, dauernden Zweifels, vergeblicher Versuche, das dahineilende Leben zu bezwingen. Im Gegenteil: diese Gegenwart war für Sekunden reich an Eindrücken, an Vorstellungen. Einige davon kamen aus der Kindheit, und auch sie hingen mit nichts Besonderem und Bedeutendem zusammen. Eine Tasse Lindenblütentee, eine Madeleine, der Anblick der Kirchtürme von Martinville, eine Fahrt im offenen Wagen am Meer – diese kleinen Geschehnisse sind ja kaum ›Ereignisse‹ zu nennen. Damals, als man sie erlebte, war man nur von demselben Gefühl jenes anscheinend kaum greifbaren Glücks beseelt, das dem Erzähler nun dieser Sprung auf ein paar Pflastersteine beschert hat, ein Glück, das er nie ganz zu verstehen glaubt und das ihm doch plötzlich die überaus starke Gewißheit vermittelt, er habe nicht vergeblich gelebt, sondern etwas gesehen, ja begriffen, das dazu tauge, festgehalten und fixiert zu werden.

Aber wie – und vor allem warum? Es ist gut, daß der Erzähler nach seinem eher zufälligen Sprung auf die beiden verschieden hohen Pflastersteine in der Bibliothek allein gelassen wird. Er könnte sich in dieser aufgeregten und angespannten Verfassung auch kaum unterhalten; er ist nur zu diesem intensiven Nachdenken, einem Grübeln, aufgelegt, das ihn immer tiefer in die Erfahrungen seines Lebens zurückführt. Zwar wußte er auch früher schon, daß er die Aufgaben des Schriftstellerberufs als seine Lebensaufgabe betrachtete. Doch hatte diese Illusion ein entscheidendes Manko: bisher konnte er mit dieser Aufgabe nichts verbinden, sie war für ihn eher eine Art Hoffnung als ein ernsthafteres Ziel, er verlor sie immer wieder aus den Augen, er lebte vor sich hin. Woher den Stoff beziehen, um anderen etwas sagen zu können? Wie diese Erfahrungen in Worte setzen, um mehr zu vollbringen als die Wiedergabe einiger Szenen, als jenen armseligen ›Realismus‹, dessen er sich, wenn er seine Arbeit ernst nehmen wollte, nur geschämt hätte?

Zur Erkundung dieser Geheimnisse gab es anscheinend nur einen Weg. Man mußte jenem Gefühl des Glücks und der inneren Ausgeglichenheit auf den Grund gehen, das einen eben noch überfallen hatte. Mit der Analyse dieses glücklichen Moments hebt daher das Nachdenken dieses Erzählers an, der sich da, allein gelassen, auf nichts als sich selbst gestellt, im Kreis der Bücher seine Gedanken macht. Diese Verbindung von Vergangenem und Gegenwärtigem – sie beschwor etwas herauf, ein bestimmtes Empfinden der Zeit, eine Art Gefühl *außerhalb* jeder bestimmten Zeit, eine Emphase der Dauer. Wo befand er sich als das merkwürdige Wesen, das so genießen konnte? Der Erzähler nennt das Element dieser Empfindung das einzige, in dem er wahrhaft existieren und »die Essenz der Dinge« wahrnehmen konnte, »außerhalb der Zeit«.

Glück, Genuß, die Verbindung der verschiedenen Zeitebenen, die weiter vordringt als die übliche, alltägliche Wahrneh-

mung: das alles figuriert also zu einem Tableau, das an keine zufällig bestimmte Zeit mehr geknüpft ist.
Mit diesem Gedanken ist der Erzähler weit vorgedrungen. Die Suche seiner schriftstellerischen Arbeit ist umrissen; er wird sich nicht mehr der Illusion einer Wiedergabe irgendeiner Wirklichkeit, nicht mehr den Übungen eines bestimmten Stils hingeben. Es wird ihm vielmehr darum gehen, das Zeitliche so zu schildern, daß »die Essenz der Dinge«, das Dasein innerhalb der Zeit so erscheint, daß auch andere es als gültig erleben werden, so gültig, als wäre damit ein Dasein »außerhalb der Zeit« eingefangen.
Damit sind die Geburtsmomente dieses schriftstellerischen Werkes umrissen. Die lästigen Fragen jedoch sind geblieben: aber wie? Vor allem: warum?
Es ist eine Eigenart dieses Erzählers, daß er sich nicht vorschnell zufrieden gibt. Er nähert sich seinen Fragen und den möglichen Antworten nicht auf zudringliche Weise. Er stellt es vielmehr so an, daß er ruhig zusieht, wie sich die Fragen ausbreiten. Langsam folgt der Gedankengang diesen Fragen, er heftet sich immer wieder an sie, läßt sie zur Ruhe kommen, nimmt sie geduldig auf. Die besondere Fähigkeit dieses Erzählers besteht darin, Fragen diffizilster Art immer wieder aufzuwerfen, sie nie unruhig zu vernachlässigen, sondern ihnen Schritt für Schritt näher zu rücken. Ein unablässiges Spiel der Fragen und Antworten entsteht in diesem Alleingelassenen. Wie gut, daß das Spiel draußen noch andauert, wie günstig, daß man ihm Zeit läßt, so zu sich selbst zu kommen!

Einmal von außen betrachtet: was hier in seiner Entstehung nachvollzogen wird, könnte man aus einer unvermittelt heutigen Sicht als eine ›geistige Arbeit‹ bezeichnen. Diese geistige Arbeit kann in ihren Anstrengungen ziemlich genau beschrieben werden: sie bedarf der Muße, des plötzlichen Alleingelassenwerdens, sie überfällt den, der sie dann vermitteln und austragen muß. Ruhe, Geduld, Intensität sind die charakteristischen Merkmale dieser Arbeit. Nichts darf von außen hereinplatzen, etwas Gebäck, etwas Orangeade, die gedämpften Nebengeräusche der sonstigen Lebensvollzüge – und daneben: dieser aufsteigende Saft, dieses Anschwellen, dieses innere Lauterwerden, der Art, als könnte ein sehr stiller Zuschauer es beinahe mit seinem gesamten psychischen Einsatz so nachvollziehen, wie ich es gerade versucht habe, in aller Vorsicht, mit aller Geduld.

Natürlich, jeder kennt diese Szene, die inzwischen längst einige literarische Berühmtheit erlangt hat. Marcel Proust schildert sie im letzten Band seiner *Recherche*. Hier, am Ende des großen Romanwerks, werden jene Geburtsmühen der schriftstellerischen Arbeit beschrieben, die dann zum Anfang des Romans führten, hier, an seinem Ende, beugt sich der Erzähler über jene Zusammenhänge, deren Erkenntnis ihm erst die Niederschrift des Zyklus ermöglichte, hier werden all die Quellen und Ursprünge in einem beinahe biologisch-vegetativen Vorgang gelöst und gelockert, die dann dieses wuchernde, aber nie ausufernde Werk hervorgebracht haben, ein Werk, wie es im kompositorischen Rahmen der Erinnerung eines Daseins »außerhalb der Zeit« nie weiter und umfassender versucht wurde. Bekannt ist auch, daß wir uns (einmal exakt zeitlich datiert) in den ersten Jahrzehnten unseres Jahrhunderts befinden. Der erste Band der *Recherche* erschien 1913, die Arbeiten am gesamten Werk datieren seit 1905, der letzte Band, dessen berühmteste Szene ich hier erinnere, kam beinahe fünf Jahre nach dem Tode Prousts (1927) heraus: *Le temps retrouvé*.
»Retrouvé« – dieses Wiedergefundene wurde schon umkreist,

die lästigen Fragen sind geblieben. Aber wie – und vor allem: warum?

Noch einmal zurück! Der Erzähler Marcel, den Proust als eine Art Alter ego in seinen Roman einführt, hat während seines bisherigen Lebens nichts Besonderes vollbracht. Die ›geistige Arbeit‹, die ihn bis zu jenem geschilderten Intensitäts- und Wachmoment im Palais der Guermantes beschäftigte, könnte man als eine angestrengte Beobachtung verstehen. Kaum ein Detail ist ihm entgangen; er hat die Menschen seines Umgangs mit diesen aufmerksamen Blicken durchdrungen, er hat versucht, sich deren Gesten, Sätze, Bewegungen einzuprägen. Er hat ein ungeheures Szenarium von Auftritten, Auseinandersetzungen in einem großen Speicher aufbewahrt, im Speicher seines Gedächtnisses, das all diese plötzlichen und manchmal verzögerten Zuckungen sammelte, miteinander verglich und vernetzte.

Von heute aus betrachtet, könnte man behaupten: der Erzähler hat eine beinahe unübersichtliche Fülle von Daten, von Informationen gesammelt. Das Problem, dem er im kleinen Salon begegnet, stellt sich daher als ein Problem der Datenverarbeitung. Was soll er, der passive, manchmal lustlose, jedoch immer aufmerksame Beobachter mit diesen Daten anfangen? Wie sind sie zu ordnen? Kann man ihnen eine bestimmte Struktur geben, und welches Ziel verbindet man mit dieser Strukturierung?

Ich möchte, bevor ich diese Fragen zu beantworten versuche, Interesse für einen anderen intensiven Beobachter wecken, der beinahe zeitgleich mit Proust ebenfalls keine andere Aufgabe als die einer wachen, registrierenden Beobachtung wahrnahm. Es handelt sich um jenen Frederick Winslow Taylor, der als amerikanischer Ingenieur und Betriebswirtschaftler in den

Jahren von 1880 bis 1906 Zehntausende von Tests in Unternehmen der Metallverarbeitung und der Stahlindustrie durchführte[1].

Taylor beobachtete die Arbeitsvorgänge in systematischer Absicht, er wollte eine detaillierte, wissenschaftliche Beschreibung dieser Vorgänge liefern, um diese zu vereinfachen, zu vereinheitlichen. Voraussetzung dieser Beobachtungen war die Zerlegung der Arbeiten in kleinere Einheiten (Gehen, Heben, Reichen, Stehen)[2]. Diese Einheiten ließen sich in einem Netz von Organisationen erneut zusammensetzen. Erst so wurde deutlich, wie die Gesamtarbeit eines Betriebes aufgebaut war und in welche Bestandteile sie zerfiel.

Taylors Untersuchungen führten zu einer rationelleren Arbeitsorganisation. Sie ermöglichten die Entwicklung von Fließbändern in Fords Autofabriken und stellten die wissenschaftliche Erforschung der Arbeit auf eine neue Grundlage. Taylor hat diese Ergebnisse in seinen Büchern über *Die Betriebsleitung* und *Die Grundsätze wissenschaftlicher Betriebsführung* festgehalten. Diese liefern die Grundlagen für die Herausbildung dessen, was man später als »Management« erst in seiner vollen Bedeutung begriff: eine Betriebsleitung, die fähig sein mußte, die Arbeit effektiv zu gestalten, jenes Netz der Einzeltätigkeiten zu einem produzierenden, leistungsfähigen Gewebe zu verdichten. Taylor hob hervor, daß es darauf ankomme, »eine neue und deutliche Trennung von Kopf- und Handarbeit in allen Werkstätten einzuführen. Diese gründet sich auf das genaue Zeit- und Bewegungsstudium jeder Arbeitsaufgabe für sich und überführt die gesamten geistigen Anteile an dem Arbeitsvorgang in die Hände des Leitungspersonals.«[3]

Diese Methoden des Taylorismus haben den Grundstein zu jener Entwicklung gelegt, die, ergänzt durch technische Erfindungen und zunehmende Komplexitäten, zu dem führten, was wir heute als ›Neue Medien‹ bezeichnen.

Ich will nach diesem kurzen Exkurs den Faden dort wieder aufnehmen, wo ich ihn bei der Beschreibung der ›geistigen Arbeit‹, der sich der Schriftsteller Marcel Proust gegenübersah, anscheinend liegen ließ. Auch die intensiven Beobachtungen dieses Schriftstellers lassen sich leicht als Zerlegungen von Vorgängen in kleinere Einheiten beschreiben, ja Proust entwickelte geradezu eine strenge Methode, das Gewebe des Lebens in jenen kompakten Zellen aufzufangen, für deren Ausführung er ein beinahe vermessen großes Quantum des eigenen Lebens bereitwillig hingab. »Ein genaues Zeit- und Bewegungsstudium« wie das, das der Ingenieur Taylor durchführte, kann also auch ihm bescheinigt werden. Man behauptet nicht zuviel, wenn man – in etwas dramatisierender, profaner Absicht – den Schriftsteller Proust als eine Art Manager beschreibt, denn die »geistigen Anteile« an den Vorgängen, die er umriß, lagen ohne Zweifel in seinen Händen, in den Händen eines Leitungspersonals. Daher mag es kein Zufall sein, daß beide Methoden – die der wissenschaftlichen Buchführung und die eines der wichtigsten schriftstellerischen Unternehmen unseres Jahrhunderts – sich zeitgleich entwikkelten.

Natürlich ahnte der Schriftsteller Marcel Proust von diesen Zusammenhängen nichts. Dennoch hatte er eine deutliche Vorstellung davon, daß er sich – als Beobachter, als Entdekker, als ›Verwerter‹ – gleichsam außerhalb der alltäglichen Lebensvorgänge befinde. Er war diesen Vorgängen, obwohl er sie doch als selbständiges Lebewesen mitgestaltete und zur Ausführung brachte, auf gewisse Weise entzogen. Auch davon berichtet die *Recherche* in jenem bedeutsamen letzten Band *Le temps retrouvé;* diese Überlegungen spielen im Monolog des in jenem nun schon bekannten Bibliothekszimmer Alleingelassenen eine außerordentliche Rolle.

Der Erzähler gerät da ins Grübeln darüber, wie es um die Eigenart des schriftstellerischen Erlebens im Verhältnis zu seiner Produktion bestellt ist. »Da aber ging ein neues Licht in mir auf, weniger strahlend gewiß als jenes, dem ich die Erkenntnis verdankte, daß das Kunstwerk das einzige Mittel ist, die verlorene Zeit wiederzufinden. Ich begriff, daß die Summe aller Materialien des literarischen Werkes mein vergangenes Leben war; ich begriff, daß sie in oberflächlichen Vergnügungen, in Trägheit, in Zärtlichkeit, in Schmerz zu mir gekommen und von mir gespeichert waren, ohne daß ich ihre Bestimmung, ja auch nur ihr Fortleben besser erraten hatte als der Same es tut, wenn er die Elemente in sich aufhäuft, durch welche die Pflanze ernährt werden soll.« Und weiter heißt es: »Selbst noch die – in ihren Gefühlen – einfältigsten Menschen künden Gesetze, die sie selbst nicht erkennen, die aber der Künstler an ihnen erspäht.«[4]

Die Zerstreutheit des Schriftstellers im Alltag, seine mangelnde Lebensfähigkeit, seine anscheinend nicht zu erschütternde Passivität – das alles erkennt also der Erzähler plötzlich als eine Grundlage seiner produktiven Arbeit. Von hier aus ist ihm deutlicher, was es bedeuten mag, ein Dasein »außerhalb der Zeit« zu gestalten. Es bedeutet, sich von diesem Leben in das der geistigen Tätigkeit zurückzuziehen, dieses Leben gleichsam in Modellen und Gestalten erkalten zu lassen, sich ihm zu entziehen, um es in vollendeterer Ganzheit zu erobern. »Ein Buch« – heißt es daher wenig später – »ist ein großer Friedhof, in dessen Bezirken man auf den meisten Gräbern die verwischten Namen nicht mehr entziffern kann.«[5]

Derartige Reflexionen über den schriftstellerischen Arbeitsvorgang haben in den ersten Jahrzehnten dieses Jahrhunderts die bedeutenderen Werke in Bewegung gesetzt. Leicht könnte man ihre Spuren im Werk Thomas Manns, etwa im *Tonio Kröger,* verfolgen, leicht zu jenem irischen Autor überblenden, der sich 1906 erste Notizen zum *Ulysses* machte, leicht auch jenen Studenten des Maschinenbaus bei seinen Aufzeichnungen aufsuchen, die er später unter dem Titel *Der Mann ohne Eigenschaften* publizieren würde. Robert Musils Existenz in diesen Jahren, in denen Proust an seiner *Recherche* arbeitete, wäre die wohl interessanteste und aufschlußreichste Ergänzung zur Herausarbeitung jenes »universellen Buches«, das all diesen Schriftstellern in dieser Zeit zum Problem wurde. Es mag ja ganz und gar kein Zufall sein, daß Musil während seiner Schuljahre in der Militäroberrealschule in Mährisch-Weißkirchen seine Themen und Interessen entdeckte, daß er durch die Beschäftigung mit dem Artilleriewesen zur Problematik der ›Technik‹ geführt wurde, deren wissenschaftliche Durchdringung ihn noch in seiner Dissertation mit dem Titel *Beiträge zur Beurteilung der Lehren Machs* leitete.
Dieser erkenntnistheoretische Weg – vom Artilleriewesen zur Technik, vom Studium des Maschinenbaus zu dem der Philosophie, der Logik und der experimentellen Psychologie hat etwas Beispielhaftes. Musils Entdeckung des Farbkreisels in diesen Jahren zwischen 1903 und 1910, der als Variationskreisel zu Untersuchungen des Farbempfindens von Personen geeignet sein sollte, ist eine Art Appendix zu den Forschungen Prousts aus denselben Jahren. Artilleriewesen, Technik, Philosophie – die Verflechtung dieser Bereiche ist uns erst heute wieder ganz deutlich geworden, freilich wird sie gerade in den Gesprächen über die Entstehung der ›Neuen Medien‹, der Nachrüstung, der Ökologie, die die publizistische Diskussion

unserer Jahre so entscheidend prägen, weitgehend oberflächlich betrieben. Es wäre wichtig, sie auf ihre Anfänge, in denen sie gleichsam lupenrein hervortreten, zurückzudatieren.

Ich komme also mit einem letzten Blick auf den experimentierenden Robert Musil zu Prousts Problemstellung zurück. Bereits in Notizen aus dem Jahr 1908, die »Monsieur vivisecteur« überschrieben waren, hatte Musil Momente jener Verwirrungen benannt, die auch Proust beschäftigten. Es heißt dort: »Allein alle Worte haben soviel Nebensinn, Doppelsinn, Nebenempfindung, Doppelempfindung, daß man gut tut, sich von ihnen fern zu halten. Ich trete ans Fenster, um meinen Nerven die schaurige Lust der Isolation wieder einzuflößen.«[6] Hier ist das Modell des »Manns am Fenster«, der die Isolation wie ein Glück (aber eben auch wie eine bittere Notwendigkeit) genießt, bereits deutlich ausgeprägt. Es ist das Modell des *Mann ohne Eigenschaften,* den später ebenfalls die Frage, wie sich die Empfindungen zur Abbildung und zum Verstande verhalten, zur Reflexion zwingen wird.
Zwei Jahre, bevor diese Notizen gemacht wurden, waren die *Prinzipien der Wärmelehre* des Physikers und Philosophen Ernst Mach erschienen. Sie galten – wie auch die späteren Überlegungen Machs – keinem anderen Thema als dem, das Musil damals skizzierte. Auch Mach beschäftigte die Frage, wie es der exakten Wissenschaft möglich sei, das Leben, diese ungeheure Flut von Empfindungen, in Begriffe zu fassen: wie verhielten sich die komplexen, psychologischen Wahrnehmungen unserer Sinne zu den Daten, den Ergebnissen, den Gesetzen und deren – im Verhältnis zu den schwankenden, flüchtigen, ephemeren Eindrücken – überzeitlicher Dauer? Mach kam zu dem Ergebnis, daß die Erfahrungen mehr oder minder vollkommen in »einfachere, häufiger vorkommende Elemente zerlegt und zum Zweck der Mitteilung stets mit ei-

nem Opfer an Genauigkeit symbolisiert«[7] würden. Die exakten, dauernden Daten – sie waren in gewissem Sinn also Ergebnisse einer Rationalisierung, Opfer ähnlich jenen Arbeitern, deren Arbeitsprozesse der Betriebswirtschaftslehrer Taylor in diesen Jahren untersucht und vereinfacht hatte.

Mach und Taylor – das waren zwei wirkungsvolle Repräsentanten des wissenschaftlichen Positivismus, dessen Problemstellungen ich auch in den schriftstellerischen Versuchen Musils und Prousts widergespiegelt fand. Eine genauere Analyse dieser Versuche führt nun allerdings dahin, zu zeigen, wie sich Musil und Proust von diesem Positivismus entfernten. Damit wäre das Thema präzisiert, um das es mir geht. Wie antworten die Schriftsteller auf die Herausforderungen des Positivismus, oder – modern gesprochen – in welchem Sinn läßt sich die Kultur der ›Neuen Medien‹, die ja nichts anderes als das Endprodukt jenes verschmähten Positivismus ist, mit der Kultur jenes ›Buches‹, an dessen Hervorbringung die Schriftsteller auch in der Gegenwart mit soviel Zähigkeit festhalten, konfrontieren?

Ich will die Pointen dieser Konfrontation noch einmal hervorheben, indem ich endgültig zu Marcel Proust zurückkehre. Ich hatte behauptet, die Organisation der ›geistigen Arbeit‹, die sich Proust zum Problem machte, lasse sich mit jener Leitungsorganisation des Managements vergleichen, die Frederick W. Taylor beschrieben hatte. Diese mit leichter Ironie eingesetzte Pointe habe ich inzwischen ausgedehnt. Zieht man die Forschungen Ernst Machs (der übrigens nur knapp ein Jahr später als Taylor (1916) starb) hinzu, so könnte man mit einem gleichzeitigen Blick auf die heutige Computerkultur behaupten, daß sich die Proustsche Fragestellung mit der eines hoch entwickelten Computerprozesses vergleichen lasse. Es geht bei derartigen Prozessen ja um gar nichts anderes als die Verarbeitung von Daten in rationellerer Manier, also darum, diese Daten zu speichern, sie für ein programmiertes Rechenwerk bereitzustellen, sie zu steuern und abrufbereit zu machen. Genau mit diesem Problem sah sich der einsame, isolierte Matineebesucher im Guermantesschen Palais konfrontiert, der – anscheinend unter einer plötzlichen Anwandlung so altmodischer Empfindungen wie Genuß, Dauer, Intensität – mit allen Mitteln danach trachtete, sein bisheriges Leben, diese schwankende, flüchtige, sich andauernd wandelnde Masse von Eindrücken zu ordnen, sie zu einem dauerhaften, gültigen Netz »außerhalb der Zeit« zu verknüpfen.

Blickt man also mit gleichsam Proustschen Augen auf die Untersuchungen von Mach und Taylor, so kann man bereits feststellen, daß all diese historisch etwa gleichzeitig ablaufenden Analysen und Versuchsanordnungen einander auffällig korrespondierende Intelligenzen herausfordern. Diese Intelligenzen antworten offensichtlich auf einen durchaus ähnlichen Problembestand, und ich habe nun keineswegs vor, die Antworten dieser Intelligenzen zu werten, die eine über die andere zu stellen. Statt dessen will ich, um die mir am nächsten liegende Antwort – die Marcel Prousts nämlich – zu charakterisieren, versuchen, nun *die Unterschiede* deutlicher hervorzuheben, nachdem ich die Ähnlichkeiten ausschweifend genug betont habe.

Ich habe den Erzähler Marcel noch immer in der Bibliothek des Guermantesschen Palais allein gelassen. Das Leben war ihm merkwürdig geworden, eine Fülle »unbekannter Zeichen«, die es zu zerlegen, zu vereinzeln galt. Der Speicher des Gedächtnisses war gefüllt, ja er war durch ein bestimmtes Vorkommnis so in Bewegung geraten, daß zwei dieser sonst unbekannten Zeichen für einen Moment zur Deckung geraten waren. Daraus hatte sich für Marcel die Haltung des isolierten, distanzierten, beobachtenden Forschers ergeben, die ich mit der Haltung Musils, aber auch mit der von Mach und Taylor verglichen hatte.

Nun ging es aber Mach wie Taylor darum, dieser verwirrenden Fülle von Zeichen, Empfindungen und ungenauen Substraten deutlich fixierbare Größen gegenüberzuhalten. Taylor wollte die vielfältigen Prozesse der menschlichen Arbeit vereinfachen, Mach wollte die Empfindungen durch ihnen entsprechende exakte Symbole und Daten abgebildet wissen. Beide Positivisten drängten gleichsam auf *einen* bestimmten Vorgang, den einer entscheidenden Verkürzung von Zeit. Diese Verkürzung sollte sich nach Taylors Begriffen so darstellen, daß dieselbe Arbeit mit einem geringeren Aufwand an Zeit getan werden könnte; auch in Machs Analysen wurden die Empfindungen zu handhabbaren, funktionalen Größen zusammengeschweißt, den Begriffen und Daten, die es erlaubten, metaphysische Spekulationen zu verabschieden.

Prousts Antwort jedoch, die ich für die exemplarische des Schriftstellers halte, zielt nun darauf, einen genau entgegengesetzten Weg einzuschlagen. Dieser gewinnt nicht eine Verkürzung, sondern im Gegenteil eine Verlangsamung, eine unendliche Dehnung der Zeit. Mit unvermeidlicher Vergröberung ließe sich sagen, daß der Erzähler Marcel darauf aus ist, die Zeit zu verräumlichen und den Raum zu verzeitlichen.

Für diese Vorgänge hat er einen wichtigen Begriff gefunden, der seine weiteren Arbeiten bestimmt: es ist der Begriff der Lektüre, des ›Lesens‹, der im Werk Prousts eine entscheidende Rolle spielt. Proust hat alle Folgerungen für seine schriftstellerische Methode aus einer Analyse des Lesens gezogen, ja man könnte sein ganzes Werk von diesem Molekül her erklären. Schon in der frühen Prosasammlung *Tage der Freuden (Les Plaisirs et Les Jours)* ist davon die Rede. Die kleine Skizze *Journées de lecture,* die in seinem Werk eine entscheidende Stellung einnimmt, erscheint noch während der Arbeit an der *Recherche.* (Ich brauche nicht weiter auszuführen, daß Joyce und Musil diesen Weg teilen.)

Ich will zunächst – unabhängig von Proust – beschreiben, was man sich unter einem derartigen Lesen vorstellen könnte.
Die Lektüre von Prosawerken macht uns mit der Einzigartigkeit von Individuen bekannt, mit den Räumen, in denen sie sich bewegen, den Menschen, mit denen sie umgehen, den Farben, Stoffen, Gerüchen und Gegenständen, die sie umgeben. Plötzlich nämlich zeigen sich all diese Verhältnisse, die uns im alltäglichen Leben keineswegs bemerkenswert oder bedeutend, sondern – entsprechend der mangelnden Aufmerksamkeit für dieses Leben – nur noch matt, mittelmäßig, kaum ausgeleuchtet erscheinen, im Licht einer anhaltenden Konzentration. Wir entwickeln einen gewissen Appetit auf diese Welt, die da vor uns entsteht, wir wollen alles hören, schmecken, riechen, jede Kleinigkeit, die berichtet wird, trägt dazu bei, das Bild anzureichern, aufzubauen und letztlich zu füllen. Was hier – im Vorgang des Lesens – geschieht, ist ein seltsamer ›Einbruch‹: der Einbruch der Dauer in unser zerstückeltes, zerfetztes und aufgetrenntes Zeitbewußtsein. Das Lesen veranlaßt uns zur Aufbietung einer Bereitschaft, die wir sonst kaum noch den Dingen entgegenbringen: wir nehmen diese Umgebung, die sich vor uns ausbreitet, hin, ja wir werden geradezu süchtig nach ihr. Offenen Mundes sitzen wir da, ein Buch in der Hand.
Proust hat im ersten Teil der *Recherche,* im berühmten Combray- und Kindheitskapitel, das Lesen in ähnlicher Weise analysiert. Da streckt sich das Kind nach dem Mittagessen in

der Kühle seines Zimmers aus, es beginnt zu lesen: »Auf der Art von Schirm, den mein Bewußtsein beim Lesen in mir ausspannte, erschienen in bunter Folge verschiedene Zustandsbilder, angefangen von den geheimsten Regungen meines Innern bis zu der rein äußerlich wahrgenommenen Horizontlinie des Gartens.«[8] Das Lesen baut also Bilder auf, die für eine intensive Weile zuständlich, unveränderlich bleiben. Diese inneren Bilder tastet das Einfühlungsvermögen, die phantasierende Produktivität des Lesenden, ab, sie vermischt sie mit anderen, sie setzt sie aus eigener Anstrengung immer wieder neu zusammen. Proust spricht von »einer Art von Schirm«, den das Lesen in einem ausspannt.

Man kann den Lesevorgang, wie er hier beschrieben wird, nun leicht etwa mit den technischen Funktionen des Fernsehens vergleichen. Die Aufnahmeröhre der Kamera entwickelt ja aus einem optischen Bild ein elektrisches; dieses elektrische Bild wird von einem Kathodenstrahl Punkt für Punkt abgetastet und auf eine Signalplatte übertragen. Die räumlich *nebeneinander* liegenden Helligkeitspartikel werden in eine zeitliche Folge von elektrischen Werten übersetzt. Die Wiedergabe im Bildschirm reproduziert diesen Vorgang. Nach Übertragung des Bildes über elektromagnetische Wellen an den Sender gibt dieser – wiederum zeitversetzt – das Bild an das Empfangsgerät weiter, das das elektrische Abbild zurückverwandelt. Die Abtastung des räumlichen Bildes in einer zeitlichen Folge geschieht dabei so schnell, daß das Auge derartige Veränderungen nicht wahrnehmen kann.[9]

Hier, im Bereich der Medien, haben wir es also gleichsam mit positivistischen Phänomenen der Art zu tun, wie Mach und Taylor sie untersuchten oder organisierten. Der zeitliche Eindruck ist von kaum noch berechenbarer Kürze; er kommt dem Auge zuvor, auf die Dauer übermüdet er es durch eine unendliche Folge von Wiedergaben, die das Auge nie festhalten oder

erfassen wird. Daher werden die Eindrücke weniger durchdrungen als geschluckt.
Wiederum zeigt sich der Unterschied zur geistigen Arbeit des Lesens: dieses Lesen entwirft »auf dem Schirm des Bewußtseins«, der allmählich ausgespannt wird, Zustandsbilder, Bilder einer intensiven Dauer, die nicht geschluckt, sondern gerade erst gestaltet und vom Leser hervorgebracht werden.
Proust notiert: »Das Werk des Schriftstellers ... ist lediglich eine Art von optischem Instrument, das der Autor dem Leser reicht, damit er erkennen möge, was er in sich selbst vielleicht sonst nicht hätte erschauen können.«[10]

Die Zustandsbilder, die das Lesen im Inneren des Lesers zur Entwicklung bringen will, sind von anderer Art als die, die wir im alltäglichen Leben wahrnehmen. Es sind, wie gesagt, Bilder, die *dauern* müssen. Proust hat sie als vereinfachte, zusammengesetzte Bilder beschrieben, und er ist damit jenen Regeln der Zerlegung, Vereinfachung und erneuten Zusammensetzung gefolgt, die Mach und Taylor (als die Vorfahren der Computerkultur) in anderer Absicht und mit anderen Zielen entwickelten. »Der geniale Einfall des ersten Romanschriftstellers bestand in der Entdeckung, daß, da in unserer emotionalen Sphäre das Bild das wesentliche Element ist, die Dinge entscheidend vereinfacht und vervollkommnet würden, wenn man die wirklichen Personen kurzerhand ausschaltete. Ein wirklicher Mensch, mögen wir noch so sehr mit ihm sympathisieren, wird von uns zum großen Teil durch die Sinne aufgenommen, das heißt, große Partien an ihm bleiben undurchsichtig für uns und bilden eine Art toter Last, mit der unser Empfindungsleben nichts anzufangen weiß ... Die Erfindung des Romanschriftstellers war nun, diese für die Seele undurchdringlichen Partien durch eine gleiche Menge immaterieller Teile zu ersetzen, das heißt solcher, die unsere Seele sich anverwandeln kann.«[11]

Das Kind Marcel gräbt sich während seiner Lektüre immer tiefer in den zuständlichen Kosmos des Buches ein. Die Empfindung intensiviert sich, sie läßt den Lesenden nicht mehr los, der immer von neuem Bilder zusammensetzt, ihnen einen Raum gibt, sie durch neue verdrängt. Während dieser Lektüre hört das Kind wie von ferne die Stundenschläge der Glocken von Saint-Hilaire. »Bei jedem Stundenschlag aber schien es mir, als sei der vorhergehende eben erst gefallen; die jüngstverflossene Stunde stand noch ganz nah der anderen am Himmel, und ich konnte nicht glauben, daß sechzig Minuten in dem durchmessenen kleinen blauen Bogen zwischen den beiden goldenen Markierungen des Sonnenstandes Platz gehabt haben sollten.«[12]

Die Lektüre – so sagt man dahin – verkürzt die Zeit. Wäre sie also mit jener Zeitverkürzung zu vergleichen, um die es auch Mach und Taylor ging?

Schauen wir genauer hin. Das Lesen entwickelt eine besondere Form der Zeit, eine Dauer »außerhalb« der alltäglichen Zeit. Dies ist der Grund dafür, daß sich der Leser nicht von seinem Buch trennen möchte. Er möchte es zu Ende lesen, was nichts anderes heißt als: er möchte möglichst lange in diesem Zustand »außerhalb« der Zeit verweilen. Die alltägliche, uns bekannte Zeit wird dadurch verkürzt, sie wird durch jenen Sog vernichtet, der die Zustandsbilder des Lesens regeneriert. Indem die Lesezeit eine gleichsam unendliche Dehnung erfährt, nimmt die alltägliche Zeit an Bedeutung ab. Die positivistische Verkürzung der Zeit ersetzt dagegen diese Verkürzung durch kein anderes Moment, ja sie macht diese Verkürzung nicht einmal wahrnehmbar. Vielmehr ist die Verkürzung hier nur ein Mittel, alltägliche, eigentlich unbekannt

bleibende (und kaum noch wahrgenommene) Vorgänge möglichst schnell und bewußtlos zu organisieren.
Das Lesen im positivistischen Sinne ist ein Vereinfachen, das den Leser erschöpft, leer, unbefriedigt zurückläßt; das Lesen im Proustschen Sinn ist eines, das die Verkürzung der alltäglichen Zeit zu ihrer Überwindung, zu einem kreativen, produzierenden Dasein der Dauer nutzt. Daher wird durch dieses Lesen die Zeit gleichsam verräumlicht, sie wird in Zustandsbildern eingefangen.

Es war nun die entscheidende Entdeckung Prousts, diese wichtigen Erkenntnisse auf sein Leben angewandt zu haben. Proust wurde dadurch zum exemplarischen Leser seines Lebens. Kehren wir zum letzten Mal zu jenem Alleingelassenen zurück, der noch immer in der Bibliothek des Guermantesschen Palais wartet: »Was das aus unbekannten Zeichen (erhaben hervortretenden Zeichen, schien es, die meine um mein Unbewußtes forschend bemühte Aufmerksamkeit suchte, an die sie streifte, die sie umkreiste wie ein Taucher, der in die Tiefe steigt) bestehende Buch in meinem Innern betraf, dieses Buch, bei dessen Lektüre niemand mir mit irgendeiner Regel beispringen konnte, so stellte eben dieses Lesen in ihm einen Schöpfungsakt dar, bei dem kein anderer uns ersetzen oder auch nur mit uns zusammenwirken kann ... Das Buch mit den in uns eingegrabenen, nicht von uns selbst eingezeichneten Charakteren ist unser einziges Buch.«[13]
Genau um dieses Buch geht es also dem Schriftsteller. Er ist der universelle ›Leser‹ des Lebens, er dehnt und verlangsamt die Lebensszenen und Empfindungen, um diese auszuweiten, zu verräumlichen, um aus den flüchtigen Bildern Zustandsbilder zu machen. Seine ›geistige Arbeit‹, diese Vernetzung von Eindrücken, dient der Aufgabe, eine Kultur der Intensität, des Schaffens und des Vergleichens zu bauen. Proust notiert ab-

schließend: »Der Eindruck ist für den Schriftsteller, was das Experiment für den Naturwissenschaftler ist, mit dem Unterschied, daß bei dem Naturwissenschaftler die Arbeit des Verstandes vorausgeht, bei dem Schriftsteller aber folgt. Was wir nicht durch unser persönliches Bemühen erst haben entziffern, erst haben aufhellen müssen, was nicht schon klar war, ehe wir darauf stießen, gehört uns nicht eigentlich an. Aus uns selbst kommt nur, was wir ganz allein aus dem Dunkel unseres Inneren herausholen und was den anderen unbekannt ist.«[14]

Ich könnte nun (mit großer Lust) zeigen, wie Proust diese Entzifferung des Lebens, dieses ›Lesen‹, gelingt. Das Combray-Kapitel der *Recherche* wäre hierfür ein einleuchtendes Beispiel. Ich könnte zeigen, wie alles mit dem Satz »Lange Zeit bin ich früh schlafen gegangen« anhebt, wie die Schlafstörungen mit dem ausbleibenden Gute-Nacht-Kuß der Mutter erklärt werden, die an bestimmten Abenden, weil Gäste wie Monsieur Swann anwesend sind, nicht dazu kommt, den Knaben beruhigend für die Nacht zu verabschieden. Ich könnte zeigen, wie Monsieur Swann also in diese Welt von Combray eindringt, wie sich die anderen Verwandten im Gespräch zu ihm gesellen, wie es dem Knaben endlich doch gelingt, die Mutter spät in der Nacht umzustimmen, wie sie ihm aus einem Buch vorliest (aus George Sands *Francois le Champi*), wie die Szenen, die Zustandsbilder, wie die Bilder der Laterna magica vor ihm entstehen und ihn in den Schlaf begleiten, wie dann später all die Szenen von Combray wie große Traumbilder einander folgen, die Anfahrt, das Heimkommen im Winter, das Trinken des Lindenblütentees, das Geheimnis der Kirche und der Glasmalereien, die an ihrem Fenster thronende Tante Léonie, die die Vorgänge im Dorf wie eine intensive ›Leserin‹ zusammensetzt, so daß nichts Unbekanntes oder Beängstigendes zurückbleibt, die Ordnungen der festlichen Mahlzeiten, die Ordnungen des Samstags, die Spaziergänge zur einen Seite, nach Méséglise hin, die zur anderen, zum Bereich der fürstlichen Guermantes, das Hantieren der Dienerin Francoise, die weiteren kurzen Besuche Swanns, die dann plötzlich und unerklärbar einen anderen Charakter annehmen, bis alle diese Bilder im morgendlichen Erwachen wieder verblassen, »in die Flucht geschlagen durch jenes bleiche Mal, welches der Tag mit erhobenem Finger über die Vorhanglinie schrieb«.[15]

Ja, dieser erhobene Finger ist der des Alltäglichen. Die Bilder des Combray-Kapitels aber ähneln denen des Traums, denen einer anderen Dauer. Nichts Besonderes, nichts Bedeutsames wird hier eingefangen. Was geschieht, wurde schon beschrieben: die alltägliche Zeit wird gedehnt, in unendlich sorgfältig und lang angehaltene Räume zerlegt; die Räume jedoch, die da so lange festgehalten werden, werden in einem zeitlichen Ablauf abgetastet, in zeitlich aufeinander folgende Reize übersetzt und vernetzt, am Ende doch nicht vergleichbar der Art, wie die Aufnahmeröhre optische Bilder in elektrische verwandelt.

Der Erzähler Marcel ist noch immer allein. »Während ich also noch weiter dem gleichen Gedankengang nachhing, zog ich nacheinander – ohne im übrigen allzusehr darauf achtzugeben – die kostbaren Bände heraus, als ich mich in dem Augenblick, in dem ich zerstreut den einen von ihnen aufschlug: *Francois le Champi* von George Sand, davon unangenehm berührt fühlte wie durch einen Eindruck, der mit meinen gegenwärtigen Gedanken allzusehr disharmonierte, bis ich in einem Zustand tiefer Rührung, der mir schließlich sogar Tränen entlockte, einsehen mußte, wie sehr dieser Eindruck mit ihnen sich im Einklang befand.«[16]

Hier schließt sich der Kreis der Entdeckungen des ›Lesens‹ und der Bücher. Die Fragen, *wie* alles anzustellen sei und *warum* diese ›geistige Arbeit‹ zu geschehen habe, sind vorläufig beantwortet. Das ›universelle Lesen‹ ist eine Art Schöpfung, produktiv ein Zerlegen und Vereinzeln; das Zerlegte und Vereinzelte soll unendlich gedehnt, wahrnehmbar gemacht werden. Das Dasein »außerhalb der Zeit« entwickelt nichts anderes als eine Dauer, eine Art von Genuß, schlichter gesagt: eine Freude. Diese Freude bringt dem Leser das schwankende Gebilde des Lebens näher, sie macht ihn aufmerksam, zum stummen Teilhaber. Damit überwindet sie jene Trennungen, die den Menschen von sich selbst, von seinesgleichen und von den Bildern der Welt entfernen. In einem Brief an Georges de Lauris schrieb Proust enthusiastisch: »Das wahre Leben, das endlich entdeckte und aufgehellte, das einzige infolgedessen von uns wahrhaft gelebte Leben, ist die Literatur: jenes Leben, das in gewissem Sinne bei allen Menschen so gut wie bei dem Künstler in jedem Augenblick wohnt. Sie sehen es nicht, weil sie es nicht dem Licht auszusetzen versuchen, infolgedessen aber ist ihre Vergangenheit von unzähligen Negativen angefüllt, die ganz ungenützt bleiben, da ihr Verstand sie nicht ›entwickelt‹ hat.«[17]

Anmerkungen

I *Suchbewegungen der Literatur*

1 Dem Entree-Charakter dieser ersten Suchbewegung entsprechend, weise ich die einzelnen Zitate nicht nach. Sowieso wurden hier zitierte Textpassagen soweit wie möglich in die Ausführung der Bewegungen integriert. Aufführen möchte ich jedoch – in der Reihenfolge ihres ›Erscheinens‹ in diesem ersten Abschnitt – jene Texte, denen die Bewegungen ihre Impulse verdanken.
Literatur:
Botho Strauß: *Die Widmung. Eine Erzählung.* Carl Hanser Verlag, München 1977.
Nizami: *Die sieben Geschichten der sieben Prinzessinnen.* Aus dem Persischen verdeutscht und herausgegeben von Rudolf Gelpke. Manesse Verlag, Zürich 1959.
Klaus Hoffer: *Halbwegs. Bei den Bieresch 1.* S. Fischer Verlag, Frankfurt/M. 1979.
Klaus Hoffer: *Der große Potlatsch. Bei den Bieresch 2.* S. Fischer Verlag, Frankfurt/M. 1983.
Wolfgang Hilbig: *Unterm Neomond. Erzählungen.* S. Fischer Verlag, Frankfurt/M. 1982.
Christa Wolf: *Kassandra. Erzählung.* Luchterhand Verlag, Darmstadt und Neuwied 1983.
Gert Neumann: *Elf Uhr.* S. Fischer Verlag, Frankfurt/M. 1981.
Rolf-Dieter Brinkmann: *Rom, Blicke.* Rowohlt Verlag, Reinbek bei Hamburg 1979.
Uwe Johnson: *Jahrestage I–IV.* Suhrkamp Verlag, Frankfurt/M. 1970 ff.
Peter Weiss: *Die Ästhetik des Widerstands. Roman.* Suhrkamp Verlag, Frankfurt/M. 1975 ff.
Peter Handke: *Ich bin ein Bewohner des Elfenbeinturms.* Suhrkamp Verlag, Frankfurt/M. 1972.
Ria Endres: *Am Ende angekommen. Dargestellt am wahnhaften Dunkel der Männerporträts des Thomas Bernhard.* S. Fischer Verlag, Frankfurt/M. 1980.

Ilya Prigogine / Isabelle Stengers: *Dialog mit der Natur*. R. Piper Verlag, München 1981.
Wolfgang Müller (Hg.): *Geniale Dilletanten (!)*. Merve Verlag, Berlin 1982.
Ludwig Fels: *Mein Land. Geschichten*. Luchterhand-Verlag, Darmstadt und Neuwied 1978.
Peter Handke: *Die Lehre der Sainte-Victoire*. Suhrkamp Verlag, Frankfurt/M. 1980.
Peter Handke: *Phantasien der Wiederholung*. Suhrkamp Verlag, Frankfurt/M. 1983.
Hubert Fichte: *Versuch über die Pubertät. Roman*. Hoffmann und Campe Verlag, Hamburg 1974.
André Breton: *Nadja*. Verlag Günther Neske, Pfullingen 1960.
Mathieu Carrière: *Für eine Literatur des Krieges, Kleist*. Verlag Stroemfeld/Roter Stern, Frankfurt/M. 1981.
Hanns-Josef Ortheil: *Mozart – Im Innern seiner Sprachen*. S. Fischer Verlag, Frankfurt/M. 1982.
André Breton: *L'Amour fou*. Suhrkamp Verlag, Frankfurt/M. 1981.

II *Suchbewegungen der ›Lehrjahre‹*

1 Walter Benjamin: *Das Leben der Studenten*. In: W. B., *Über Kinder, Jugend und Erziehung*. Frankfurt am Main 1969, S. 21 ff.
2 In: *Deutsche Literatur in Entwicklungsreihen, Reihe Romantik*, Band 1: *Charakteristiken*, bearb. von Paul Kluckhohn, Stuttgart 1950, S. 25.
3 Schelling, Friedrich Wilhelm: *Vorlesungen über die Methode des akademischen Studiums*. Leipzig 1907, S. 6.
4 Schelling, a.a.O., S. 7.
5 Schelling, a.a.O., S. 11.
6 Schelling, a.a.O., S. 13.
7 Fuld, Werner: *Walter Benjamin. Zwischen den Stühlen*. Frankfurt/Main 1981, S. 57.
8 L. Jonas und W. Dilthey: *Aus Schleiermachers Leben*. Berlin 1858–1863. Bd. 3, S. 128 f.
9 In: *Deutsche Literatur in Entwicklungsreihen, Reihe Romantik*, Band 4: *Lebenskunst*, hrsg. von Paul Kluckhohn, Leipzig 1931, S. 89.
10 *DLE, Reihe Romantik*, Band 4, a.a.O., S. 90.
11 Heinemann, Gustav W.: *Wir müssen Demokraten sein. Tagebuch der Studienjahre 1919–1922*. München 1980, S. 36.
12 Heinemann, a.a.O., S. 36.
13 Heinemann, a.a.O., S. 36.
14 Heinemann, a.a.O., S. 100.

15 Heinemann, a.a.O., S. 35.

16 Habermas, Jürgen: *Karl Jaspers über Schelling*. In: *Frankfurter Allgemeine Zeitung* vom 14. Januar 1956.

17 Habermas, Jürgen: *Philosophisch-politische Profile*. Frankfurt/Main 1971, S. 95.

18 Habermas, a.a.O., S. 98.

19 Habermas, a.a.O., S. 98.

20 Adorno, Theodor W.: *Eingriffe*. Frankfurt/Main 1963, S. 14.

21 Vgl. Habermas, Jürgen: *Protestbewegung und Hochschulreform,* Frankfurt/M. 1969, S. 51 ff.

22 Rilke, Rainer Maria: *Das Stundenbuch*. Frankfurt/Main 1972, S. 25.

23 Habermas, Jürgen: *Protestbewegung und Hochschulreform,* a.a.O., S. 191.

24 Habermas: *Philosophisch-politische Profile,* a.a.O., S. 11.

25 Henrich, Dieter: *Kritik der Verständigungsverhältnisse*. In: Henrich/Habermas, *Zwei Reden*. Frankfurt/Main 1974, S. 19.

26 Habermas, Jürgen: *Können komplexe Gesellschaften noch eine vernünftige Identität ausbilden?* In: Henrich/Habermas, a.a.O., S. 75.

27 Henrich/Habermas, a.a.O., S. 27.

28 Barthes, Roland: *Die Lust am Text*. Frankfurt/Main 1974, S. 7.

29 Barthes, Roland: *Leçon/Lektion*. Frankfurt/Main 1980, S. 27.

30 Barthes, R.: *Leçon/Lektion,* a.a.O., S. 29.

31 Barthes, R.: *Leçon/Lektion,* a.a.O., S. 30/31.

32 Barthes, R.: *Leçon/Lektion,* a.a.O., S. 31.

33 Habermas, Jürgen: Rede aus Anlaß der Verleihung des Adorno-Preises der Stadt Frankfurt (11. 9. 1980).

III *Suchbewegungen der Politik*

1 Glotz, Peter: *Die Innenausstattung der Macht. Politisches Tagebuch 1976–1978,* München 1979 (als Fischer-Taschenbuch Frankfurt/M. 1981). Ich zitiere nach der Taschenbuch-Ausgabe, S. 137.

2 Glotz, *Tagebuch,* a.a.O., S. 126.

3 Glotz, *Tagebuch,* a.a.O., S. 12.

4 Glotz, *Tagebuch,* a.a.O., alle diese Zitate S. 219 ff.

5 So im Vorwort zum *Berliner Dialog über unsere Zukunft,* hrsg. von Peter Glotz, Bonn 1979.

6 Weber, Max: *Der Beruf zur Politik*. Diesen Aufsatz zitiere ich nach dem Abdruck in *Die Zeit* vom 1. Januar 1982.

Nachbemerkung

Die ›Suchbewegungen‹ sind in den letzten vier Jahren entstanden. Vorüberlegungen und kürzere Ausschnitte habe ich ›nach und nach‹ an verschiedenen Stellen veröffentlicht. Erst dieser Band jedoch macht den gedanklichen Ort jeder Überlegung in dem *Panorama* sichtbar, das ich entwerfen wollte.
Die ›Suchbewegungen der Literatur‹ entstanden auf Anregung der Redaktion der *Frankfurter Hefte* und erschienen im November/Dezember-Doppelheft 1984.
Eine gekürzte Fassung der ›Suchbewegungen der ›Lehrjahre‹‹ erschien zuerst in dem von Michael Rutschky im Suhrkamp Verlag herausgegebenen Band mit dem Titel *Errungenschaften – eine Kasuistik*, Frankfurt/M. 1982, S. 203 ff.
Auch die ›Suchbewegungen der Politik‹ erschienen bisher nur verändert, in erheblich gekürztem Umfang in dem Band *1982 – ein Jahresbericht*, hrsg. von Michael Rutschky, Frankfurt/M. 1983, S. 187 ff.
Der längste Abschnitt, die ›Suchbewegungen der Lebensklugheit‹, geht auf eine Anregung des Alfred Kröner-Verlages, Stuttgart, zurück, für dessen Kassette mit *Klassikern der philosophischen Lebensklugheit* ich einen einleitenden Essay schrieb, der bereits einige Gedanken des hier ausgebreiteten Zusammenhangs enthält und – in philosophiegeschichtlicher Orientierung – skizziert. Der Essay ist im Ergänzungsband der Kassette unter dem Titel *Die Versuchung der »stillsten« Stunden* 1983 erschienen.
Die abschließenden ›Suchbewegungen der Lesekultur‹ erschie-

nen auf Anregung von Thomas Beckermann, Günther Busch und Wolfgang Mertz zuerst in der *Neuen Rundschau,* Heft 3 (1984), S. 35 ff.
Für Hinweise, Anregungen und Gespräche danke ich besonders Thomas Beckermann, Walter Dirks, Bruno Hillebrand, Imma Klemm, Hermann Lenz, Ferdinand W. Menne, Wolfgang Mertz, Helmut Moysich, Gert Neumann, Michael Rutschky und den Mitgliedern des Mainzer Literaturkreises.
Stuttgart/Mainz, im Oktober 1984

Hanns-Josef Ortheil

Hecke
Erzählung
Leinen, 318 Seiten
»Ein Nachgeborener, sechs Jahre post festum, fast so lange wie Tolstoi nach der Epoche von ›Krieg und Frieden‹, zur Welt gekommen, beschwört in einer langen und kunstvollen Erzählung Frieden und Krieg des Hitlerschen Reiches herauf, und das Kunststück gelingt ihm, das Beschworene erscheint.«
Günter Steffens, Südwestfunk

Fermer
Roman
Collection S. Fischer
Fischer Taschenbuch Bd. 2307
»Ortheil läßt seinen modernen Taugenichts in einer totalen Indolenz durch die Welt treiben ...«
Fritz J. Raddatz, Die Zeit

Mozart –
Im Innern seiner Sprachen
Collection S. Fischer
Fischer Taschenbuch Bd. 2328
»Daß auch in Mozarts Briefen die Wirklichkeit dieses Menschen so enthalten ist, daß eine Annäherung bei genauem Hinhorchen gelingt, dies hat Hanns-Josef Ortheil eindrucksvoll gezeigt.«
Wolfgang Schreiber, Süddeutsche Zeitung

S. Fischer Verlag
Fischer Taschenbuch Verlag